全国交通技工院校汽车运输类专业规划教材

Qiche Cheshen Tuzhuang
汽车车身涂装

（汽车钣金与涂装、汽车装饰与美容专业用）

主编 曾志安
主审 李春生

人民交通出版社

内 容 提 要

本书是全国交通技工院校汽车运输类专业规划教材之一,主要介绍了喷涂作业的安全与防护、喷涂工具及设备的使用、喷涂前的表面预处理、底漆的喷涂、中间涂料的涂装、面漆调色、面漆的喷涂与修整、塑料件的喷涂修理、车身涂层局部损伤的修复以及汽车涂装质量的检验与涂膜的缺陷防治内容。

本书是交通技工院校、中等职业学校的汽车钣金与涂装、汽车装饰与美容专业的核心课程教材,也可作为汽车维修专业技术等级考核及培训用书和相关技术人员的参考用书。

图书在版编目(CIP)数据

汽车车身涂装 / 曾志安主编. — 北京:
人民交通出版社, 2014.2
 ISBN 978-7-114-11135-8

Ⅰ. ①汽… Ⅱ. ①曾… Ⅲ. ①汽车—车体—喷涂—技工学校—教材 Ⅳ. ①U472.44

中国版本图书馆 CIP 数据核字(2014)第 011141 号

书　　名	汽车车身涂装
著 作 者	曾志安
责任编辑	李　斌
出版发行	人民交通出版社
地　　址	(100011)北京市朝阳区安定门外外馆斜街3号
网　　址	http://www.ccpress.com.cn
销售电话	(010)59757973
总 经 销	人民交通出版社发行部
经　　销	各地新华书店
印　　刷	北京市密东印刷有限公司
开　　本	787×1092　1/16
印　　张	14.75
字　　数	314 千
版　　次	2014年2月　第1版
印　　次	2019年9月　第2次印刷
书　　号	ISBN 978-7-114-11135-8
定　　价	32.00 元

(有印刷、装订质量问题的图书由本社负责调换)

交通职业教育教学指导委员会

汽车(技工)专业指导委员会

主 任 委 员：李福来
副主任委员：金伟强　戴　威
委　　　员：王少鹏　王作发　关菲明　孙文平
　　　　　　张吉国　李桂花　束龙友　杨　敏
　　　　　　杨建良　杨桂玲　胡大伟　雷志仁
秘　　　书：张则雷

Foreword 前言

　　教育部关于全面推进素质教育深化中等职业教育教学改革的意见中提出"中等职业教育要全面贯彻党的教育方针,转变教育思想,树立以全面素质为基础、以能力为本位的新观念,培养与社会主义现代化建设要求相适应,德智体美劳全面发展,具有综合职业能力,在生产、服务、技术和管理第一线工作的高素质劳动者和中初级专门人才"。根据这一精神,交通职业教育教学指导委员会在专业调研和人才需求分析的基础上,通过与从事汽车运输行业一线行业专家共同分析论证,对汽车运输类专业所涵盖的岗位(群)进行了职业能力和工作任务分析,通过典型工作任务分析→行动领域归纳→学习领域转换等步骤和方法,形成了汽车运输类专业课程体系,于2011年3月,编辑出版了《交通运输类主干专业教学标准与课程标准》(适用于技工教育)。为更好地执行这两个标准,为全国交通运输类技工院校提供适应新的教学要求的教材,交通职业教育教学指导委员会汽车(技工)专业指导委员会于2011年5月启动了汽车运输类主干专业系列规划教材的编写。

　　本系列教材为交通职业教育教学指导委员会汽车(技工)专业指导委员会规划教材,涵盖了汽车运输类的汽车维修、汽车钣金与涂装、汽车装饰与美容、汽车商务等四个专业26门专业基础课和专业核心课程,供全国交通运输类技工院校汽车专业教学使用。

　　本系列教材体现了以职业能力为本位,以能力应用为核心,以"必需、够用"为原则;紧密联系生产、教学实际;加强教学针对性,与相应的职业资格标准相互衔接。教材内容适应汽车运输行业对技能型人才的培养要求,具有以下特点:

　　1.教材采用项目、课题的形式编写,以汽车维修企业、汽车4S店实际工作项目为依据设计,通过项目描述、项目要求、学习内容、学习任务(情境)描述、学习目标、资料收集、实训操作、评价与反馈、学习拓展等模块,构建知识和技能模块。

　　2.教材体现职业教育的特点,注重知识的前沿性和全面性,内容的实用性和实践性,能力形成的渐进性和系统性。

　　3.教材反映了汽车工业的新知识、新技术、新工艺和新标准,同时注意新设备、新材料和新方法的介绍，其工艺过程尽可能与当前生产情景一致。

4.教材体现了汽车专业中级工应知应会的知识技能要求，突出了技能训练和学习能力的培养，符合专业培养目标和职业能力的基本要求，取材合理，难易程度适中，切合中技学生的实际水平。

5.教材文字简洁，通俗易懂，以图代文，图文并茂，形象直观，形式生动，容易培养学员的学习兴趣，有利于提高学习效果。

《汽车车身涂装》教材根据交通职业教育教学指导委员会交通运输类主干专业教学标准与课程标准"汽车车身涂装"课程标准进行编写。它是交通技工院校、中等职业学校的汽车钣金与喷涂、汽车装饰与美容专业核心课教材。其功能在于培养学生关于汽车车身涂装的基本职业能力，达到本专业学生应具备的汽车车身涂装知识要求。本书也可作为汽车维修专业技术等级考核及培训用书和相关技术人员的参考用书。全书分为十个项目，分别介绍了喷涂作业的安全与防护、喷涂工具及设备的使用、喷涂前的表面预处理、底漆的喷涂、中间涂料的涂装、面漆调色、面漆的喷涂与修整、塑料件的喷涂修理、车身涂层局部损伤的修复以及汽车涂装质量的检验与涂膜的缺陷防治。

本书由成都交通高级技工学校曾志安担任主编，广西交通技师学院李春生担任主审。其中项目一、项目二由南京交通技师学院王飞编写，项目三、项目六、项目七由曾志安编写，项目四、项目九、项目十由杭州技师学院林旭翔编写，项目五、项目八由郑州交通技师学院曲海勇编写。本书在编写过程中，得到了部分汽车修理厂家和汽车4S店的支持，在此表示感谢。

由于编者经历和水平有限，教材内容难以覆盖全国各地的实际情况，希望各地教学单位在积极选用和推广本教材的同时，总结经验及时提出修改意见和建议，以便再版时进行修订改正。

交通职业教育教学指导委员会
汽车(技工)专业指导委员会
2013年2月

Contents 目录

绪论 1
项目一 喷涂作业的安全与防护 4
   课题一 涂装施工的安全措施 4
   课题二 涂料的存放及保管 7
   课题三 安全用电的措施 9
   课题四 有机溶剂的易燃易爆特性及灭火方法 11
   课题五 涂料施工的劳动保护及环境保护 15
项目二 喷涂工具及设备的使用 18
   课题一 压缩空气供给系统的介绍 18
   课题二 喷枪的类型和使用 22
   课题三 烘烤设备的使用 32
   课题四 打磨材料及打磨设备的使用和维护 35
   课题五 干打磨、湿打磨、抛光工艺的操作流程 39
   课题六 喷涂作业设施与用品的使用 42
项目三 喷涂前的表面预处理 45
   课题一 表面预处理 46
   课题二 汽车旧涂层鉴别及损伤程度的评估 48
   课题三 旧涂层的修补准备工作 52
项目四 底漆的喷涂 58
   课题一 底漆的介绍 58
   课题二 底漆喷涂工具的选用及喷涂要领 62
   课题三 底漆涂料的选配 63
   课题四 底漆涂料的正确调制 65
   课题五 底漆喷涂的遮护作业 66
   课题六 底漆的规范喷涂作业 69
项目五 中间涂料的涂装 72
   课题一 中间涂料的一般知识 72
   课题二 原子灰的调和及刮涂 77
   课题三 原子灰的打磨 84

  课题四 中涂漆的喷涂 ………………………………………………………… 92
  课题五 中涂漆的干燥与修整 …………………………………………… 97
  课题六 中涂漆的打磨 …………………………………………………… 99

项目六 面漆调色 ………………………………………………………………… 101
  课题一 颜色的三个属性和定位系统 ……………………………………… 101
  课题二 调色理论及调色材料 …………………………………………… 107
  课题三 调色工具及设备的使用 ………………………………………… 114
  课题四 素色漆和金属漆的调色方法 ……………………………………… 117

项目七 面漆的喷涂与修整 ……………………………………………………… 123
  课题一 面漆喷涂前的底涂层表面准备工作 ……………………………… 123
  课题二 内涂层的系统精修 …………………………………………………… 129
  课题三 金属面漆的修整 …………………………………………………… 139
  课题四 彩色面涂层的喷涂 …………………………………………………… 145
  课题五 最后的检查与修饰 …………………………………………………… 156

项目八 塑料件的喷涂修理 ……………………………………………………… 162
  课题一 塑料制品及塑料件涂装用的材料 ………………………………… 162
  课题二 塑料件喷涂前的表面预处理 ……………………………………… 166
  课题三 塑料件面漆的喷涂 …………………………………………………… 169

项目九 车身涂层局部损伤的修复 ……………………………………………… 173
  课题一 汽车车身擦挂划伤造成漆膜损伤程度的判断 …………………… 173
  课题二 汽车碰撞造成漆膜损伤程度的判断和处理 ………………………… 177
  课题三 局部损伤漆膜修补涂装工艺要求和操作方法 ……………………… 185
  课题四 驳口区域的喷涂操作工艺 ……………………………………… 200

项目十 汽车涂装质量的检验与涂膜的缺陷防治 …………………………… 207
  课题一 涂膜质量的综合 …………………………………………………… 207
  课题二 常见涂膜缺陷的种类 …………………………………………… 217
  课题三 常见各种涂膜缺陷的原因分析和防治 ……………………………… 218

参考文献 ……………………………………………………………………………… 228

绪　　论

一、汽车车身涂装的特点和作用

1. 现代的汽车车身涂装形成的漆膜都是由多层涂装形成

每一涂层都有它各自的目的和作用,例如:

(1)底涂层起隔离保护作用,采用电泳底漆、磷化底漆、防锈漆,是为了使被预处理过的金属材料表面不生锈、不被侵蚀损坏,形成一道天然屏障将腐蚀介质与薄钢板表面完全隔离开来,使表面不生锈、不被侵蚀损坏。同时还有提高漆膜与薄钢板附着力的作用。

(2)中涂层(刮涂原子灰层和二道浆中涂漆)起填平作用,能进一步填平底涂层表面微小的凹坑或打磨痕迹,使涂层表面更平顺光滑,经过细打磨后,表面也有很高的附着力,使面涂层的色漆能与中涂层很好的结合在一起。为了使各涂层很好地结合在一起还要考虑涂料的配套性。

(3)面涂层(色漆或金属漆、珠光漆)起遮盖作用和装饰作用,针对底下的涂层表面有很强的遮盖力,并给予涂层表面以很高的装饰性,经清漆罩光后,对面漆有很好的保护和更高的装饰效果。

(4)在各涂层的涂料中加入某些添加剂,可以进一步改善漆膜的多种性能,使整个漆膜具有寿命长(一般要求保证正常使用8~10年)、不易老化、耐摩擦、韧性好、硬度高、遇多种溶剂沾染,易清除和清洁。

2. 汽车车身涂装整个漆膜的作用

(1)能对基材起隔离保护作用。

(2)能使车身表面的微小凹坑划痕起到被填平和打磨修整的作用。

(3)能对汽车外表起到高装饰作用。

(4)易清除汽车车身表面的油渍和污垢,起到便于清洁表面的作用。

(5)能使漆膜耐老化,从而延长汽车使用寿命。

(6)能提高汽车的商品价值。

3. 汽车涂装技术水平代表国家工业涂装技术的水平高低

汽车制造行业的涂装设备和涂装工艺及涂装技术标志着国家涂装技术在工业涂装技术中的实力和制造业的涂装技术水平。

二、评价汽车涂装质量的五要素(三硬二软)

(1)涂装材料的质量和涂装作业配套性,是保证涂装质量的基本条件。(硬件)

(2)涂装工具和设备的先进性是保证涂装质量的必备条件。(硬件)

(3)涂装工艺的合理性、先进性是获得优质涂层的先决条件。(软件)

(4)良好的涂装环境是保证涂装质量的基础条件。(硬件)

(5)涂装管理水平高,是保证涂装工艺实施和涂装设备正常发挥作用的必要条件。(软件)

三、汽车涂装体系分类

汽车制造厂主要根据生产的汽车档次来确定,采用涂装体系和涂层厚度,现在的汽车制造涂装体系主要有如下几个种类:

(1)底漆—原子灰—本色漆(国外已不采用了,国内一些低档车还在采用)。

(2)底漆—原子灰—中途漆—本色面漆(即素色面漆)。

(3)底漆—原子灰—中涂漆—单层金属闪光漆[(2)、(3)被国外用于大型车辆上;国内则主要用于各种微型车]。

(4)底漆—原子灰—中涂漆—金属闪光底色漆—罩光清漆。

(5)底漆—原子灰—中涂漆—本色底色漆—罩光清漆[(4)、(5)用于轿车涂装中]。

(6)底漆—原子灰—防石击涂料(阻尼涂料)—中涂漆—金属闪光底色漆—罩光清漆。

(7)底漆—原子灰—中涂漆—金属闪光底漆—底色漆—罩光清漆。

(8)底漆—原子灰—防石击涂料—中涂漆—金属闪光底漆—底色漆—罩光清漆。

其中(6)、(7)、(8)是最近几年研制成功的新型涂装系统,其中的金属闪光底漆与原来的不同,在这一道涂层中不含着色透明颜料,只有铝粉和珠光粉这类闪光材料,底色漆中不含闪光材料,只含有某些透明着色颜料。这类新型涂装系统,涂层的装饰性更好,外表更美观、豪华、别致;涂层中铝粉和珠光粉排列更规整、闪光均匀、立体感更强、丰满度和深度很好,有很强的艺术效果,适合于高档豪华轿车的涂装(了解汽车制造涂装体系,有利于汽车修补涂装工艺的制定、模拟和参考,保证车身表面修补部位能恢复与原车漆相似的质量)。

四、汽车专用涂料的概念

1. 汽车涂料的定义

汽车涂料是一种可采用特定的施工方法,涂装分布在汽车的零部件表面及车身表面,经过干燥固化而形成连续性涂膜的物质,且能通过涂膜对被涂物体表面起到隔离保护和装饰表面等作用。

汽车用的涂料一般是指汽车制造涂装和汽车修补涂装所用的涂料及辅助材料(添加剂)。

由于涂料的品种繁多,各行业用途不同,所以,汽车用的涂料根据施工性能和漆膜性能已成为一种汽车专用涂料。

2. 汽车涂料的组成

汽车专用涂料品种繁多,各种涂料的构成成分不尽相同,但是,同类涂料的基本组成又具有相同性。

汽车专用涂料一般由颜料(包括体质颜料)、成膜物质(树脂)、溶剂和辅助材料(添加剂)四种基本成分组成。

3. 汽车涂料名词解释

(1)颜料:是涂料中不挥发的物质之一,能使面漆富有色彩、耐久性、装饰性、遮盖力强、并提高涂层强度和附着力、改变光泽、改善流动性和装饰性能;

颜料主要分为着色颜料、体质颜料、防锈颜料这么三大类。着色颜料按化学成分不同分为:有机颜料(主要用于装饰性涂料)和无机颜料(主要用于保护性涂料)。

(2)成膜物质(树脂):是涂料的基本成膜物质、涂料的基础,所以又叫做基料或漆基。它的作用是使涂料有一定硬度、耐久性、弹性、附着力,并具有一定的保护性与装饰性作用。分为天然树脂、人造树脂、合成树脂三大类。

(3)溶剂:是涂料的重要组成部分、起辅助成膜作用。它能溶解或稀释涂料、降低施工黏度、改善涂料性能、能与树脂交联成膜、提高涂膜的丰满度。

(4)辅助材料(又叫助剂或添加剂):虽然它即非主要成膜物质,也非次要成膜物质,用量也很少,但它起的作用却很大。它能改善涂料的性能、延长储存时间、扩大同一涂料的应用范围、并保证涂装质量。它的品种包括:催干剂、防潮剂、固化剂、紫外线吸收剂、悬浮剂、流平剂、减光剂等。

4. 各种添加剂的作用

(1)催干剂:能加速涂层干燥、多用于醇酸树脂涂料中,促进涂膜中树脂的氧化—聚合作用、大大缩短料干燥的时间。

(2)防潮剂:(又叫化白水或化白剂)、由高沸点的酯类和酮类溶剂组成。防止涂料中的溶剂挥发时产生的泛白现象。

(3)固化剂:大多为酸、胺、过氧化物等物质,与涂料中的合成树脂发生反应而使涂料干燥固化;有些涂料不加固化剂不会干燥,加固化剂后常温下也会发生化学反应而干燥固化。若适当加温(60~80℃)效果更好。

(4)紫外线吸收剂:对于强烈阳光中的紫外线有较高的吸收能力,加入涂料中能防止涂膜老化、粉化、失去光泽等。

(5)悬浮剂:能防止储存涂料结块,涂料中加入悬浮剂后会增加稠度,但松散易调合。

(6)流平剂:能降低涂料的表面张力,防止产生缩孔(又叫鱼眼。喷涂时,压缩空气中含有未过滤干净的油分,使该部分涂膜表面张力增大而产生缩孔);增加涂膜流平性能;缩孔现象会大大改善。

(7)减光剂:有降低涂膜光泽的作用,使塑料件保险杠喷涂以后表面有亚光效果;军车表面涂膜有亚光效果便于隐蔽伪装。

项目一　喷涂作业的安全与防护

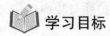 **学习目标**

完成本项目学习后,你应当能:
1. 知道涂料施工的安全管理措施、涂料的存放和保管的要求;
2. 掌握喷涂作业中安全用电的措施、安全用电注意事项;
3. 知道有机溶剂易燃易爆的特性;
4. 掌握出现火灾时的灭火方法;
5. 知道涂料对环境及人体健康的影响、汽车修理厂环保工作的内容。

 建议课时:16 课时

涂料施工操作中的安全生产和个人保护,是防止发生火灾、伤亡事故、职业病,保障职工身体健康的一个重要措施。由于涂料及稀释剂都是易燃品,都易挥发并且有一定毒性,施工过程中还会产生大量的飞漆和粉尘,若不严格遵守安全操作规程和安全施工方法,极易造成生产事故。事故造成的伤害是十分严重的,轻者损害健康,重者则可能引发残疾,甚至死亡。涂料施工人员应该学习相关的安全技术规程,了解和掌握安全施工方法,并在施工中严格执行劳动保护法规和条例。

在汽车涂装作业中,由于涉及到对身体有害的化工材料较多,汽车修补涂装中还会产生很多粉尘,这些物质长时间的侵入身体,会对人体的不同部位和器官产生不同程度的伤害。另外,涂装对环境污染较大,无论是在涂料干燥过程中挥发出来的大量有机溶剂,还是每次喷涂完毕后人为丢弃的剩余涂料、溶剂和耗材等,都会给环境造成较大的污染和危害。因此在喷涂作业工作中,必须重视安全防护,污染较重的操作环节,作业人员一定要佩戴防护用品,对环境有害的废料和废水一定要经过处理后才能排放,避免造成环境污染和对人体健康的危害。

课题一　涂装施工的安全措施

一、一般安全措施

1. 劳动保护的措施

(1)手工清除铁锈、旧涂膜、焊渣及打磨时应该戴护目镜、棉纱手套、防尘口罩、穿工作服和带钢头的防滑皮鞋。

项目一　喷涂作业的安全与防护

（2）用溶剂清洗工件：用脱漆水脱漆和喷涂时应该戴护目镜、橡皮手套、双筒活性炭口罩、穿抗静电工作服和带钢头的防滑皮鞋。

（3）遮护操作：应穿戴工作帽、工作服和带钢头的防滑皮鞋。

（4）如果喷涂的是含氰酸酯固化剂的双组分涂料，必须戴供气式面罩（如图1-1所示），如果在进行一般喷涂操作可以戴过滤式呼吸口罩（如图1-2所示）。

　　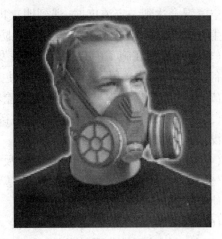

图1-1　供气式面罩　　　　　　　　图1-2　过滤式呼吸口罩

2. 喷涂作业的安全措施

（1）施工场所要有良好的通风条件，良好的空气交换量有利于涂层干燥还能及时排出有害和挥发性气体。如果是干打磨，要安装吸尘装置。

（2）登高作业要注意凳子是否牢固，严禁穿拖鞋操作，超过一定高度必须系安全带。

（3）使用电动工具操作时应该检查电动工具是否接地，电线要用橡胶管保护，在潮湿场地操作，必须穿胶皮鞋，带橡胶手套。

（4）施工场地的照明设备必须有防爆装置，涂料仓库照明开关应安装在库房外面。

（5）电气设备（空气压缩机、电气工具、照明设备）发生故障时应立即切断电源，并立即报告，由专业人员检修。修理电气设备时，要切断电源，能接通电源的配电柜或开关箱都要锁上，并且挂上禁止开启的警示标牌。

（6）操作人员要熟悉所使用的设备（空气压缩机、通风设备及其他设备），定期检查有关设备和装置（如气筒、安全阀等，如图1-3所示）。

（7）使用空气压缩机时随时注意压力计的指针不要超过极限红线。

图1-3　定期检查有关设备和装置

（8）施工场地的易燃品要随时清除，并严禁烟火。涂料库房要隔绝火源、配备消防器材、要有严禁烟火的标志。

（9）施工完毕后要盖紧涂料桶盖、收拾工具、清除余料和棉纱、将防护品放在专用柜中。

(10) 手提式静电喷涂设备接通电源后严禁移动静电发生器。

(11) 静电设备的高压电缆悬空吊架应与其他电力电缆至少保持50cm的距离。

二、防火防爆的措施

由于涂料绝大多数是易挥发、易燃烧的液料，遇火会发生火灾。施工时挥发的溶剂蒸气与空气混合达到一定浓度时，遇到明火即会发生爆炸，造成重大损失。为了消除隐患，安全生产，施工时应该做好以下安全防火防爆工作：

(1) 由于涂料在施工中有大量溶剂挥发其闪点低极易燃烧，因此施工场地应该配备防火设备，涂料桶盖要盖紧，防止溶剂蒸发使空气中的溶剂浓度超过规定的界限。

(2) 施工完毕应清理易燃材料，盖紧涂料桶盖，并且把材料入库。

(3) 所用过的浸有涂料、溶剂的棉纱、碎布等易燃物应该集中存放在金属桶内，并用清水浸没，防止材料因过热而自燃。

(4) 施工场地严禁明火操作和点火、吸烟，附近不得有明火，消除发生火灾的隐患。

(5) 施工场地的电气设备必须有防爆装置，专业人员必须检查电气设备，消除隐患。必须使用防爆插座，禁止使用闸刀开关。

(6) 施工现场必须放置足够的灭火器、黄沙及其他灭火器材。

(7) 施工场地不准放置易燃品，出入口及其他通道上严禁堆放任何货物，易燃品应放入危险品仓库。

(8) 库房内的装置必须有接地装置，调色架必须接地。

三、防止中毒的措施

涂料施工中所使用的涂料和溶剂部分是有毒有害物质。吸入会危害人体健康。空气中溶剂的有害物质超过一定浓度时，对人体中枢神经系统有严重的刺激和破坏作用，会引起抽筋、头晕、昏迷等症状。为了防止中毒事故，施工中应该注意以下几点：

(1) 施工场地应该有良好的通风或者安装排风设备，使空气流通，加速溶剂气体散发，降低溶剂在空气中的浓度。施工场地还要有吸尘装置，可以及时抽走磨料粉尘。

(2) 施工时如果感到头痛、眩晕、心悸、恶心，应该立即停止工作，到室外空气新鲜的地方休息，严重的应该及时治疗。

(3) 长期接触飞漆和有机溶剂气体的人有可能发生慢性中毒，所以涂装施工人员要定期检查身体，发现有中毒迹象，应该调离原工作岗位。

(4) 涂料及有机溶剂通过肺部吸入对人体产生危害，如图1-4所示。

因此在喷涂时要戴供气式面罩或活性碳口罩。如果喷涂含有氰酸酯固化剂的涂料或者空气中的氧气含量低于19.5%时必须戴供气式面罩。供气式面罩根据气源的种类分为两类：自带气源式和车间供气系统式。自带气源式是带一台小型气泵，该气泵可为一套或两套供气式面罩提供空气。气源入口必须安装在空气清新干净的地方，远离车间操作产生的粉尘和废气，如安装在车间的外墙上。如果不得不使用车间供气系统的气源，必须配备空气过滤器，过滤掉空气中的油、水、颗粒和异味。空气供应系统中还必须配备气压调节阀和自动控制装置，当面罩内空气温度过高时会自动报警或者直接关闭压缩机。

(5)有机溶剂蒸汽可通过皮肤渗入人体产生危害,如图1-4所示,因此喷涂完毕后,要用肥皂洗脸和洗手,条件允许时,喷涂完毕后应淋浴。为了保护皮肤,施工前暴露在外的皮肤要涂抹防护油膏,施工后洗干净,再涂抹润肤霜以保护皮肤。在施工场地,必须安装应急淋浴器,当溶剂或化学药品大量溅在人体上时,应该立即冲洗身体。

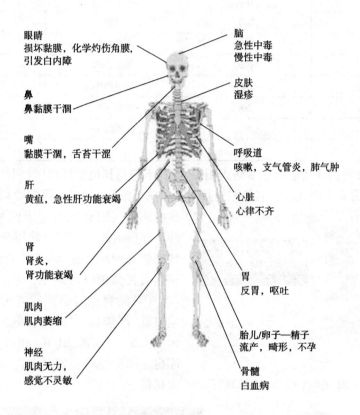

图1-4 涂料及有机溶剂吸入人体产生危害的部位

(6)有些含铅质颜料如红丹,毒性很大,不可以喷涂,只宜刷涂。一些含重金属如铬、镉的底漆,打磨时一定要注意防尘。

(7)施工时溶剂溅入眼睛内应立即用清水冲洗,然后送医院治疗。

(8)喷涂完毕后要多喝开水,以湿润气管,增强排毒能力。平时多喝牛奶有利于排毒。

课题二 涂料的存放及保管

涂料绝大多数都是易燃、有毒的物质,有一定的保存期。存放时应该采取一定的措施,做到安全、防毒、保证涂料质量。

涂料在存放和保管中的注意事项

(1)有机溶剂在空气中所允许的最高浓度,如表1-1所示。

有机溶剂在空气中所允许的最高浓度　　　　表1-1

有机溶剂	最高允许浓度(mg/m³)	有机溶剂	最高允许浓度(mg/m³)
苯	50	乙醇	1500
甲苯	100	丙醇	200
二甲苯	100	丁醇	200
丙酮	400	戊醇	100
松香水	300	酸醋甲酯	100
松节油	300	酸醋乙酯	200
二氯乙烷	50	酸醋丙酯	200
三氯乙烷	50	酸醋丁酯	200
氯苯	50	酸醋戊酯	100
甲醇	50		

(2)存放涂料的库房必须配备防火用品、涂料不得与其他易燃物(特别是易燃材料)存放在一起。库房要干燥、隔热、避免阳光直射。库房要通风,如果通风口通风不好,会使库房内的空气因有机溶剂浓度过高而发生危险。库房内的照明应该使用防爆灯,开关应该安装在库房外面,防止开关时产生电火花引起火灾,如图1-5所示。

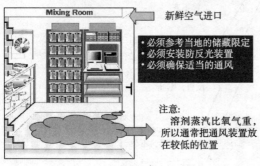

图1-5　存放涂料的库房应注意的问题

(3)涂料库房必须远离火源,库房门口应该有"严禁烟火"的醒目标志,如图1-6所示。火柴、打火机、BP机、移动电话不得带入库房。库房外应放置灭火器、黄沙及其他灭火材料。

图1-6　灭火材料及库房应有标志

(4)库房室温不得超过28℃,夏季高温时应有降温措施,取料时避开中午高温,在早、晚温度较低时取料。

(5)库房内存放不同性质的涂料应该分堆或者分层存放,以免由于牌号不明而造成错发的情况,如图1-7所示。

(6)库房内严禁调配涂料,涂料桶不得有缝隙,使用过的涂料桶盖必须盖紧,不可存放敞口的涂料桶。不可存放使用过的棉纱、纸屑，使用过的涂料空桶不可以存放在库房内，应该集中存放在通风好，无易燃物品的地方，并定期处理。

（7）库房进出料时应该登记涂料出厂日期、进库期和规定的保存期，做到先进先出，防止存放时间超过保质期而造成涂料变质（如干化、结皮、沉淀等）。

（8）对于用量小或容易变质凝结的涂料不宜大量进货，避免造成积压。

（9）根据自己的经营规模选择合适的计算机软件管理库房。

图1-7 库房内存放不同性质的涂料物品应分类分层放整齐

课题三 安全用电的措施

一、安全用电的重要性

安全促进生产，生产必须安全，安全用电生产是企业经营管理的基本原则之一。

我们认识和掌握了电的性能及安全用电知识，便可利用电能来为我们造福。相反，如果我们没有掌握安全用电的知识，违反安全用电操作规程，不仅会造成停电、停产、损坏设备和引起火灾，而且容易发生触电事故，危及生命。因此，研究触电事故的原因和预防措施，提高安全用电技术理论水平，对于安全用电，避免各种用电事故的发生是非常重要的。

触电是指电流以人体为通路，使身体的一部分或全身受到电的刺激或伤害。触电可分为点击和电伤两种。电击是指电流通过人体，造成人体内部器官伤害，这是十分危险的；电伤是指电流对人体外部造成的局部伤害，如电弧烧伤、电灼伤等。

触电的伤害程度与通过人体的电流大小、频率、时间长短人体电阻以及通过人体的途径等因素有关。其中电流是触电伤害的直接因素，通过人体的电流越大，致命的危险也就越大。如通过人体1 mA的工频电流就会使人有不舒服的感觉；50mA的工频电流就会使人有生命危险；100mA的工频电流足以使人死亡。

通过人体电流的大小决定于人体的电阻和触及的电压高低。当人体电阻一定时，作用于人体的电压越高，通过的电流越大。人体电阻通常在0.8~100kΩ，若人体电阻值以800Ω计算，当触及40V电压时，通过人体的电流是50mA，这个电流通过人体就有生命危险，所以规定36V以下的电压为安全电压。

1. 触电的原因

造成触电事故的原因，常见的有以下三种：

（1）忽视安全操作，违章冒险。

（2）缺乏安全用电的基本常识。

（3）输电线或电气设备的绝缘损坏，当人体触及带电的裸露线或金属外壳，就会触电。

2. 触电方式

触电的方式分为单相触电和两相触电。

(1) 单相触电:单相触电是指人站在地面上,某一部位触及一相带电体。大部分的触电事故都是单相触电。此时人体承受220V的电压作用,电流通过人体进入大地,在经过其他两相电容或绝缘电阻流回电源,当绝缘不良或电容很大时也有危险。

(2) 两相触电:两相触电是指人体同时触及两根火线,此时加在人体的电压是380V,触电后果最为严重。

二、安全用电的措施及注意事项

1. 安全用电的措施

(1) 电气设备保护接地:保护接地就是将电气设备的金属外壳与接地面之间可靠连接(如图1-8)。为电动机保护接地电路,电动机采用保护接地后,当某相电线因绝缘不良触及带电的外壳,人体相当于接地电阻的一条并联电路。由于人体电阻远远大于接地电阻,所以通过人体的电路很小,从而保证了人体的安全。反之,若外壳不接地,当人体触及带电的外壳时,就会有电流通过人体,造成触电事故。

(2) 电气设备的保护接零:保护接零就是将电气设备的金属外壳与零线可靠连接。采用保护接零后,若电动机内部一相绝缘损坏而碰坏外壳,则该相断路,其短路电流很大,将使电路中的保护电器动作或使熔丝烧断而切断电源,从而消除了触电危险。可见,保护接零的防护比保护接地更加完善。

厂矿企业和家庭中单相用电器如:电烙铁、洗衣机等使用三脚扁插头和三眼扁插座,其外形如图1-9所示。正确的接地法应把用电器的外壳用导线接在中间长的插脚上,并通过插座与保护零线相连,绝不允许用电器的零线直接与设备的外壳相连,必须由电源单独接一零线到设备的外壳上,否则,可能会引起触电事故。

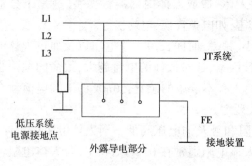

图1-8 电气设备的保护接地

图1-9 三脚扁插座与插头

(3) 采用安全电压:一般情况下,36V以下的电压对人没有致命危险,所以36V以下的电压称为安全电压。我国确定的安全电压规范是36V、24V、12V。如机床上的照明,移动的手持电器都采用36V电压。

(4) 使用保护用具:保护用具是保护工作人员安全操作的用具。只有正确使用保护用具,才能保护工作人员的人身安全。保护用具有绝缘棒、绝缘手套、绝缘胶鞋、绝缘钳、绝缘台、验电器(如电压指示器、电笔等)、警告牌和保护眼镜等。

(5) 电气设备的绝缘要求:电气设备的金属外壳和等导电线圈之间的绝缘好坏通常用绝缘电阻来衡量,根据电器设备的绝缘要求规定,固定电器设备电阻不能低于0.5MΩ;可移动的电气设备,如手提式电钻,台式风扇的绝缘电阻不能低于1MΩ;潮湿地方使用的电气设备,如洗衣机等电器的绝缘电阻还应更高些,以保证安全,电气设备的绝缘性能是随着使用年限的增长,温度的升高的和湿度增大而下降的,所以要定期用摇表(兆欧表)测量电气设备的绝缘电阻。对绝缘电阻不符合要求的电气设备不能继续使用,必须进行保养和修理。

应该指出,对于长期搁置的电气设备,在使用前都必须用摇表测量其绝缘电阻,不可贸然使用,以免发生事故。

2. 安全用电的注意事项

(1)检修电气设备或更换熔丝时应首先切断电源,并在电源开关处挂上"严禁合闸"的警告牌,如图1-10所示;在没有采取足够的安全设备的情况下严禁带电工作。

(2)使用各种电气设备应采用相当的安全措施。如使用手提式电钻时,应该带上绝缘手套或站在绝缘垫上。

(3)电气设备应该远离易燃物,用毕应立即断开电源。

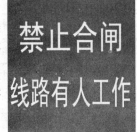

图1-10 警告牌

(4)判断电线或用电设备是否带电,须用验电器,如测电笔(一般在250V以下使用)等检查判断,不允许用手去触摸的判断方式。

(5)电灯开关接线应接在火线上,用螺旋灯头时不可把火线接在跟螺旋套相连的接线柱上,以免调换灯泡时触电。

(6)电线或用电设备在失火时应迅速切断电源。在带电状态下,不能用水和泡沫灭火器灭火,否则会使人触电。

(7)发现有人触电时首先应使触电者与电源分开,然后进行现场抢救。

课题四 有机溶剂的易燃易爆特性及灭火方法

一、溶剂的危险性

汽车修理厂要使用大量的有机溶剂,溶剂有两方面的用途,一是用于降低涂料的黏度,便于施工;二是用于洗涤喷涂工具和设备等。有机溶剂有很强的挥发性,它是引发火灾和爆炸事故的主要因素,下面介绍易挥发和易燃物质的基本特性:

(1)闪点:可燃性液体的蒸发与空气形成可燃性混合气体,遇到明火引起闪电式燃烧,这种现象称为闪燃。引起闪燃的最低温度称为该可燃液体的闪点。根据闪点将溶剂和涂料的火灾危险等级分为三级:

①一级火灾危险品:闪点21℃以下,极易燃;

②二级火灾危险品:闪点21~70℃以下,一般易燃;

③三级火灾危险品:闪点70℃以上,难燃。

(2)着火点:着火点是溶剂蒸汽遇火能燃烧5s以上时的最低温度,比闪点略高些。

(3)自燃点:自燃点是不需要借助火源,物质加热到一定的温度后自行燃烧的最低温度,比闪点高得多。

(4)爆炸范围:可燃气体与空气混合形成爆炸性混合气体,点火即爆炸。产生爆炸的最低浓度称为爆炸下限,最高浓度称为爆炸上限。在爆炸上限和爆炸下限之间都能产生爆炸,称为爆炸范围。为了确保安全,易燃气体和溶剂蒸汽的体积应控制在爆炸下限浓度的25℃以下。

(5)溶剂蒸汽密度:溶剂蒸汽密度用相同体积的溶剂蒸汽与空气质量比表示。易燃性溶剂的蒸汽一般比空气中,有积聚在地面和抵触的倾向,因此通风换气口应该设置在接近地面处。常用溶剂的闪点和爆炸极限,如表1-2所示。

常用溶剂的闪点和爆炸极限　　　　表1-2

溶剂名称	闪点(℃)(闭杯法)	爆炸下限(m/m³)	爆炸上限(m/m³)	卫生许可浓度(mg/L)
甲醇	-1~10	46.5	478	0.05
正丁醇	27~34	51	309	0.2
丙醇	-17	60.5	218	0.2
环乙醇	40	44	—	
乙基溶纤剂	40	9.5	574	0.2
醋酸丁酯	25	80.6	712	0.2
苯	-8	48.7	308	0.05
甲苯	6~30	38.2	264	0.05
二甲苯	29~50	130	330	0.05
松节油	30	体积分数0.8%	体积分数44.5%	0.3
溶剂汽油	>28	体积分数1.4%	体积分数6.0%	0.3

二、涂装作业中的常见火种

(1)自燃火种:浸有清洁剂、溶剂、涂料的擦布和棉纱若不及时清除,如果温度达到了自燃点,就会"自动着火"。

(2)明火:涂装车间内严禁吸烟、禁止携带火种、严禁使用可以产生明火的工具和设备。若必须使用喷灯、电烙铁、电焊机等,应按规定进行动火申请,并在相关职能人员的监督下,在规定的区域内操作。

(3)撞击火花:用铁器敲打或者开启金属桶,铁器相互敲击或穿有铁钉的鞋子撞击铁器都容易发生撞击火花。

(4)电气火花:普通的电气设备开关在切断或闭合时,会产生接触瞬间火花,电源线超负荷时也会产生过热现象,这些都是产生火灾的隐患。必须采用防爆型照明装置,电动机插头必须有接地线。在使用溶剂的工作场所,禁止安装闸刀开关、配电箱、断电器及普通电动机。

(5)静电:静电是火种的来源之一,两个绝缘体之间的摩擦是产生静电的主要原因,也是发生火灾和爆炸事故的根源。涂装车间内的设备、管道、较大型的溶剂容器都必须接地,避免产生静电。

三、灭火的方法

1. 灭火的基本方法

(1)移去或隔离已经燃烧的火源,熄灭火焰。

(2)隔绝空气、切断氧气,使火焰窒息,或者将不燃气体(如二氧化碳)喷射到燃烧的物体上,使空气中的氧气含量下降到16%以下,即可灭火。

2. 常用的灭火器

灭火器的种类很多,按其移动方式分为手提式和推车式;按驱动灭火剂动力来源分为储气瓶式、储压式、化学反应式;按所充装的灭火成分分为泡沫、二氧化碳、干粉、卤代烷(如常见的1211灭火器)、酸碱、清水灭火器等。

我们常见的灭火器有MP型、MPT型、MF型、MFB型、MY型、MYT型、MT型、MTT型,这些字母的含义如下:

第一个字母M表示灭火器;第二个字母F表示干粉,P表示泡沫,Y表示卤代烷,T表示二氧化碳;有第三个字母的,T表示推车式,B表示背负式,没有第三个字母的表示手提式。

下面介绍最常用的泡沫、干粉、卤代烷、二氧化碳四种灭火器的性能、适用范围及操作使用方法。

(1)MP型手提式化学泡沫灭火器:根据国家标准,MP型手提式灭火器按所充装灭火剂的容量有6L和9L两种规格,其型号分别为MP6和MP9。

适用于扑救液体和可融固体物质燃烧的火灾,如石油制品、油脂等,也适用于扑救固体有机物质燃烧的火灾,如木材、棉织品等。

当距离着火点10m左右,即将筒体颠倒,一只手紧握环,另一只手扶住筒体的底圈,让喷射流对准燃烧物。在扑救可燃液体火灾时,如呈流淌状燃烧,则泡沫应由远向近喷射,使泡沫完全覆盖在燃烧液面上。如在容器内燃烧,应将泡沫射向容器内壁,是泡沫沿着内壁流淌,逐步覆盖着火液面。切忌直接对准液面喷射,以免由于喷射流的冲击,反而将燃烧的液体冲散或者冲出容器,扩大燃烧范围。在扑救固体物质的初起火灾时,应将喷射流对准燃烧最猛烈处。灭火时,随着有效喷射距离的缩短,使用者应逐渐向燃烧区靠近,并始终将泡沫射在燃烧物上,直至扑灭火灾。使用灭火器应始终保持倒置状态,否则将会中断,不可将筒底朝向下巴或其他人,否则会危害自己或他人。

灭火器不可存放在高温的地方,以防碳酸氢钠分解出二氧化碳而失效,严冬季节要采取保暖措施,应经常疏通喷嘴,使之保持畅通。

灭火器使用期在两年以上的,每年应送有关部门进行水压试验,合格后方可继续使用,并在灭火器上标明实验日期,每年要更换药剂,并注明换药时间。

MPT型化学泡沫灭火器的使用范围、灭火方法及注意事项与手提式基本相同。

(2)MT型二氧化碳灭火器:二氧化碳灭火器利用其内部所充装得到的高压液态二氧化碳本身的蒸汽压力作为动力喷出灭火,如图1-11所示。

二氧化碳灭火剂具有灭火不留痕迹、有一定的绝缘性能等特点,因此适用于扑救600V以下的带电电器、贵重设备、图书资料、仪器仪表等的初起火灾,以及一般的液体火灾;不适用于扑救轻金属火灾。

灭火时只要将灭火器的喷射筒对准火源,打开启闭阀,液态的二氧化碳立即汽化,并在高压作用下迅速喷出。

应该注意二氧化碳是窒息性气体,对人体有害。空气中的二氧化碳含量达到8.5%,就会发生呼吸困难、血压增高等情况。二氧化碳含量达到20%~30%时,会引起呼吸衰弱、精神不振,严重的可因窒息而死亡。因此,在空气不流通的火场使用二氧化碳灭火器后,必须及时通风,在灭火时要连续喷射。二氧化碳是以液态存放在钢瓶内的,使用时液体迅速汽化而产生的热量,使自身温度急剧下降到很低的温度。利用它来冷却燃烧物质和冲淡燃烧区空气中的含氧量已达到灭火的效果。所以在使用中要带手套、动作要迅速,以防冻伤。如在室外,则不能逆风使用。

二氧化碳灭火器应放置在明显、取用方便的地方,不可放在采暖或者加热设备附近以及阳光强烈照射的地方,存放温度不要超过55℃。

定期检查灭火器钢瓶内二氧化碳的储存量,如果质量减少1/10时,应及时补充装瓶,在搬运过程中,应轻拿轻放、防止撞击。在寒冷季节使用二氧化碳灭火器时,要防止阀门冻结。灭火器每隔5年应由专业部门进行一次水压试验,并打上试验年、月的钢印。

(3)MF型手提式干粉灭火器:MF型手提式干粉灭火器是以高压为动力,由喷射筒内的干粉进行灭火,为储气瓶式。它适用于扑救石油及其衍生产品、可燃气体、易燃气体、电气设备的初起火灾,广泛应用于工厂、船舶、油库等场所。按充装的干粉质量来定,MF型灭火器的型号可分为MF1、MF2、MF4、MF5、MF8、MF19;按充装物质的不同,又可分为碳酸氢钠干粉灭火器和磷酸铵盐干粉灭火器两种,如图1-12所示。

图1-11　MT型二氧化碳灭火器　　　　图1-12　碳酸氢钠干粉灭火器和磷酸铵盐干粉灭火器

碳酸氢钠干粉灭火器适用于易燃、可燃液体以及带电设备的初起火灾;磷酸铵盐干粉灭火器除可用于上述几种火灾外,还可用于固体物质火灾,但都不适宜扑救轻金属燃烧的火灾。

灭火时,先拔去保险销,一只手握住喷嘴另一只手提起提环(或提把),按下压柄就可喷射。扑救地面油火时,要采取平射的姿势,左右摆动,由远及近,快速推进。在使用前,先将筒体上下颠倒几次,使干粉松动,然后再开气喷粉则效果更佳。

灭火器应放置在干燥通风的地方,防止干粉受潮变质;还要避免日光暴晒和强辐射热,以防失效。存放环境温度在-10~55℃之间。

MF型灭火器要进行定期检查,如发现干粉结块或气量不足,应及时更换灭火剂或充气。MF 型灭火器一经打开启用不管是否用完，都必须进行再充装，充装时不得变换干粉品种。

灭火器每隔 5 年或者每次充装前，应进行水压试验，以保证耐压强度，检查合格后方可继续使用。推车式干粉灭火器的使用方法和维护与手提式干粉灭火器相同。

(4) MY 型手提式 1211 灭火器(如图 1-13)：

1211 灭火器利用装在筒内的氮气压力将 1211 灭火剂喷射出去进行灭火。它属于储压式一类。

1211 是二氟一氯一溴甲烷的代号，分子式为 CF_2ClBr，它是我国目前生产和使用最广泛的一种卤代烷灭火剂，以液态灌装得在高压瓶内。

1211 灭火剂是一种低沸点的液化气体，具有灭火效率高、毒性低、腐蚀性小、久储不变质、灭火后不留痕迹、不污染、绝缘性能好等优点。

1211 灭火器主要适用于扑救可燃液体、气体及带电设备的初起火灾。

图 1-13　MY 型手提式 1211 火器

1211 灭火器可用扑救精密仪器仪表、贵重物资、珍贵文物、图书档案等初期火灾；扑救飞机、船舶、车辆、油库、宾馆等场所固体物质初起火灾。

1211 灭火器按充装灭火剂量可分为 0.5kg、1kg、2kg、3kg、4kg、6kg 六种型号规格。

使用 MY 型 1211 灭火器时，首先拔掉安全销，然后握紧压把进行喷射。但应注意，灭火时要注意保持直立位置，不可水平或者颠倒使用，喷嘴应对准火焰根部，由近及远，快速向前推进，要防止回火复燃，零星小火则可采用点射。如遇可燃液体在容器内燃烧时，可使用 1211 灭火剂的射流自上而下向容器的内侧壁喷射。如果扑救固体物质表面火灾，应将喷嘴对准燃烧最猛烈处左右喷射。

1211 灭火器应存放在通风、干燥、取用方便的地方，储存的环境温度为 $-10 \sim 45℃$。不得存放在采暖或加热设备附近以及阳光强烈的场所，以免变质失效。

每隔半年检查一次灭火器压力，压力表指针指示在红色区域内，应立即充灭火剂和氮气。每隔 5 年或再次装灭火剂前，应进行相当于 1.15 倍的水压试验，合格后方可继续使用。

课题五　涂料施工的劳动保护及环境保护

汽车涂料和辅料大部分属于易燃、易爆、有毒、有害的材料，因此工作场地环境十分重要。

一、涂料对环境及人体健康的影响

涂料对环境的影响主要是涂料中有机物的挥发、废涂料的排放、稀释剂的处理等。

1. 涂料中有机物的挥发

工作场地环境污染最严重的是挥发性有机化合物的排放。挥发性有机化合物主要是有机溶剂，对人类和动植物的危害很大，在阳光的照射下有机溶剂与空气中的氧化氮反应生成臭氧(O_3),人们吸入的臭氧含量超过一定限量会导致严重的呼吸道疾病。距离地球表面40km的同温层富集了臭氧,所以称为臭氧层。臭氧层能够过滤太阳光中紫外线,这种紫外线会破坏地球植被,还能导致皮肤癌。制冷设备中使用的制冷剂氟利昂就会破坏臭氧层,为保护臭氧层国家制定了环境保护法。

2. 废涂料的排放

废涂料的处理也是一项重要工作。直接排放的废涂料会通过大气、土壤及下水道对地表及人类赖以生存的水源造成极大的破坏。涂料中的溶剂的挥发会污染大气,排放在土壤中影响植物的生长,排放至下水道中影响河道的水质,水中残留的重金属对人体有直接的危害。涂料排放下水道中形成工业废水,工业废水分为两类,第一类废水是指含有会在环境或者动物体内积累,对人体健康产生长远影响的有害物质的水,第二类废水是指含有对人体健康影响小于第一类的有害物质的水。我国对两类工业废水的排放均有严格的标准。

3. 稀释剂的处理

工作场地清洗喷枪、清洁工具所使用过的稀释剂也是产生环境污染源的主要因素。稀释剂使用后直接排放会导致有机物的挥发。另外沾染了涂料的废弃物可能对环境产生不良影响,也应正确处理。

二、工作场地的环保工作

工作场地应采取相应的保护环境措施:

1. 对有机物排放采取的环保措施

欧洲和北美国家都制定了严格VOC(VOC是挥发性有机化合物,对人体健康有巨大影响)排放的环境保护法。欧美国家的许多知名公司也采取各种措施保护生态环境,如20世纪80年代起,美国通用汽车公司就开始采用化学方法解决喷涂车间的空气污染问题。

(1)可以通过选择固体含量高的涂料及水性涂料来降低涂料中有机溶剂的使用。

(2)通过对喷涂设备的选择来降低涂料的浪费,如HVLP(高流低压)喷枪的使用可以提高涂料的使用率而达到降低VOC的目的。一些国家研究了采用不同喷涂技术保护环境,如表1-3所示。

使用不同喷枪的环保和经济效益　　　　　　表1-3

对比项目	传统喷枪	HVLP
压缩空气耗量	9%	30%
烤房过滤棉损耗	-14%	-46%
涂料散失	-14%	-46%
溶剂散失	-7%	-30%
节省(相当于人民币/元)	26049	138419

采用HVLP喷枪可以大大降低溶剂散失,即降低VOC,同时经济效益也很可观。但是我国修理厂为什么没有普遍使用HVLP喷枪呢?原因有以下几点:HVLP喷枪价格比较高;汽车修理厂的空气压缩系统供气量不足或者压力不稳定;用HVLP喷枪会提高空气消耗量,喷涂速度比传统喷枪速度慢5%~10%,工作距离是13~17cm,而传统喷枪距离是18~23cm。由于在使用HVLP喷枪时仍按照传统喷枪工艺操作,达不到好的效果,阻碍了

HVLP喷枪的推广。

随着对环境保护的重视程度不断提高,我们相信环保喷枪会得到广泛应用。

另外无气喷涂和静电喷涂能更好地降低VOC,但是在一般轿车修理厂还不可能应用,在大客车或卡车修理厂可以采用。

(3)废气的处理方法有活性炭吸附、催化燃烧、液体吸附和直接燃烧等。

①活性炭吸附法:这种方法是利用活性炭作为物理吸附剂,将有机物吸附在活性炭表面以净化废气。具有吸附能力的物质还有氧化硅、氧化铝等,其中以活性炭应用最广泛。将活性炭装入容器内,废气从一端进入容器,通过活性炭吸附后从容器的另一端排出净化的空气。使活性炭可以再生的方法有蒸汽脱附,即将水蒸气通入活性炭层中干燥后再使用,还可以用减压脱附、高温燃烧脱附等。当然脱附介质还要经过处理,才可以排放。还有把使用过的活性炭直接燃烧掉,更换新的活性炭,此法最为简单,但成本较高。

②催化剂燃烧法:这种方法是利用催化剂使废气中可燃物质在较低温度下氧化分解成二氧化碳和水,使废气净化。催化剂燃烧的过程是让废气进入预热室升温至起燃温度的50%左右,然后使废气在催化层进行催化燃烧,废气得到净化。起燃温度是催化剂的重要指标。如果用铂和钯做催化剂,甲醇气体在100℃左右开始燃烧,脂类、酮类、其他醇类和碳氢合物等在200℃开始燃烧,在300℃以上时,几乎所有的有机溶剂气体都能完全燃烧。

③液体吸附法:这种方法是利用吸收液吸收废气中的有机溶剂使废气净化。溶剂分为溶于水的、微溶于水和不溶与水的。溶于水的有甲醛、丙酮、丁醇、醚类等;微溶于水的有乙酸乙酯、乙酸丁酯等;不溶于水的有苯、甲苯、二甲苯等。涂装作业废气中含甲苯、二甲苯最多,可以用柴油或机油洗涤吸收。洗涤吸收装置一般做成塔式,常用的有填料塔式、喷淋塔和斜孔塔三种。

④直接燃烧法:直接燃烧法是将含有有机溶剂气体的混合气体直接燃烧生成水和二氧化碳,放出的热量还可用于涂膜干燥,是一种经济简便的废气处理方法。

2.对工业废水的处理

废水排放标准分为三个等级,等级数大,排放要求有所降低。废水处理标准也分三个等级,但是等级数越大处理难度越大。

(1)一级处理主要是预处理,用机械方法或者简单的化学方法使废水中悬浮物或者胶状物沉淀分离,中和溶液的酸碱度。

(2)二级处理主要是解决可以分解或者可以氧化的有机物或者部分固体悬浮物的污染。常常采用生物化学分解废水中的有机物,或者添加凝聚剂使悬浮物固体物凝聚分离。经过二级处理后水质明显改善,大部分可以达到排放标准。

(3)三级处理是深度处理,主要分解难分解的有机物。处理方法有活性炭吸附、离子交换、电渗析、反渗透和化学氧化等。通过三级处理,废水达到地面水、工业用水或者生活用水的水质标准。

3.废物处理

涂装中的废涂料、粉尘、废抹布、废纸、废溶剂等,经分类及循环使用后无法再使用的一般采用直接燃烧法,在专用焚烧炉集中烧掉效果最好,方法简便。

项目二　喷涂工具及设备的使用

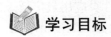学习目标

完成本项目学习后,你应当能:
1. 知道空气压缩供给系统的供给原理;
2. 掌握喷枪的使用方法和保养方法,知道喷枪的组成和分类;
3. 知道烘烤设备的使用方法和操作要求;
4. 掌握打磨设备的使用方法和保养要求;
5. 掌握打磨工艺的操作要求;
6. 了解喷涂作业设施与用品的使用。

建议课时:22课时

涂装设备是评价汽车涂装质量(水平)的五大要素之一,汽车涂装设备的性能好坏以及对设备的正确使用,直接关系汽车涂装的质量和效率。因此,了解汽车修补涂装设备的配置标准和正确使用,既便于涂装作业又利于企业管理。

汽车修补涂装的主要设备有:压缩空气供给系统、喷枪、烤漆房和其他耗材。完美的汽车修补涂装主要取决于洁净的压缩空气和涂装环境、高质量的油漆材料、先进的喷涂工具和油漆工娴熟的喷涂技术。压缩空气供给系统就是用于产生洁净的压缩空气,烤漆房是专业的喷漆场所兼烤漆设备,干磨机是作为先进工艺的打磨设备,喷枪是修补涂装最主要的喷涂工具。汽车修补涂装不能像原厂涂装那样大面积采用自动化设备,其人工操作较多,所以喷涂技术和涂装设备的正确使用是影响涂装质量的关键。

课题一　压缩空气供给系统的介绍

一、压缩空气供给系统的作用

压缩空气供给系统是一整套生产、净化和输送压缩空气的系统设备,用于提供充足的用于达到预定压力值的压缩空气,以确保喷涂车间所有的气动设备都能有效工作。系统的规格从小型的便携式装置到大型的安装在车间内的设备及压缩空气输气站的供气设备,应有尽有。压缩空气输气站通过高压将压缩空气储存于大的容器罐中,再减压到所需压力输送给要使用压缩空气的各种设施和设备。

二、系统的基本配置和安装要求

(1)一台或一组空气压缩机,有时也称之为"气泵"。

(2)动力源,一般为电动机,室外工作时可以用便携式汽油驱动的压缩机。

(3)一只或一组用于调节压缩机和电动机工作的控制器。

(4)规格合适的储气罐或容器。如果过小将导致压缩机频繁启动,从而使电动机负载过重。由于空间的限制,储气罐不应过大,而且也没有必要过大(压缩空气的输气站例外)。

(5)分配系统是压缩空气系统连接的关键。分配系统是指从空气容器到需要压缩空气的分配点的软管和固定管道,或者软管和固定管道的组合,包括规格合格的软管或者固定管道、接头、阀、油-水分离器、气压调节器、仪表和其他能使特定的气动工具、装置以及喷涂设备有效工作的空气与流体控制装置。

三、压缩空气供给系统的组成

1. 空气压缩机

压缩机是所有空气系统的心脏,它将空气的压力从普通的大气压升到某一更高的压力值,是提供压缩空气的设备。除了喷漆需要压缩空气以外,所有的气动工具和设备都要利用有一定压力和流量的压缩空气作为动力。如图 2-1、图 2-2 所示分别为普通活塞式空气压缩机和大型螺杆式空气压缩机。

图 2-1 普通活塞式空气压缩机

图 2-2 大型螺杆式空气压缩机

2. 储气罐

空气压缩机输出的压缩空气一般都要进入储气罐暂时储存。只有当气体的压力达到气动工具所需要的压力值时,气动工具才能正常工作。储气罐实质上是个蓄能器,其容积越大,所能储存的压缩空气量越多。只有当气动工具使用,压力下降到一定值时,压缩机才会重新启动向储气罐充气。可见储气罐的作用在于减少压缩机的运转时间,同时又能保证供给气动工具的需要,因此,可以减少压缩机的磨损和维修工作。

储气罐或其他容器通常为圆柱形,如图 2-3 所示为典型压缩机储气罐形式。

3. 空气压缩机的控制系统

压缩机分为两种形式,便携式和固定式。固定式的空气压缩机由主机、电动机、内燃机、储气罐或其他空气容器、止回阀、自动卸载器(又称安全阀)、压力开关、过载保护器和储气罐底部的放水阀系统和元件组成。

(1)自动卸载器:自动卸载器又称安全阀。当储气罐内压力达到最大值时,自动卸载器开启,罐内压缩空气排出大气式压缩机空转;当压力降到一定值时,在弹簧座用力下自动卸载器关闭,压缩机恢复正常工作状态。自动卸载器调节的最大压力和最小压力可以通过调节螺钉进行调整。

(2)压力开关:压力开关是利用空气压力控制电源开闭的开关,一般情况下,压力达到所需的最大值时,电源断开,电动机停止运转,压缩机不工作;压力低于最小值时,电源接通,电动机重新启动,带动压缩机工作。

(3)电动起动机:电动机直接启动时,瞬间过载电流很大,一般都要采用启动器启动,为电动机提供过载保护。电动机的型号及电流特性不同,启动器也不同。因此必须选用与电动机相匹配的启动装置。

(4)过载保护器:在小型设备上,一般采用熔断器进行电路过载保护;大型设备上,在启动装置上安装热继电器实施过载保护。按要求来说,所有的压缩机都应该使用过载保护装置。

4.气压调节器

气压调节器是用于降低从压缩机进入输气管道气流压力的装置。它能够自动地维持需要的气压,并且使波动最小。气压调节器用于已经装配空气冷凝器或其他类型过滤器的管路。气压调节器有多种口径和压力规格,另外还有是否带有仪表之分,以及不同灵敏度和精度。气压调节器有两个接口,分别用于主输气管道气流的输入和调解后气流的输出。

5.油水分离器

油水分离器是一种多功能的仪器,它可将油、污物和水从高压气体中分离出来;过滤和分离空气;显示调节后的空气压力;以及为喷枪、吹尘枪、打磨机等气动工具提供多头空气输出口。如图2-4所示为典型的油水分离器。

图2-3 空气压缩机储气罐

图2-4 油水分离器

油水分离器可用于所有需要清洁、干燥以及调节过高的高压气提供的修正喷涂工作,通过其内部的一系列的阻流板、离心器、膨胀室、振动片和过滤器的作用,将气流中的污物、油、水分离出来,从而从输出口输出清洁、干燥的空气。气压调节阀可提供主动地控制,确保气压均衡稳定。仪表用于显示调节后的气流压力,有的也能显示主输气道的压力值。装有控制阀的输出口可将高压分配到需要的工作地点。排水阀则可以放掉包含油、污物、水气的混合物。

6. 空气冷冻干燥机

空气冷冻干燥机主要用于降低压缩空气的温度,它既可以吸收气流的热量,又可以清除杂质和残余的油、水。如图2-5所示为空气冷冻干燥机。

7. 管路

压缩机和气动设备之间的管路可以用硬管也可以用软管。有固定工位的设备一般先用硬管输送到固定位置,再用软管接到气动设备上使用。

四、供气系统的维护

为了供气系统能有效地工作,延长系统部件的使用寿命,工作人员要按规定的维护方案进行日常的维护。一般而言,供气系统的维护分为日维护、周维护和月维护三种。

1. 日维护操作

(1)放掉储气罐、油水分离器内的冷凝水,特别是在空气湿度较大时,每天要多放几次。

图2-5 空气冷冻干燥器。

(2)检查曲轴箱的润滑油面,尽量保持充足的水平,但注意不要过高,以避免机油消耗过多。

(3)在没有SAE10和20号重机油的情况下,可以使用SAEWW—30跨等级机油。但这种机油中的添加剂,会产生炭的残余物从而破坏表面光泽。在那些容易造成坚固的积炭的情况下,如果先使用一种可以清除积垢的机油可以获得满意的效果。

(4)使用这种去垢机油之前,应将活塞、活塞环、汽缸和汽缸头清洗干净,因为去垢机油会将这些部件上的积炭腐蚀下来,从而会堵塞通气口,损坏储气罐和轴承。

2. 周维护操作

(1)拉开安全阀上的拉环,使其打开。如果该阀工作正常就会像下面介绍的那样排气。若安全阀装在储气罐或止回阀上,则在罐内存有高压气时排气;若安全阀装在压缩机内置冷却器上,则在压缩机工作时排气。然后用手指将拉出来的杆推回去。当安全阀不能正常工作时,应立即维修或更换。

(2)清洗空气滤清器的毛毡或海绵等过滤件,用防爆溶剂清洗干净后,晾干重新装好。如果滤清器太脏,会降低压缩机的效率和增加机油的消耗。

(3)清洗或吹掉汽缸、汽缸头、内冷机、后冷机及其他容易集灰尘或脏东西的压缩机及其附属设备的部件上的小颗粒。干净的压缩机工作时的温度较低,而且使用寿命也较长。

3. 月维护操作

(1)添加或更改曲轴箱内的机油。当干净的工作环境下,机油应每500个工作小时或每6个月换一次(满足两个条件之一就应更换)。如果工作环境不够干净,就应增加更换的频率。

(2)调节压力开关的关机/开机设定点。

(3)检查每次关掉电动机时泄放阀或排气压力是否正常。

(4)上紧带轮以防打滑。如果V带发松,电动机转轮在工作时就会发热。当V带轮上得过紧时,就会使电动机负载过重,从而导致电动机和压缩机轴承过早磨损。

(5)检查并调整松动的电动机转轴和压缩机飞轮。注意进行操作时必须取下V带防护罩的前半部分。

(6)上紧压缩机上所有的阀芯或汽缸盖,确保每个汽缸不会松动,以免损坏汽缸或活塞。

(7)检查压缩机附件和供气管道系统有无空气泄漏。

(8)关闭储气罐排气阀,检查泵气时间是否正常。

(9)检查是否有异常的噪声出现。

(10)检查并纠正机油泄漏的现象。

(11)另外还应进行上面介绍的周保养内容。

课题二 喷枪的类型和使用

喷枪是涂料修补的关键设备,喷枪的功能是利用压缩空气的压力将液体雾化,形成雾状射流。雾化使涂料形成喷涂的细小均匀的液滴,当这些液滴被以正确的方式喷在汽车表面后,就会形成薄厚均匀具有光泽的薄膜。喷枪的类型和规格较多,适用于不同场合的喷涂。喷枪的质量会对涂装修补的质量带来重大影响。

一、喷枪的类型

空气喷枪按涂料的供给方法分为吸力式、重力式和压力式三种,如图2-6、图2-7、图2-8所示。涂装修补常用吸力式和重力式。按涂料罐的安装位置常称为下壶枪和上壶枪,小修补时多用上壶枪。

图2-6 吸力进给式喷枪

图2-7 重力进给式喷枪

图2-8 压力进给式喷枪

三种喷枪各自的优点:

(1)吸力进给式喷枪的优点:吸力进给式喷枪是车身表面精修车间使用最广泛的一种喷枪,可用于所有的喷涂工作(如点、板和全身的喷涂)。大面喷涂时可换掉涂料罐,使涂料皮管直接从容器中抽吸涂料连续工作。

(2)重力进给式喷枪的优点:对于重力进给式喷枪,涂料由重力作用供应,在喷嘴处受虹吸作用吸出。该喷枪用于较重的涂料比较理想,如轻型车身填实涂料。重力进给式喷枪也可以用于喷涂基层/透明层组合涂料,以及喷涂底层涂料,如防锈漆和密封漆,以及一些较轻的车身原子灰和二道浆。这种供料方式也有一定的局限性,涂料的黏稠度和流体特性,以及输流管的规格和长度都直接影响涂料进入喷枪的速度。改变喷枪的垂直位置以及涂料罐内涂料的液位都会影响输出涂料的压力。

(3) 压力进给式喷枪的优点:压力进给式喷枪主要用于车身整体喷涂(包括卡车和轿车)喷涂较重的涂料。

二、喷枪的结构及各主要组件的作用

1. 喷枪的结构

典型的喷枪有枪体和喷枪嘴组成:

枪体主要由扇面调节螺钉、涂料调节螺钉、空气调节螺钉、进漆口、扳机、手柄组成;喷嘴由气帽、涂料喷嘴、顶针组成。如图2-9所示为典型的吸力进给式空气喷枪的结构图。

2. 喷枪主要组件及其作用

(1) 涂料调节螺钉:通过调节螺钉来控制涂料喷出量,如图2-10所示。如果拧松调节螺钉,涂料喷出量增加;拧紧该螺钉,涂料喷出量减少。

(2) 扇面调节螺钉:它的作用是调节喷雾图形,如图2-11所示。拧松螺钉喷雾形成椭圆形状;拧紧螺钉喷雾形成较圆椭圆形。椭圆形状比较适合喷涂大的工作表面,圆的形状比较适合喷涂小的工作表面。

(3) 空气调节螺钉:它的作用是调

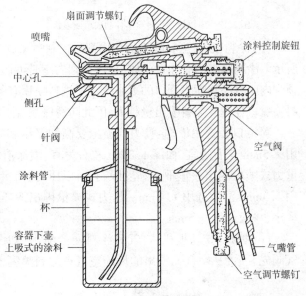

图2-9 吸力进给式空气喷枪结构

节空气压力,如图2-12所示。拧松调节螺钉增加空气压力;拧紧调节螺钉降低空气压力。空气压力不足会影响喷涂雾化的程度,而空气压力过大,则会使更多的涂料溅散,增加所需的涂料量。

图2-10 涂料调节螺钉

图2-11 扇面调节螺钉

图2-12 空气压力调节螺钉

(4)气帽:气帽把压缩空气导入漆流,使漆流雾化,形成雾状,如图2-13所示。气帽上有主雾化孔、辅助雾化孔、扇幅控制孔,如图2-14所示。

中心气孔位于喷嘴末端,用来产生真空以排出涂料;雾化气孔促进涂料的雾化,喷出空气量的多少与涂料雾化好坏有很大关系;扇幅控制气孔可控制喷雾的形状,获得不同的扇形喷幅大小。

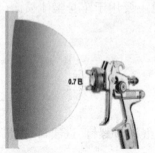

图2-13 扇幅控制孔将喷雾控制成扇面形状

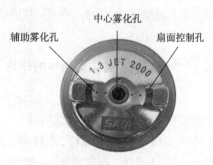

图2-14 喷枪气帽

(5)涂料喷嘴:涂料喷嘴的作用都是控制喷漆量,并把漆流从喷枪中导入气流,如图2-15所示。涂料喷嘴内有顶针内座,顶针顶到内座时可切断漆流。从喷枪喷出的实际气量由顶针顶到内座时涂料喷嘴开口的大小决定。涂料喷嘴有各种型号,可以适应不同黏度的涂料。涂料喷嘴口径越大涂料喷出量越大,因此防锈底漆等下层涂装常用大口径的涂料喷嘴。

喷枪口径选用依据:吸力式喷枪要高的气压和气流才能将涂料吸出,所以一般底漆选用2.5mm左右为宜,面漆1.8mm左右为宜,喷涂清漆时要膜厚一些,因此用2.0mm为好。重力式喷枪因出漆量不受黏度限制,所以压力、流量小一些,底漆选用1.9mm左右,面漆选用1.3mm,清漆选用1.4mm。压力式喷枪因出漆压力高,所以选用口径较重要,压力式口径小,一般选用0.5mm。

(6)扳机:拉动扳机,空气和涂料便会喷出,如图2-16所示。扳机为两段式,扣下时,气阀先开放,从空气孔喷出的压缩空气在涂料喷嘴前形成涂料喷嘴开口,吸入涂料。

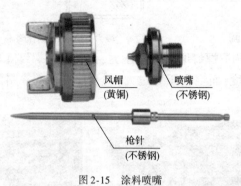

图2-15 涂料喷嘴　　　图2-16 扳机

三、喷枪的使用

1. 使用前准备

使用前应先检查并调整喷枪是否工作正常,例如喷嘴上的气孔有无污垢堵塞,密封圈有无渗漏等,发现故障要及时排除,然后安装供料装置。

2. 喷枪的调整

喷涂模式的调整是指喷雾扇形区域的调节,喷雾扇形取决于空气和雾化的物料液滴的混合是否合适。涂料的喷涂应平稳,喷涂出的湿润层应没凹陷或流泪现象,在一般情况下要想获得合适的喷雾扇形,有三种基本调整方式,如图2-17所示。

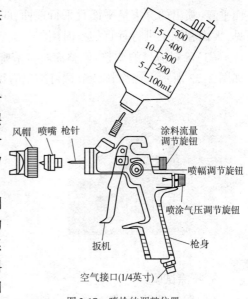

图2-17 喷枪的调整位置

(1)压力调整:喷枪喷嘴处的压力对于得到合适的喷雾扇形有明显的影响。我们所提到的压力值都是指喷枪处的气压。对于任何涂料系统而言,最适合的气压只有一个,就是能使涂料获得最好雾化效果的最低气压。压力太高会因飞漆而浪费大量涂料,抵达喷涂件表面前溶剂挥发快导致流动性差,容易产生橘皮、光泽不足等缺陷;压力太低会因溶剂保留多而造成干燥性差,涂膜容易产生气泡和流挂。不同涂料喷涂时所需要的气压都有最佳值,请参阅涂料使用说明书。

测量气压的最可靠的方法是使用一块插在喷枪和输气管接头之间的气压表来测量。有些喷枪本身就带有气压表,可用来检查和调节喷枪处的压力值,而大多数喷枪的气压表是可选件,如图2-18所示,建议在生产实际中应使用气压表。

(2)喷雾扇形调整:调整扇面调节螺钉可以调整喷雾直径的大小,如图2-19所示。调整雾状时,将扇面调节螺钉旋到最小,可使喷雾的直径变小,形状变圆;将扇面调节螺钉完全打开,可使喷雾形状变成宽的椭圆形。较窄的喷雾可用于局部修理,而较宽的喷雾则用于整车喷涂。

图2-18 气压调整

如图2-19 喷雾扇形调整

调整气帽可以改变雾束的方向。将气帽的犄角调整与地面平行,喷出的雾束呈平面且垂直地面,叫垂直雾束,如图2-20所示。这种雾束用的最多;将气帽的犄角调整成与地面垂直,喷出的雾束呈平面且平行地面,叫水平雾束,如图2-21所示;这种雾束在施工中少见,大面积施工进行垂直扫枪时用。

(3)涂料流量的调整:调整涂料调节螺钉,可调节适应不同喷雾形状所需的涂料流量,如图2-22所示。当涂料调节螺钉旋出时可增大出漆量,调节螺钉旋进时减小出漆量。

图2-20 垂直雾束　　　　图2-21 水平雾束　　　　图2-22 流量调整

3. 喷涂试验

(1)喷雾测试的目的:确保涂料雾化均匀;确保涂料雾化的颗粒足够小,以保证合适的流动性。

(2)测试方法:设定好气压、喷雾扇幅、涂料流量后,就可以在遮盖纸或报纸上进行喷雾形状测试。喷涂清漆类涂料时,喷枪与测试纸相距为13~17cm,如图2-23所示。而喷涂磁性漆时则相距18~23cm,如图2-24所示。试喷应在瞬间完成,将扳机完全按下,然后立即释放,如图2-25所示。喷射出来的涂料应在纸上形成长而窄的形状。一般情况下,进行局部修理时,喷雾形状从底部到顶部的高度应达到10~15cm;进行大面积或全身修理时,喷雾形状从底部到顶部的高度应达到23cm左右;通常情况,喷雾形状从底部到顶部的高度在15~20cm即可。

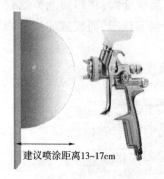  

图2-23 清漆距　　　　图2-24 磁性漆　　　　图2-25 试喷

如图2-26、图2-27、图2-28所示为涂料雾化质量的三种情况,如图2-26所示,雾化明显质量好些。如果涂料颗粒粗大,可以旋进涂料调节螺钉1/2圈以减少流量;如果喷得太细或过干,则旋出涂料调节螺钉1/2圈,以达到调节涂料喷出量的目的。

下面测试喷涂图案涂料分布是否均匀。松开气帽定位环并旋转空气帽,调整气帽犄角,使喷枪喷出垂直雾束。再喷一次,按住扳机直到涂料开始往下流,即产生流挂。检查各段流挂的长度,如果所有的调节都合适,各段流挂的长度大致相等,如图2-29a)所示。

如果流挂呈分开的形状,如图2-29b)所示,其原因是喷雾形状设得太宽或气压太高,将扇面调节螺钉紧半圈或将气压提高一些,反复交替进行这两项调节直到各段流挂的长度大致相等;如果流挂呈中间长两边短,如图2-29c)所示,则是因喷漆量太大,调整涂料调节,直到各段流挂长度大致相等。

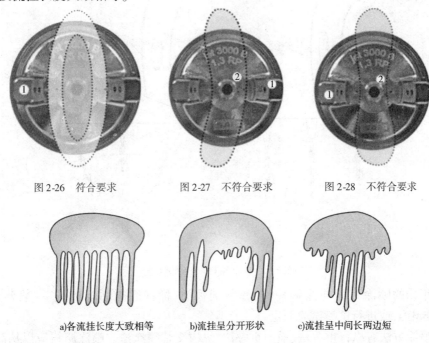

图2-26　符合要求　　　图2-27　不符合要求　　　图2-28　不符合要求

a)各流挂长度大致相等　　b)流挂呈分开形状　　c)流挂呈中间长两边短

图2-29　测试涂料图案分布情况

4. 喷涂操作要点

(1) 一般情况下喷枪嘴与工作表面距离20cm为最佳距离,如图2-30所示。喷涂距离过短,喷涂气流的速度就比较高,会使涂层出现波纹。如果距离过长,就会有过多的溶剂被蒸发,导致涂层出现橘皮或发干,并影响颜色效果。

(2) 喷枪移动时应保持水平,喷射线与表面垂直,如图2-31所示。如果喷枪角度

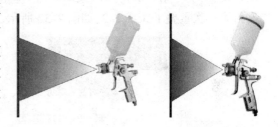

图2-30　喷枪嘴与工件表面

不正确,并沿曲线运动,则将导致漆膜不均匀。这在实际中不可能完全避免,但操作时应注意。

(3) 喷枪的速度应保持稳定,喷枪移动过快,会导致涂层过薄,而喷枪移动过慢,会导致出现流挂的现象。速度必须稳定,否则,就会导致涂层不均匀。不要停在一个地方喷涂,否则就会形成流挂。

(4) 喷枪扳机的控制:扣扳机的正确操作分四个步骤:

① 先从遮盖纸上开始走,扣下扳机一半,仅放出空气;

② 当走到喷涂表面边缘时,完全扣下扳机,仅放出空气;

③当走到另一头时,松开扳机一半,涂料停止流出;
④反向喷涂前再往前移动几厘米,然后重复上述操作步骤。

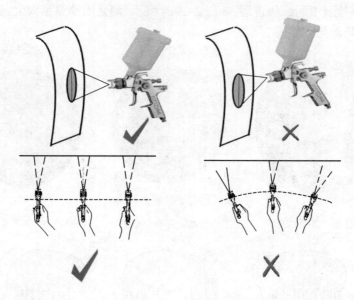

图2-31 喷枪与工作表面的角度

(5)正确的喷涂气压与涂料种类、稀释剂种类、稀释后的黏度有关,一般调节气压0.35～0.5MPa,或进行试喷试验而定。

(6)喷涂方法有纵行重叠法、横向重叠法、纵横交替喷涂法。喷涂路线应以从高到低、从左到右、先里后外的顺序进行。在行程终点关闭喷枪,喷枪第二次单向移动的形成与第一次相反,喷嘴与第一次行程的边缘平齐,雾形的上半部与第一次雾形的下半部重叠,第二次与第一次重叠1/3或1/2,如图2-32所示。

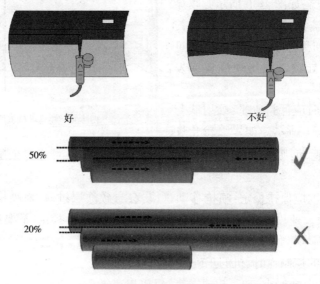

图2-32 喷涂方法、路线

(7)走枪基本动作：

①喷涂时不要转动,喷枪的运动不要呈曲线形,否则会造成漆膜不均匀。喷漆时唯一可以转动的情况是进行局部喷涂要求边缘处比中间厚时。

②像边角这些难喷涂的部位应先喷涂。直接对准这些部位,以使两侧平面喷涂均匀。喷涂距离应比一般的近3~5cm,或将喷雾扇形控制旋钮旋进几圈。如果距离较近,则移动速度应快一些,以使漆膜厚度保持一致。喷涂完所有边角后,就可以开始喷涂平面或者接近平面的部件了。

③喷涂表面非常窄的时候,应更换喷涂图案较小的喷枪或空气帽,而不必重新调节。喷涂图案较小的小修补喷枪比较容易操作。另外,降低气压和涂料流量后,小心操作也能使用大号喷枪。

④一般而言,直立的表面应从顶部开始喷涂,喷嘴应与该表面的顶部平齐。第二次喷涂向反方向进行,喷嘴应于上一次喷涂的下边缘平齐,使喷涂的一半与上一行程重叠。

⑤手持喷枪一次移动的水平距离为50~100cm,如果面层水平喷涂尺寸超过100cm,就需分两次移动喷涂。两次喷涂应有10cm的"湿边缘"重叠。在重叠区操作时,应掌握好扣动扳机的时间与力度,以免产生双涂层或形成涂料下垂现象,最后喷涂应位于表面的下缘。

⑥持续来回操作,没走到头应松开扳机,并降低喷涂图案一半的距离。

⑦在最后一次喷涂时,应使喷雾的一半低于已喷涂平面。对此而言,喷雾的下一半就射空了。

上述步骤是针对单涂层的,对于双涂层,应在此基础上重复上述操作。一般而言,良好的喷涂面层是由双涂层或多涂层涂料组成,在两个涂层之间应有一段快速蒸发的时间,即溶剂蒸发以使涂层稍微变干的所需时间,一般为几分钟。在这几分钟内可以观察到涂层外边稍微变暗。对瓷漆外涂层而言,则需要2~3个单涂层。

5.持枪问题

(1)倾斜指漆工将喷枪向下倾斜。因为喷枪与喷涂斜面不垂直,导致喷雾过多,喷漆发干以及橘皮。

(2)曲线运动指漆工移动喷枪的轨迹与喷涂平面不平行。在曲线行程的两头,喷枪距离喷涂平面比行程中间远。其后果是漆膜不均匀,局部喷涂过厚以及橘皮。

(3)如果移动速度太快涂料就不会均匀的覆盖喷涂表面；如果移动速度太慢,就会产生流挂及流泪。正确的移动速度主要依靠严格的训练和经验来保证。

(4)不正确的重叠会导致漆膜厚度不均匀,颜色对比度不均匀以及流挂。

(5)每一行程之前或之后操作扳机失误会导致在每一行程的开始和结束处涂层过厚。

(6)覆盖不正确。扣扳机时间不当是另一个常见的错误。在板的边缘如果扣扳机不当,会导致漆膜厚度不均匀。

四、喷枪的日常维护

1.喷枪的清洗

1)用后清洗

喷枪在使用完后不立即清洗,喷嘴就会部分堵塞,导致喷枪喷出来的喷雾分裂(喷出干燥的涂料碎片)或喷雾形状不对。对加有添加剂的磁漆,尤为如此,因为在使用后不立即清洗,磁漆就会在喷枪的内部硬化。因此喷枪使用后,立即清洗喷枪及附件,对于保养喷枪是非常重要的。下面介绍如何清洗重力式喷枪:

(1)首先拆卸喷嘴帽套装。先拆下枪针,其次取下风帽,最后用工具包里的原装扳手取下枪帽,如图2-33所示。

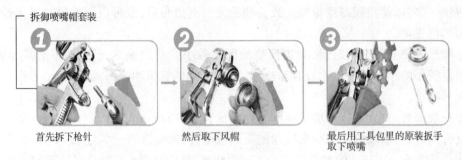

图2-33 拆卸喷嘴帽套装

(2)清洗与吹干。用稀释剂清洗喷枪涂料通道、枪体外部,并用吹风枪吹干,如图2-34所示。

图2-34 清洗与吹干

注意:手工清洗喷枪时,请注意千万不要使用钢丝毛刷,那样会对喷枪造成损坏。另外还要注意要确保没有清洁剂残留在喷枪的通道里,建议清洗喷枪时让喷枪与空气管保持连接,并把空气流量调到最小。

(3)清洗喷嘴套装。先用毛刷清洗枪嘴外部和枪帽内部,再用专用小毛刷清洗枪嘴里面及枪嘴上小圆孔,最后用清洗刷和清洗针清洗枪帽主雾化孔、辅助雾化孔、扇面控制孔及枪针,如图2-35所示。

注意:清洗枪嘴套装时,请注意刷子的金属部分不要损坏到喷嘴套装,最好使用喷枪专用的清洗刷和喷嘴清洗针,确保喷嘴套装的清洁和保养。

(4)最后清洗好的部件用吹风枪吹干后再用除油纸擦拭干净,然后再进行安装。

2)定期清洗

除每次施工完后进行清洗外,还应定期全面清洗喷枪。即将喷枪解体成零件,浸泡在稀释剂中(不可将喷枪整体浸泡在溶剂中),然后逐件清洗。

3)注意事项

拆装及清洗喷枪应特别注意:

(1)在拆装清洗喷枪过程中,应用专用工具仔细操作,不得损坏各种零件。

项目二　喷涂工具及设备的使用

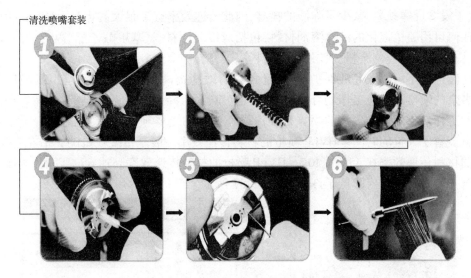

图 2-35　清洗喷嘴套装

（2）清洗喷枪只可用毛刷，清洗过得零件应用干净柔软的棉布擦拭。

（3）把气帽拆下，再旋出内置弹簧的涂料流量控制阀，取出不锈钢针，应轻轻地放到工作台上，不要让枪针与硬物质碰撞，以免造成枪针的变形。

（4）不得用金属硬物质疏通喷嘴和气帽的小孔，以免产生变形。

（5）不可将喷枪整体浸泡在溶剂中，以免溶剂损坏喷枪中的密封件等部件。

（6）清洗完后，先安装喷嘴，再安装枪针，以免造成喷嘴的胀裂。

2．喷枪的润滑

喷枪每天工作完后应进行润滑，用少许清机油润滑各运动部位。加入的机油不可过量，由于机油过量就会流入涂料和机油通道里，造成喷涂缺陷，因此润滑时必须非常小心，机油和涂料混合后就会降低喷涂质量。另外，由于正常的磨损和老化，密封圈、弹簧、针阀和喷嘴必须定期更换。

3．喷枪的配备

为了获得最佳的修补效果，在不同的涂层和情况下不要使用不同的喷枪。我们建议每人配备四把喷枪，一把用于底漆、中涂层喷涂，一把用于面漆、清漆层喷涂，一把用于银粉漆喷涂，还有一把小修补喷枪用于点修补时使用。如果这些喷枪保持良好的清洗和工序顺序，就会节省大量换枪时的调整和清洗时间，也方便喷枪的维护。

五、HVLP 喷枪

环保型喷枪又称 HVLP 喷枪，意为高流量低压式喷枪，即使用大量空气，在低气压下将涂料雾化成低速的小液滴。它与传统喷枪的区别在于其材料传递率非常高，如图 2-36 所示。

传统喷枪主要利用高压气体将涂料"吹"成小液滴，在这一过程，将产生大量多余的喷雾。高压系统的转化效率多余喷雾的影响，小液滴被"吹"起来又被弹了回去，即回喷现象非常明显。相反，HVLP 喷枪将涂料分解成小液滴的气压不超过 70kPa。当涂料流入气流后,由于没有反弹现象,减少了弥漫的喷雾,因此传递效率有了很大的提高。HVLP 喷枪适用于任何可用喷枪雾化的液体溶剂材料,包括双组分涂料、氨基甲酸乙酯、丙烯酸漆、环氧树脂、瓷漆、清漆、着色涂料、底层防锈涂料等。

高传递效率可以很好地保护环境,还可以有效地提高车间的工作环境以及喷涂的质量。多余的喷雾不但使工作场合的环境有害健康,而且降低了能见度,从而容易导致操作出错和工作效率下降。多余的喷雾是喷涂操作维护的主要项目之一,因此减少了多余的喷雾就节省了大量的时间。HVLP 喷枪的材料传递效率一般是传统喷枪的 2 倍左右,传统喷枪的材料传递效率在 35% ~40%,HVLP 喷枪的材料传递效率高达 65% 以上,这样喷漆间的维护与材料费相应降低了许多,如图 2-37 所示。

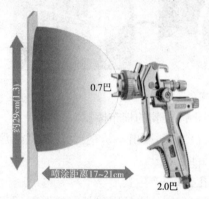

图 2-36　HVLP 喷枪　　　　图 2-37　HVLP 喷枪的材料传递效率

HVLP 喷枪和传统喷枪的操作基本相同,但有一些细微的差别。例如 HVLP 喷枪离喷涂表面应该近一些,因为漆流的速度较慢,喷涂时应距离 15~20cm,距离过大会导致喷涂发干且漆膜厚度不够。气压在 150~200kPa 就能使涂料很好地雾化。

许多第一次使用 HVLP 喷枪的人都注意到 HVLP 喷雾速度要比传统喷枪喷涂慢,但漆膜厚度通常比传统喷枪要厚一些。使用 HVLP 喷枪达到所需要厚度的喷涂次数要少,可以提高工作效率。

课题三　烘烤设备的使用

一、喷漆间

车身维修中会不断产生风尘和污物,这在汽车漆膜修补过程中,会给喷漆质量带来很大的影响。同时在喷漆过程中产生的漆雾无法排除,严重影响操作人员的身体健康。因此需要喷漆间,为喷漆作业提供干净、安全、照明良好的喷涂环境,使喷涂过程不受污物影响,又可使挥发性漆雾得到有效的控制和治理,如图 2-38 所示。

1. 喷漆间的要求

(1) 喷漆间的空气从天花板向地面流入,流入的空气要经过过滤,确保无尘,并从地面排出。

(2) 喷漆间的空气流动每分钟至少两个循环,及空气流速为 3~6m/min。空气流速需适宜,流速过大,不仅浪费涂料,涂层质量也不好;流速过小,涂料不能正常挥发,同样影响涂层质量。

(3)照明良好。

(4)喷漆间的进气量应大于排气,不可出现负压。

(5)喷漆间内噪声不得超过85dB。

(6)喷漆间的结构和设施要达到防火要求。

2.喷漆间的维护

(1)喷漆的准备工作不能在喷漆间内进行,应在喷漆间外进行。

图2-38 喷漆间

(2)定期检查和更换过滤器。

(3)喷漆间内不要存放零件、涂料、废料物和工作台,这些物品会累积污物影响喷漆质量。

(4)例行的保洁工作应在每次喷漆完毕后进行,为下一次喷漆做好准备。

(5)定期检查喷漆间周边可能漏气的缝隙是否密封良好,以免外部尘粒进入喷漆间。

(6)定期对排风扇和电动机进行维护。

(7)定期清洗喷漆间墙壁、地板和空气控制装置。

二、烤漆间

根据涂膜的成膜机理,无论是自然挥发成膜还是化学反应交联成膜,在温度高一些的时候、温度适宜的情况下,都会加快速度,提高涂膜质量和工期,使生产效率提高。因此设立烤漆间,可以加快涂膜的干燥、固化,保持一个整洁的工作环境,提高工作效率和工作质量。如图2-39、图2-40所示。

图2-39 烤漆间外部

图2-40 烤漆间内部

1.烤漆间的要求

(1)烤漆间内应清洁、无尘、空气要经过过滤。

(2)烘烤温度能满足各种涂料的要求。

(3)要安装排风设备,降低干燥时从涂抹中挥发出来的溶剂和分解物的浓度。否则会减少涂抹的干燥速度,降低涂膜质量,发生爆炸事故。

2.烤漆间分类

常用的烤漆间有两种:红外线辐射干燥式烤漆间和热空气对流干燥式烤漆间。

(1)红外线辐射干燥式烤漆间。这类烤漆间设有红外线加热装置,可对涂膜进行强制性烘干。红外线烘干装置能使磁漆的干燥速度提高0.75倍,对油灰、底层涂料及密封涂层也可以快速烘干。

(2)热空气对流干燥式。运用电加热设备,将汽化的空气加热,加热到适合的温度后,通过管道将热空气输送到烤漆间;同时采用上行式和下行式两种方式使热空气在室内循环。其中,上行式是指热空气从上方进入室内,室内的冷空气从下方输出到室外,使室内的空气温度达到合适的温度,加速干燥,下行式与上行式原理一致,空气对流方向刚好相反。

三、喷漆烤漆两用间

在实际生产中,从实用性和经济性方面考虑,常将喷漆间和烤漆间结合在一起,称作喷漆烤漆两用间。这种设备具有占地少、设备利用率高、投资少等特点,所以在汽车维修行业应用最广泛。喷漆烤漆两用间的加热方式有燃油式、电加热式和红外线加热式,后两种加热方式已不多用。燃油式因其效率高、排放较小目前采用较多,根据燃料不同又分为柴油、煤油和酒精等几种燃料。

操作方法:

(1)喷漆,根据环境温度,确定用升温喷涂还是常温喷涂。当环境温度低于10℃时,先将温控仪温度设定到20℃,接通电源,将喷漆开关达到升温喷涂,风机、燃烧器等开始工作,车间内温度就保持在20℃;当环境温度高于20℃,常温就可以进行喷涂作业,不许升温,只进行通风。

(2)烤漆,调节好烤漆所需温度和时间,喷漆开关打到常温喷漆位置,再打开烤漆开关,即启动点火烤漆。在烤漆过程中如需紧急停机,先关烤漆开关,待20s后再关风机开关,因热交换器处于高温状态,为使其冷却,风机还需运行一段时间。

四、红外线烤灯

红外线烤灯是一种可移动式的、方便的、小工件烤干设备,依靠被照物吸收光能转换成热能,而使物体升温的原理制成。它适用于所有可加热固化的涂料烘干和干燥工序,如图2-41所示为各种红外线烤灯。

图2-41 各种红外线烤灯

红外线辐射加热具有如下特点：

（1）热能靠光传导，被涂膜和物体吸收，升温速度快。

（2）基于涂膜和物体吸收红外线而升温，热量从物体和涂膜内向外传，与涂膜干燥过程中溶剂的蒸发方向一致，这样就不易产生由于有溶剂封在涂膜内部而产生针孔的缺陷。

（3）设备简单，生产效率高。

（4）由于红外线辐射有方向性，可以进行局部加热。

五、烘箱

烘箱在我们喷涂作业中多用于喷涂样板的烘干，一般为柜式结构，加热方式一般为电加热和红外线加热，它的特点是保温性能好、占地面积小。

课题四　打磨材料及打磨设备的使用和维护

一、砂纸

打磨的操作过程中，砂纸实际上起切割和平整的工作，所以选择合适的磨料对修整工作的质量而言，是至关重要的。

现代的砂纸在构造上是利用附着剂将磨料磨粒黏结到一块柔性或半刚性的背衬上，如图2-42所示。因此，特定工作中的最有效的结果取决于选择和制造的磨粒、附着剂与可用背衬的组合，选择合适的砂纸并正确使用才能获得最佳的生产效果、材料使用效率和最好的表面涂层效果。

1. 砂纸的研磨研磨种类

砂纸的形状有片形和卷型两种，如图2-43所示，前者多用于手工打磨，后者则只用于机器打磨。常用砂纸所采用的磨料有金刚砂和氧化铝的颗粒，还有新开发的造铝磨料。

图2-42　砂纸构造

图2-43　砂纸的形状

（1）金刚砂磨料：用金刚砂所制成的砂纸和磨盘是用来打磨薄边缘或干磨各种软材料的，如打磨旧漆层、玻璃纤维和原灰子等。金刚砂是一种尖锐的颗粒适合于快速磨削，但用来打磨坚硬表面时，磨粒很容易崩脱或变钝。

（2）氧化铝磨料：氧化铝的楔形磨粒非常坚固，不易被折断也不至于很快磨钝。氧化铝磨料适用于打磨受损的金属，除去旧层或为塑料填充剂整形。事实证明，使用氧化铝磨料具有明显的优越性。

(3)锆铝磨料:锆铝磨料具有独特的自动磨锐性能,与传统磨料相比,效率更高,寿命更长。此外,此类磨料打磨时产生的热量较少,特别适用于清除制造厂涂敷的光亮层漆面。自动磨锐性使得打磨时所需的压力较小,减轻了疲劳强度,在汽车修理和重新喷漆中使用越来越广泛。

2. 砂纸磨料的编号

砂纸磨料颗粒的大小是不相同的,通常用粒度编号来表示,并用数字加以排列,粒度编号越小,砂纸越粗。不同粒度的砂纸用途也不相同。

二、打磨机

1. 打磨机的种类

机器打磨可以利用电力驱动,也可以利用压缩空气驱动。由于喷漆车间内有易燃物品。要尽量减少电动工具的使用,所以主要采用压缩空气的驱动的气动打磨机。气动打磨机是利用贴附砂纸对表面进行打磨的设备,主要有四种类型:

(1)单作用打磨机:大磨盘垫绕一固定点转动,砂纸只做单一圆周运动,称为单一运动圆盘打磨机或单作用打磨机,如图2-44所示。这种打磨机的转矩大、速度低,主要用于刮去旧涂层,我们使的钣金工具就属于这类打磨机。速度高,用于漆面抛光,就是抛光机。

(2)往复直线式打磨机:砂垫做往复直线运动的,称为直线式打磨机如图2-45所示,主要用于车身上的特征线和凸筋部位的打磨。

图2-44 单作用打磨机

图2-45 往复直线式打磨机

(3)双作用打磨机(偏心振动式):打磨机垫本身以小圆圈振动,同时又绕其自己的中心转动,因而兼有单运动及轨道式打磨机的运动特点,如图2-46所示,切削力比轨道式打磨机强。在确定打磨机用于表面平整或初步打磨时,要考虑轨道的直径,轨道的直径大的打磨较粗糙,反之较细。

图2-46 双作用打磨机

(4)轨道式打磨机:轨道式打磨机的砂垫外形都呈矩形,便于在工作面上沿直线轨迹移动,整个砂垫以小圆圈振动,此类打磨机主要用于原子灰的打磨,如图2-47所示。该类打磨机可以根据工件表面情况采用各种尺寸的砂垫,以提高工作效率,轨迹直线可改变。

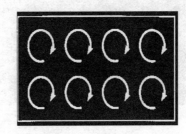

图2-47 轨道式打磨机

2. 打磨机的使用

(1)单作用和双作用的打磨机的转速在2000~6000r/min之间,砂垫直径在13~23cm之间,可用于清除原有涂层。重型的打磨机有两个手柄,为的是控制起来更平稳。使用时,必须小心地轻微倾斜,只让砂轮外沿的导向边缘接触打磨表面,不能把砂轮平放在打磨表面上,否则会使打磨机发生扭转,以致无法控制,另外还会形成难以去掉的圆形磨痕。但也不能让砂轮与打磨表面成锐角接触,只用砂轮的边缘进行打磨,这将给打磨表面造成很深的伤痕。

(2)轨道式打磨机除砂垫旋转外,整个砂垫还可以作摆动。它既可以进行局部外形打磨,又可以同时进行往复直线打磨。使用时必须将整个轨道打磨机压平在打磨面上,才不会留下磨迹。

(3)操纵气动打磨机时,气压应调到450~490kPa范围内。操作时,用右手握住打磨机的手柄,左手施加较小压力并控制打磨机均匀移动。

(4)为了不损坏镀铬层,在镀铬饰物(或嵌条)外2cm范围内不进行打磨。打磨前应将这些部位用防护带黏好,以免造成不良影响。把门框、贴花、玻璃、把手和徽记附件的部位遮盖起来,防止金属火花在这些地方产生小坑。打磨之前最好把板件附件的边框和所有的倒角都用双层胶带遮盖起来。

(5)打磨过程中发现漆渣开始在砂纸上结块或是起球时,应及时更换砂纸或用棕刷将漆块刷掉。

(6)使用打磨机时一定要保持平稳连续的运动,切勿在某一部位长时间停留,以免产生深的划痕、擦伤或表面烧。如果不移动,除非打磨裸露金属,否则动力打磨的痕迹会很快破坏原有的造型边缘。

三、无尘干磨工具系统

1. 无尘干磨系统的特点

无尘干磨系统采用动力打磨机打磨,如图2-48所示,多为干磨形式,并将打磨过程中产生的灰尘吸进回收装置里。相对于手工打磨和有尘干磨来说,具有如下特点:

(1)大大缩短打磨工序的时间。
(2)减轻漆工的劳动强度。
(3)减少清理车身表面的程序与时间。

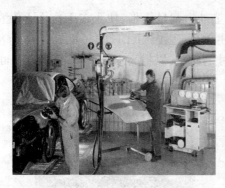

图 2-48　无尘干磨系统

（4）省略了多次干燥的环节，简化了修补的工程，更容易保证喷漆的质量。

（5）减少因喷漆质量的不稳定而造成的返工次数。

（6）告别了污水，节约水源、保护环境、保证操作人员的身体健康。

2. 无尘干磨系统的组成

（1）动力打磨工具主要指气动或电动打磨机。

（2）集尘系统包括中央集尘系统、分离式集尘器和简易集尘袋，如图2-49、图2-50 所示。

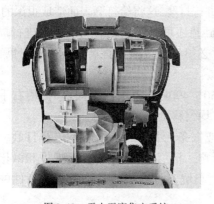
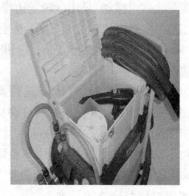

图 2-49　无尘干磨集尘系统　　　　图 2-50　分离式集尘器

（3）砂纸用于打磨。

（4）辅助系统包括悬臂系统或可移动式工具车、压缩气的净化与自动润滑器、供电，供气等，如图2-51 所示。

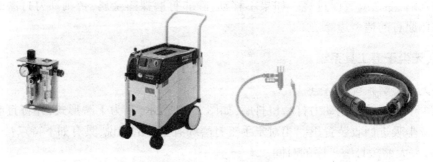

图 2-51　无尘干磨辅助系统

（5）压缩气管、吸尘管和电源线。

课题五　干打磨、湿打磨、抛光工艺的操作流程

现今汽车修补工艺流程已经进入新时代,为提高质量、效率和降低成本,有必要大力推行干磨工艺。通常喷漆技工对干磨工艺会有一些疑问和忧虑,认为干磨技术困难,而且感觉水磨比干磨平整、效果好,但这些顾忌只是单方面基于技术层面的考虑,缺少对整体效率、质量和降低水平的考虑。

一、干打磨操作流程

(1)清洁表面:使用除油剂彻底清洁工件。

(2)清除旧漆:使用7mm双动作偏心距或单动打磨机配合P80干磨砂纸,除去旧漆至裸金属。

(3)羽状边打磨:使用P120干磨砂纸打磨羽状边,距离裸金属凹陷位置至少7cm,羽状宽度至少10mm。

(4)清洁打磨过表面:使用除油剂清洁要刮涂原子灰的位置。

(5)刮涂原子灰:此处以钣金原子灰为例,若喷涂环氧底漆则要干燥后再刮原子灰,刮涂范围在羽状边范围内(使用红外线烘烤,加速固化时间、提高效率)。

(6)原子灰打磨步骤:涂抹炭粉在原子灰上,使用干磨机配合P80干磨砂纸,在原子灰范围内进行粗磨,然后再涂抹炭粉,使用吸尘手刨配合P80、P120、P180进行手刨打磨,目的是把原子灰范围整平,炭粉的目的是显示未打磨区域及砂眼,方便矫正。

(7)检查平面度:用手感觉原子灰区域长及宽是否平整。如果修补区域不平整,可在进行原子灰刮涂(返回第5步工序)。

(8)检查针孔:彻底清洁,吹掉修补区域灰尘,如有针孔,用双组分的原子灰进行填补并重新使用P120~P180打磨。

(9)打磨羽状边:用5mm双动作偏心距打磨机配合P180和P240打磨砂纸打磨羽状边,不要打磨原子灰层。

(10)修补区周边范围打磨:使用P320干磨砂纸配合3~5mm双动作偏心距打磨机及软垫,从羽状边至周边范围不少于15cm打磨面积,难以打磨位置使用海绵砂纸垫。

(11)遮护:用贴遮护纸前清洁修补区周围,不用擦抹原子灰,避免原子灰吸收清洁剂产生喷涂后的溶剂气泡。

(12)底漆喷涂遮护:使用遮护纸遮蔽不需要喷涂位置,整理软化边缘,避免喷涂底漆时产生胶带印。

(13)喷涂双组分中涂底漆:均匀喷涂3~4层双组分中涂底漆每层喷涂需闪干,修补区在25℃以下,用红外烤灯烘烤3min(裸金属位置可先喷涂位置,加强黏附力及防腐性),不要过度喷涂到铁壳边沿。

(14)红外线烤灯烘烤固化(烘烤时间参考技术资料)。

(15)研磨指示涂层。

(16)手工打磨中涂底漆:手工打磨先使用P180砂纸打磨后在使用P240~320打磨,

手工打磨的目的是底漆下原子灰范围整平,每次转换打磨砂纸型号均使用指示涂层。

(17)用手感觉修补平面是否平整:用手感觉修补区域,如不平整持续用手工打磨至平整。

(18)清洁及涂抹指示涂层确保没有灰尘在表面。

(19)机器打磨中涂层及其他区域:使用3mm带有中间软垫的偏心距打磨机,如果要喷涂单工序面漆用P400号砂纸打磨,如果要喷涂刷工序面漆用P500砂纸打磨,难以打磨的位置使用P500~P1000海绵砂纸垫打磨,使用P1000~P1200海绵砂纸垫或白洁布打磨其他喷涂位置。

(20)在贴遮蔽纸喷涂面漆前,清洁所有区域。

(21)面漆喷涂:进入喷漆房,最后除油及除黏尘,最后面漆喷涂。

二、湿打磨操作流程

(1)将砂纸从中间剪下一半,并折成三叠,用掌心将砂纸平压在打磨表面上,张开用掌心沿砂纸的长度方向施加中等均匀压力。或将砂纸贴附于打磨垫(或将打磨垫)上,按压打磨垫使砂纸平均压在打磨面上。

(2)打磨时来回行程应长而直,如果掌心没有平压在表面上,手指就会接触到打磨表面上,这将导致手指与表面之间受力不均匀,所以应避免手指接触打磨表面。

(3)打磨时也不要进行圆周运动,否则会在表面涂层下产生可见磨痕。为了获得最好的打磨效果,应该始终沿与车身轮廓相同的方向进行打磨。为了获得平整的效果,也可以采用十字叉花的打磨方法。

(4)使用打磨垫或打磨块可获得最佳的效果。打磨凸起或凹下的板件时,应采用柔软的海绵橡胶垫;而打磨水平表面时,应使用打磨块。

(5)打磨以用较粗的砂纸打磨过的区域时应小心操作,使用小打磨块可以很容易地打磨到不容易够到的部位。

(6)当手工打磨底漆或中涂层时,应打磨到又光又滑又平整的程度为止。可以用手或干净的抹布在打磨表面上摩擦以检查有无粗糙的地方。

(7)湿打磨可以解决打磨灰尘堵塞砂纸的问题,湿打磨和干打磨的最大区别是要使用水,还要用到海面和刮板等工具,所用砂纸也不同。进行手工水磨时,把砂纸泡在水中,或用海绵把打磨表面弄湿。应大量用水,打磨时行程短一些,并且用力要轻。在湿打磨操作过程中,不要让表面变干,也不要让涂料残渣堆积在砂纸上,就能以砂纸移动时黏结的感觉来判断砂纸的磨削的情况。当砂纸开始在打磨表面快速地滑动时它就不要在进行磨削了磨料已经被涂料的残渣和金属碎屑堵上。把砂纸放在水中清洗可以清除掉涂料的残渣,再用海绵擦拭就可以清除干净剩余的颗粒。然后砂纸就能够重新磨削表面了。不时地用海绵清洗打磨表面,并用刮板刮干以检查工作效果。这样可以刮掉所有多余的水,使得判断表面的情况比较容易。最好一次打磨完一块板件或一个部位,然后在磨下一块板件之前,先用海绵清洗打磨残渣,并用刮板把表面刮干净。进行完湿打磨操作完后,必须弄干所有的打磨面,缝隙,倒角处可以先用压缩空气吹干,然后用黏性抹布擦干所有表面。

项目二 喷涂工具及设备的使用

三、抛光工艺操作流程

抛光机是利用抛光垫对以喷涂的外漆层进行光整加工的设备,有电动机驱动和压缩空气驱动两种形式,如图 2-52、图 2-53 所示。目前电动机驱动的抛光机比气动抛光机用得普遍。

两种抛光机的特点对比如下:电动抛光机转矩大,能保证在有负载的情况下旋转稳定,但需要较大的力来维持它的运动;气动抛光机在有负载时速度下降,只需要较小的力就可以维持它的运动。和抛光机配套使用的还有抛光垫,用于抛光的抛光垫有三类:毛巾式、毛绒式和海绵式,如图 2-54 所示。在这三类中,毛巾式的研磨效率最高,它一般与中、粗颗粒的抛光剂配套使用;海绵式留下的抛光痕迹最小,常用于修饰;毛绒式则居于两者之间。

图 2-52　电动抛光机

图 2-53　气动抛光机

名称	图形	名称	图形
粗抛海绵垫		精抛光海绵垫	
波浪海绵垫		羊毛抛光垫	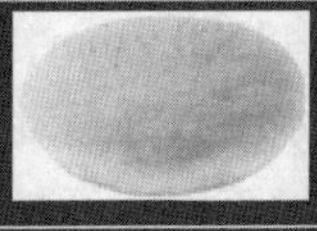
硬毡抛光垫		软毡抛光垫	

图 2-54　抛光垫的种类

抛光剂是抛光过程中不可缺少的材料,如图 2-55 所示;所谓抛光剂就是混合在溶剂或水中的研磨微粒,它按微粒的大小分为粗、中、细、很细和超细几个等级。微粒较大的抛光剂用于修整缺陷,而微粒较小的抛光剂则用于产生光泽。它们在抛光过程中均会被粉碎为更小的微粒,粗粒起初的研磨效果较大,但随后变小,很快便起产生光泽的作用。使用时注意,含硅酮的抛光剂有时用于产生光泽,因为它们的微粒可能乱飞,四下飞散,从而造成其他车辆的喷涂缺陷(鱼眼)。

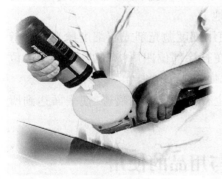

图 2-55　抛光剂

整车抛光工艺:整车抛光既有旧车涂面翻新抛光,也有新型涂面抛光。新喷涂面应在漆面实干后进行抛光,自干性涂料在喷涂后 8~16h 进行抛光,双组分涂料应在喷涂后,烘烤温度为 65℃(车身金属温度为准)的情况下烧烤约

35min,手指压表面没有产生手指印后进行抛光。一般采用二次抛光处理法效果较好。在抛光前若是旧车涂面,则应用水将车身表面的泥沙冲洗干净,以防在抛光时损坏涂面。

1. 第一次抛光

首先用半弹性垫块衬 P1500 水砂纸打磨,然后再用 P2000、P4000、海绵砂纸,轻轻把流痕、凸点、粗粒、轻微划痕打磨平整,再按顺序将整车打磨一遍,使涂面均匀无光,注意不要磨穿罩光膜层,清洁涂面并擦干,干燥后用布块将全能抛光剂均匀地涂布于表面。机械抛光时抛光机的转速应低于 1000~1500r/min。将抛光机的羊毛平放在涂面上,然后均衡地向下施加压力。从车顶开始抛光,在表面上有规律地向水平方向来回研磨,研磨面积不应过大,要一块一块的进行,每一块长 60~80cm,宽 40~50cm,涂面逐渐呈现平滑与光泽,即可用干净的抹布把表面上多余的抛光剂擦净。若发现某部位表面还不能达到质量要求时,可重复研磨直至达到质量要求。研磨时要特别注意折线、棱角及高出底材的造型表面,这些部位的涂膜相对较薄,研磨时触及机会较多,要特别注意不要磨穿涂膜。平面部位比圆弧部位不易起光泽,应适当增加研磨次数。

2. 第二次抛光

当整车表面用全能抛光剂抛光完成后,表面的流痕、粗粒、划痕、海绵砂纸打磨痕迹会全部消除,但有时会有一些极其细小的丝痕或光环,为了确保表面更光滑、光亮,则需用釉质抛光剂进行第二次抛光。用干净的软布擦净前道抛光残留物,摇匀釉质抛光剂,用软布或海绵将其均匀涂于漆膜表面,停留 60s 后用手或机械方法抛光,机械抛光应将海绵盘转速保持在 1000~1500r/min,抛光时应按一定方向有序进行。不要用羊毛盘进行第二次抛光。手工抛光应水平直线运动,直到涂面擦亮即可,最后无论是机械抛光还是手工抛光都应用干净的软布擦净表面。经釉质抛光剂抛光后,表面亮度高、丰满度好,保持时间可达 1 年。

补涂施工中的局部抛光,根据局部抛光所起的作用可分为:喷涂前的补涂部位外围旧涂膜抛光和喷涂后的补涂部位抛光。

喷涂前的补涂部位外围旧涂膜抛光:可采用手工或机械方法,因补涂部位外围抛光面积一般不会太大,因此手工处理较为普遍。使用抛光剂时应选用不含蜡、硅氧烷的粗抛光剂。抛光时倒少许于软布上,用力在补涂部位外围旧涂膜上来回研磨,去除旧涂膜表面的氧化层、泛色层、蜡等一般清洁剂不易擦净的赃物,抛光处理的面积尽可能宽一些,一般遵循处理面宜大不宜小,以给补涂时流出足够的伸缩余地。

喷涂后的补涂部位抛光:应在涂膜完全干燥后,使用细度抛光剂或超细度抛光剂进行抛光。采用手工处理方法,倒少量抛光剂于软布上,在补涂部位四周接口处,按补涂部位向涂面部位同一方向抛光。

抛光力度不宜过大,抛光程度不宜过深,防止产生补涂边缘线的痕迹,使表面达到所需要的光泽度即可。

课题六 喷涂作业设施与用品的使用

汽车涂装设备中,除了压缩空气供给系统、喷枪和烤漆房,以及打磨设备以外,还需要有一些辅助设备,下面就介绍汽车修补涂装应用的几类主要辅助设备。

1. 喷枪自动清洗机

采用喷枪自动清洗机能有效地节省工人清洗喷枪的时间,提高工作效率,而且能减少工人接触溶剂。清洗机一般是依靠压缩空气工作,将喷枪涂料罐拧下,用专用夹具将喷枪扳机夹住,放在清洗机清洗箱内,依靠多向的喷嘴喷出的溶剂清洗,如图2-56所示。清洗机从容器角度分有双级循环式和单级循环式两种,双级循环式清洗的较为干净,但无论那种清洗机清洗后都应人工再检查一下,以防剩余涂料堵塞喷枪。

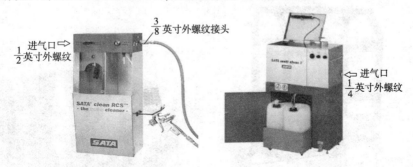

图2-56　喷枪自动清洗机

2. 搅拌机

对于车身表面精修工作,要想获得良好的效果,涂料的彻底混合与搅拌是至关重要的。尤其对于金属面漆是必不可少的,这种涂料内含金属颗粒,由于重力的作用,金属颗粒会沉淀在容器的底部,因此金属漆使用前必须彻底混合,而其他油漆由于长时间放置也会出现混合不均匀的现象,使用前也必须进行彻底搅拌,最快的办法就是使用涂料搅拌器,如图2-57所示。

3. 搅杆(比例尺)

搅杆用于将原子灰、中涂底漆或面漆混合均匀。有些搅杆带有刻度,如图2-58所示,在计量适当的固化剂方面很有用。

4. 电子秤

秤涂料的电子秤,帮助计算添加油漆适当的混合比,如图2-59所示。

图2-57　搅拌机

图2-58　搅杆

图2-59　电子秤

5. 遮盖纸架

遮盖纸架中的遮盖纸用于喷涂时遮盖车身表面,如图2-60所示。

6. 刮涂工具

填补原子灰的常用刮涂工具有硬刮具和软刮具两种,如图2-61所示。硬刮具有:牛角刮刀、层压胶板刮刀、环氧板刮刀以及钢皮刮刀等,通常用于平面及大面积凹坑;软刮具一般涂刮小的凹坑,刮出的原子灰表面较平滑、遗留空隙较小。

图2-60 遮盖纸架

图2-61 刮涂工具

项目三　喷涂前的表面预处理

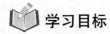 学习目标

完成本项目学习后,你应当能:
1. 叙述洗车的步骤与方法,会规范快速洗车;
2. 正确地选用有机溶剂清洗待涂装部位的车身表面;
3. 复述涂层鉴别的意义;
4. 正确地鉴定涂层类型和评估涂层损坏的程度;
5. 列举出清除旧漆的方法;
6. 正确选用合适的工具和材料,采用科学的方法处理旧漆层;
7. 正确选用合适的工具,采用科学的方法对金属表面进行喷涂预处理。

 建议课时: 14 课时

汽车车身的涂装施工分为:"汽车制造涂装"和"汽车修补涂装"两大类。

为加强环保,汽车制造涂装多采用环保型涂料及表面处理工艺方法来进行车身涂装。例如,水溶性中涂材料、水溶性底漆、试用水溶性罩光涂料或粉末罩光涂料、无铬钝化以高磷化膜的磷化处理代替表面钝化,底漆采用由阴极电泳底漆取而代之等;在喷涂工艺方面,采用全自动喷涂(包括适用于水性或金属漆等导电型漆的静电喷涂等)、湿碰湿喷涂、水溶性底漆,面漆吹干水分后再喷涂水性或溶剂型涂料统一烘干等。汽车制造的涂装中,以车身涂装为例,轿车车身、面包车、箱式车、大中型客车,一般采用三涂层体系。

即:底涂层+中涂层+面涂层,其三涂层形成的漆膜总厚度为 $75 \sim 125 \mu m$。

货车一般采用两涂层体系。即:底涂层+面涂层,省略了中涂层,二涂层形成的漆膜总厚度为 $45 \sim 65 \mu m$。

高级轿车的车身涂装在汽车制造厂的流水生产线上一般采用三涂层体系,在车身涂装过程中车身的运输,涂装前的表面处理和电泳底漆一般采用悬挂运输方式,中涂层和面涂层一般为地面轨道式的运输方式。5min 以内出一辆车的采用连续式,5min 以上出一辆车的采用间歇式。

轿车在制造涂装中的生产流程如图3-1 所示。

汽车修补涂装常用的方法有:刷涂、辊涂、手工浸涂、压缩空气喷涂等。由于涂装的批量小、涂装条件和环境不如制造厂、涂装成本等因素,综合考虑后选用涂装方法。

汽车修补涂装的施工工艺流程如图3-2 所示。

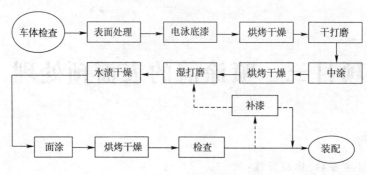

图 3-1 典型的轿车制造涂装工艺流程

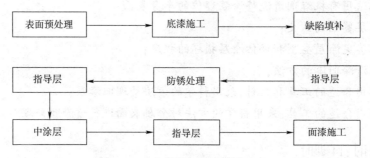

图 3-2 汽车修补涂装施工工艺流程

课题一　表面预处理

一、表面预处理的意义

汽车涂装前的表面预处理是涂装施工前必须要进行的工作,因为它涉及涂膜的附着力和使用寿命,会直接影响涂装质量。涂装前对被涂物表面进行预处理,可以清除被涂物面上存在的尘土、油污、鳞片状氧化层等影响涂膜与被涂表面之间附着力的杂质,显露出被涂物面本色,使涂膜与基体金属表面很好地结合在一起。另外,还可以使被涂物表面平整,并且具有一定的表面粗糙度,来增大涂膜与被涂物表面的附着面积,来进一步增大附着力。从而使整个涂层漆膜有平整光滑、附着力大不脱层、对基材隔离保护、装饰性强、美观大方的效果。

清洗车身,漆膜鉴别,评估车身表面损坏程度,清除车身表面要修补部位的蜡和油脂,对需修补的部位进行打磨,打磨后的表面要再次清洗(确保需修补的部位无粉尘、锈渍、沥青、电池酸液、防冻剂、汽油、机油、汗渍等污染物质)。需要修补填平涂层缺陷的,露出金属底的部位打磨清洁后,还要进行磷化剂处理或喷涂磷化底漆,来提高底涂层的附着力和防腐蚀性能等。需修补涂层的部位,其下面的基底涂层的质量是确保底涂层到中涂层,到面涂层的涂装质量的重要环节,务必小心和重视。如果基础底层不行的话,好比先天不足的婴儿,后天很难保证其质量。

二、表面预处理的程序

喷涂前的表面预处理程序,如图 3-3 所示。

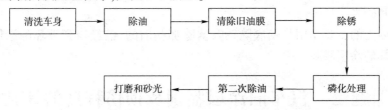

图 3-3　喷涂前的表面预处理程序

根据使用的要求,表面预处理还可以进行化学处理和机械加工。

1. 清洗车身(主要针对全车的车身表面清洗)

将车辆开进洗车台,用高压水枪将车身表面冲洗干净,彻底洗去车身上面的泥土、污垢以及其他可溶于水的脏东西(其他异物)。一般是使用纯净水冲洗后再用中性肥皂水或蘸有洗涤剂和水的海绵擦洗,然后用水彻底冲洗漂净。以清除水溶性污染物。先清洗车顶及前后端,再清洗侧面,尤其应注意门边框、行李舱罩、发动机罩缝隙和轮罩处的污垢,如果不清洗干净,新涂装的涂膜上就可能会沾上很多污点。最后让其干燥。

2. 除油(主要针对油性污染物的清除)

在喷涂操作前必须保证旧涂层表面没有蜡、油脂或其他脏东西。不能用汽油清除,因为汽油不但十分危险,而且溶解蜡的能力也不强,另外汽油本身也会在车身表面产生沉积污染。最好使用洁净的干抹布浸上表面清洁剂来清除表面涂膜上的油性污染物,如沥青、蜡、硅酮抛光剂、润滑油及其他油性污垢。最好使用合成稀释剂进行清洗,特别是针对丙烯酸清漆涂层,因为丙烯酸涂料可以吸收稀释剂,而使涂层出现小泡或变形。

3. 清除旧漆膜

汽车清洗好后,要仔细检查车身表面,寻找涂层漆膜破损迹象,如气泡、龟裂、脱落、锈蚀以及在敲补、气焊等修补过程中引起的部分漆膜损坏。对上述破损,必须将旧漆膜清除掉,清除程度可以根据旧涂层漆膜损坏程度和重新涂装后的质量要求,进行全部或部分清除。对部分清除的,可将损坏部位及四周损伤的旧漆膜用铲刀铲除掉,旧漆膜豁口四周应铲成坡口,以利于刮涂原子灰时的接口过渡。

4. 除锈

汽车在使用过程中,车身表面由于涂层漆膜损坏,碰撞损坏和修补加工损坏,会造成车身金属低碳钢薄钢板裸露与空气中的氧或水接触产生化学反应,生成金属化合物,即生锈。所以在重新涂装前必须进行除锈,来保证金属表面获得良好的附着力。

5. 磷化处理

车身表面经过上述处理后,一般可直接涂第一道防锈底漆。对经过酸洗的金属表面,在粗糙处理后,要进行磷化处理,也就是在裸露金属表面刷涂一层磷化底漆,来进一步提高金属表面与底漆之间的附着力。

6. 第二次除油

车身表面虽然经过了清洗、除油、清除旧漆膜、除锈、修补等工序,但钣金修复后留存的污物、工具上的油污以及原旧漆膜没去掉的部分油污、用手触摸产生的油污,如果在涂底漆前不清除干净,必然要影响底漆的附着力,甚至会影响面漆的喷涂质重,所以还得在涂装前进行第二次除油。

7. 打磨和砂光

打磨和砂光的主要作用是彻底除锈及清除那些旧的,已经遭到破坏的涂层漆膜及砂薄后未遭破坏的涂层漆膜。

课题二　汽车旧涂层鉴别及损伤程度的评估

一、涂层鉴别的意义

汽车的涂装漆膜,都是多层涂装,各涂层之间的作用与各涂层的涂装材料及配方比例均不相同。

轿车身壳体一般选用 0.8~1mm 的低碳钢薄钢板,经冲压成型,加工成板壳覆盖件。为隔离空气中的氧和酸、碱、盐等腐蚀介质与薄钢板表面的接触,保护薄钢板,使钢板不会因锈蚀而损坏。在钢板表面要喷涂一层防锈底漆,为了提高钢板表面的防锈底漆的附着力,钢板表面要经过溶剂清洗,除油脱脂,酸洗磷化处理后,使钢板表面有一层极薄的磷化膜,以提高防锈底漆对钢板的附着力。新轿车的防锈底漆一般采用预清洗、溶剂清洗、酸洗、磷酸溶液加热剂浸泡,烘干来获得钢板表面的磷化膜,经检验合格后,再经阴极电泳底漆技术处理来获得钢板与防锈层电泳底漆的高附着力。而且电泳底漆表面与中涂层(不需刮涂原子灰)的"底色浆二道底漆"经精细湿打磨也有极高的附着力。再经面漆喷涂,清漆罩光,来完成整个涂层漆膜的(轿车各涂层漆膜总厚度仅为 100~125μm)。

修补涂装中因无磷化膜形成的设备,是以金属磷化底漆来模拟实现提高防锈涂层附着力的,再经刮涂原子灰填平缺陷,打磨平整光滑,清洁干燥后,再喷涂二道底色浆来封闭中涂层,精细打磨,干燥后再喷涂面漆,清漆罩光,来完成整个涂层的。

由于汽车涂装是多层涂装,各涂层之间的作用和各涂层的涂装材料不同,配方比例不同,而各种漆膜类型不同,用的溶剂和添加助剂的不同,故必须要对所修补的车型的涂层(漆膜)进行鉴别,使各涂层选用的喷涂材料、溶剂、稀释剂、助剂以及混合比例不会出错,才能保证涂装质量不出差错,避免涂层之间不匹配或不配套而产生化学反应,出现质量问题。

二、涂层类型的鉴别方法

1. 判断轿车车辆是否重新喷涂过

有两种方法可判定车辆过去是否被重新喷涂过,其方法是:

(1)打磨方法

在需要重新喷涂的地方的边缘进行打磨,直到打磨到露出金属为止,通过涂层的结构,就能判断出车辆是否已被从新喷涂过了。

(2)测量漆膜厚度法

只要要漆膜的厚度大于新车的标准厚度,就说明该车以前是重新喷涂过的了。新轿车的漆膜标准厚度为:(美国轿车车辆、欧洲轿车车辆、日本轿车车辆均为)75~125μm之间。国产轿车的漆膜标准厚度为100~130μm之间。一般都是使用电磁厚度测量仪或机械厚度测量仪千分尺来测定漆膜厚度的。

2. 原始涂层类型的测定

如果车辆没有重新喷涂过,面漆仍然是原来的,判断涂料类型就很容易,利用车间生产手册或俗称的"颜色大全",就能鉴别出外涂层的涂料类型。

如果已知车辆已经被重新喷涂过了,就有必要判断所用涂料类型了,其判断方法有:

(1) 目测法。通过仔细地观察,根据涂料的不同特征进行鉴别。这种方法往往需要很多的实际经验,有时还要配合适当的识别操作才可以较准确地断定。例如:假如车辆特征线附近的表层结构粗糙,经过摩擦后能够产生一种抛光的效果,就可初步断定涂层是抛光型涂料(多为硝基树脂型);如果出现一种丙烯酸聚氨酯型涂料特有的光泽(颜色浅,聚合物几乎呈水白),可以断定原涂层是丙烯酸聚氨酯型涂料。

(2) 溶剂处理法。用普通硝基稀释剂在原涂层上进行涂抹擦拭,通过观察有无溶解现象以判别原涂层是否为溶剂挥发干燥型涂料。检查时应使用白色的软布蘸上硝基稀释剂在破损涂层周围或在车身隐蔽部位轻轻擦拭,如果原涂层溶解,并在布上留下痕迹,说明涂料属于溶剂挥发干燥型。如果原涂层不溶解,说明原涂料属于烘干型或双组分型。丙烯酸聚氨酯型漆层不易溶解,但稀释后会减少漆面光泽。

(3) 加热处理法。用来判别原涂层是热固性还是热塑性涂料。如果原涂层为热塑性涂料,则在修补喷涂时应选用同类型的涂料,或将旧涂层完全打磨掉后再使用热固性涂料。用红外线烤灯测试板进行加热即可很容易地进行判别,如果涂层有软化现象则可证明为热塑性涂料。

或先用800号至1000号细砂纸对漆膜表面进行湿打磨,降低漆膜的光泽,再用红外线灯进行加热,如果光泽返回暗淡的漆膜表面,则说明涂料是丙烯酸清漆型的。

(4) 测量漆膜硬度法。因为不同类型的涂料干燥后的硬度不会相同,一般情况下,双组分反应型涂料和烘烤型涂料干燥后的漆膜硬度要比空气干燥型的更硬。判断漆膜硬度最常用的是方便可行的铅笔划痕法,铅笔头应削成如图3-4所示形状,保持铅笔与水平面成图45°角,然后向前推。如果铅笔芯穿透了漆膜,则说明涂料的硬度要比铅笔的硬度低一号。铅笔一般用中华绘图铅笔。用6H、5H、4H、3H、2H、H、HB、B、2B、3B、4B、5B、6B共13枝不同硬度的铅笔来测试漆膜硬度,其中6H为最硬,HB为中软,6B为最软。

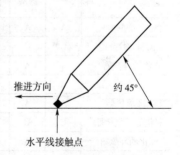

图3-4 铅笔法测量漆膜硬度判断旧涂层涂料类型的方法

由于各种面漆干燥后漆膜的硬度不同,大体上双组分漆和烘干漆硬度较高,而自干漆硬度较低。

(5) 电脑检测仪法。利用电脑调色系统就可以直接获取原车面漆的有关资料,这是目前涂装行业中普遍使用的检测方法。此法方便快捷,只需将原车车身加油口塞拿来,利用仪器很快就能准确无误地判别面漆的类型。

确定原有涂层类型的几种方法如表3-1所示。

原有旧涂层的判别　　　　　　　　　　　　　　　　　　　　　　　表 3-1

原有的涂层	分类的方法		
	目测法	涂抹溶剂法	加热检查法
醇酸磁漆	表面被填实	不溶解	发生一定程度的软化
聚丙烯漆		溶解	软化
聚丙烯磁漆			发生一定程度的软化
聚氨酯漆	抛光的表面		
聚丙烯聚氨酯漆	抛光的表面	难溶解	发生一定程度的软化
聚丙烯聚氨酯磁漆	出现光泽并伴有一些橘皮形缺陷		

各种类型的原有涂层和能够涂敷在这些涂层上的面漆的配套性如表 3-2 所示。

原有旧涂层与重喷涂料的适用性能　　　　　　　　　　　　　　　表 3-2

面漆	原有的涂层					
	醇酸磁漆	聚丙烯漆	聚丙烯磁漆	聚氨酯磁漆	聚丙烯聚氨酯漆	聚丙烯聚氨酯瓷漆
醇酸磁漆	A	B	A	A	B	A
聚丙烯漆	A	B	B	A	A	A
聚丙烯磁漆	A	A	A	A	A	A
聚氨酯磁漆	B	B	B	A	A	A
聚丙烯聚氨酯漆	B	B	B	A	A	A
聚丙烯聚氨酯磁漆	A	A	A	A	A	A

注：A 表示能够重新喷涂；B 表示重新喷涂时必须使用特定的原子灰或封闭涂料。

底漆与面漆的配套性如表 3-3 所示。

底漆和面漆的配套性　　　　　　　　　　　　　　　　　　　　　表 3-3

	醇酸	酚醛醇酸	乙酸醇酸	乙烯	乙烯丙烯酸酯	催化的环氧	环氧树脂	环氧沥青	氯化橡胶	油酚醛	聚氨酯	聚酯玻璃片
醇酸	A	A	C	C	C	C	C	C	C	A	C	C
沥青（铝粉）④	C	C	C	C	C	C	C	C	C	C	C	C
乙烯/醇酸①	A	A	A	B	B	A	C	C	C	A	C	C
乙烯	A	A	A	A	A	C	C	C	A	C	C	C
环氧树脂	A	A	C	C	C	A	C	D	C	A	C	C
催化的环氧树脂②	C	C	B	B	B	B	B	B	D	C	B	B
无催化的环氧树脂②	A	A	A	D	D	A	A	A	D	A	C	C
环氧锌粉	C	C	C	B	A	A	A	A	A	C	C	C
棉/酚醛	A	A	C	C	C	A	C	C	C	A	C	C
乙烯/环氧	A	A	A	A	A	A	C	A	C	A	D	C
环氧沥青	C	C	C	C⑤	C	B	B	C	C	C	C	C
氯化橡胶	A	A	A	C⑤	A	C	C	C	A	C	C	C
后固化无机锌③	C	C	C	B	B	B	B	B	B	C	C	C

备注：A 表示正常可配套的；B 表示需认真进行表面处理才可配套；C 表示一般情况下不推荐；D 表示不配套的；①表示常用乙烯系洗涤底漆；②表示可用于喷砂后的底漆；③表示可在没有面漆的情况下使用；④表示用本身作面漆或防污漆；⑤表示可用烯防污漆。

三、底材的鉴别方法

随着汽车制造行业的发展,制造汽车的车身所选用的底材种类已经多样化,针对不同的底材,在进行修复处理和喷涂修复时,需要采用不同的操作,在使用原子灰或侵蚀性底漆时更应对底材有准确的判断,才能正确地选用涂装材料和采用好的修补涂装工艺。所以准确判断底材的材料、涂料类型、对车身的修复具有重要意义。

如今车身制造所选用的金属薄板主要有:钢板、镀锌板、铝或铝合金板。故能根据不同金属的不同性质,来对相应的底材作出正确判断。

1. 钢板的判断

钢板的机械强度较高,表面比较粗糙,未经加工的表面一般呈现灰黑色,表面上有的部位会有铁锈存在。钢板表面经过砂纸打磨除锈后会出现白亮的金属光泽,但从侧面观察会发现颜色有些变暗;钢板耐强碱侵蚀的能力较强,使用强碱对经过打磨后的表面进行浸润或涂抹一般不会有太大的反应。

2. 镀锌板的判断

钢板表面经热浸涂或电镀镀上一层锌后,可以大大提高表面的防腐蚀能力。未经加工的镀锌钢板表面会有银色的光芒,有些镀锌钢板表面有鱼鳞状花纹。使用中的镀锌钢板表面没有锈渍,裸露处常显现灰白色,经过砂纸打磨的地方比钢板表面更加白亮且侧光时变暗的程度也要轻一些;镀锌钢板表面不像钢板那么耐强碱的侵蚀,使用强碱浸润或涂抹时多会留下发黑的痕迹。

3. 铝板及铝合金板的判断

铝板的机械强度较低,汽车上一般使用铝合金板材。铝合金板材的机械强度较高且较轻,铝合金板材表面比钢板和镀锌钢板都要光滑,不耐强碱,经处理后表面形成氧化膜,打磨后可显露白亮的内层金属。通常打磨后涂抹强碱的方法,可以比较准确地加以区分。

四、涂层损伤程度评估

通过第一步和第二步的清洗,使汽车车身的漆膜缺陷及碰车钣金修复表面和擦刮车的漆膜划痕,锈蚀斑点等缺陷充分显露出来,便于对该车的漆膜损伤程度进行评估;正确的评估涂层损坏程度,是确定维修成本,保证涂装质量的关键因素之一,对涂层损坏进行了正确的评估后,才能确定车身表面的涂层(漆膜)修补的范围,从而确定各道处理工序的范围、确定过渡区域、需遮盖保护的部位、需拆卸的零件等。为后续工序的正确实施及保证满意的修补质量奠定基础。

根据评估将涂层损伤程度分为:"涂层表面状况良好"(轻度损伤)与"涂层表面状态不佳(损伤严重)"两种情况。

1. 涂层表面状况良好(轻度损伤)

针对车身的涂层有锈蚀斑点(有锈蚀,但是不严重,分布面积小或少),有擦刮划痕(有不裸露金属底板或裸露金属底板的情况),以及有各种小的缺陷,这一类涂层损伤评估为涂层状况良好(轻度损伤)。

这种涂层损伤的旧涂层上修补喷涂恢复如新较简单。只要旧涂层是稳定的,而且与重新喷涂的溶剂不会发生不良反应。其表面旧涂层的修补准备工作和重新喷涂就很容易。

2. 涂层表面状态不佳（损伤严重）

针对锈蚀严重，斑驳不堪的涂层；针对碰撞使车身变形，经过火焰加热矫正和钣金修复的部位涂层严重脱落，裸露金属底面积较大，且有许多不平顺不光滑的微小凹凸表面；以及车身漆面老化严重，出现漆膜粉化，脱层，龟裂等现象的一类涂层，评估为涂层表面状态不佳（损伤严重）。

这种旧涂层上修补喷涂恢复就比较难，任务也比较多。修补涂装周期也要长些。

课题三　旧涂层的修补准备工作

一、旧涂层表面良好的修补准备工作

涂层表面状况良好的旧涂层修补准备工作比较容易，操作也要简单得多。一般应按如下步骤进行旧涂层的修补准备工作：

1. 清洗车身

冲洗车身表面的污泥，尘土和可溶于水的脏东西（主要针对全车的车身表面清洗）其清洗方法见项目三的课题一描述。

2. 除油

其清洁方法见项目三的课题一描述。

3. 涂层鉴别

其鉴别方法见项目三的课题一描述。

4. 涂层损伤程度评估

其涂层损伤程度评估方法见项目三的课题一描述。

5. 打磨各处需修补的各种小缺陷

针对涂层暴露出的，各个需修补部位的小缺陷进行打磨，使全部的需修补部位的各种缺陷充分暴露出来，以便于采用不同缺陷不同修补的方法。未露底的，底涂层以上的各涂层的小缺陷不要打磨穿，别让金属底板裸露，只需将各种小缺陷需修补范围充分显示出来即可，而锈蚀斑点一定要全部打磨去除干净。

6. 裸露金属底板的表面处理

若打磨露出锈穿的小孔应先清洁孔的裸露金属表面，或划痕穿底经打磨后裸露出金属底板的表面，要先清洁其金属表面，再用金属磷化底漆刷涂（或喷涂）处理裸露的金属表面并让其自然干燥。

二、旧涂层表面损伤严重的修补准备工作

车身经清洗和除油后，发现问题较严重，经涂层鉴别和涂层损伤程度评估后，确定为旧涂层损伤严重。针对锈蚀严重，斑驳不堪的涂层；针对碰撞使车身变形，经火焰加热矫正和钣金敲补修复的车身部位的涂层；以及车身漆面老化严重，出现漆膜粉化、脱层、龟裂

等现象的这类涂层;其修补喷涂准备工作的工作量较大,工序也较多,首先必须清除严重损坏的旧涂层。

1. 清除旧涂层的方法

大多数的涂层损坏是逐步进行。任何形式的修理都无法使这些状况的发展停止,事实上,每次修理通常甚至会加速表面涂层的恶化,如果旧的表面涂层严重老化结疤,就不适合修补涂装了。一旦出现这种情况,就应该将旧涂层彻底清除干净。可使用下述三种方法,来将旧涂层从金属表面清除干净。

1)打磨或研磨清除旧漆法

采用机械打磨或研磨,适合清除小平面或曲率不大的曲面上的旧漆涂层,先用 24 号开式砂轮开始打磨,保持砂轮表面与打磨表面成一小角度,匀速地前后运动把旧涂层打掉直到露出金属表层。然后用 50 号或 80 号闭式砂轮打磨整个部位及周围附近的表面,清除粗砂轮产生的磨痕,使用研磨机时,要格外小心以免擦伤或刮伤金属表面。当用研磨机和粗砂轮清除所有的涂层以后,再用轨道式或双动式打磨机和 100 号砂纸重新打磨,以清除金属划痕。然后再用 180 号砂纸对板壳件进行细打磨,就可清除掉大多数的磨痕(金属表面所有的砂痕和磨痕都应该经清洁、磷化处理、喷一层环氧底漆、干燥后、刮涂原子灰填平,再经湿打磨平整光滑,干燥后再经清洁表面、喷一层中涂漆封闭,再经精细打磨,面漆喷涂的准备工作才算完成。由此可见前面的所有工作都在为面漆层的喷涂做奠定基础层的工作,基础层质量好才能使面漆层质量得到根本的保证)。

注意:用电动或气动磨灰机除漆除锈作业时,如果使用的是硬打磨头时,要保持与涂膜表面相平行,否则会在金属表面留下划痕;如果是柔性打磨头,与涂膜表面的接触方式应采用如图 3-5 所示的方式。

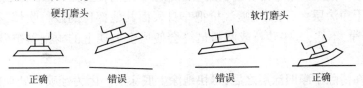

图 3-5 硬打磨头和软打磨头工作时与打磨表面所处的正确位置

2)喷砂清除旧漆法

这种清除旧漆层的方法几乎可以应用于所有类型的车身结构,如果小心操作的话,甚至连铝合金薄板车身材料的旧漆层的清除也可用此方法。经过喷砂清除旧漆层的表面既清洁又干燥,是进行涂装的理想状态;喷砂处理是一种非常快的清除旧漆和锈蚀的方法,而且优点是能将隐藏着的锈蚀区域暴露出来,避免因隐藏锈蚀区域的部位在涂装后导致涂层起鳞或脱层的现象发生。同时还可节省时间。

使用喷砂机需要准备好压缩空气和砂粒的压力和流速。车间里使用的一般是比较小的型号(40~300in 的型号),使用时可以改变其喷砂量,用手调节喷砂的形状集中喷打某一点,而不进行大面积的喷打。(注:1in ≈ 25.4mm)

一般可购买到的喷砂机有两种:压力式喷砂机和虹吸式喷砂机。

压力式喷砂机是装满磨料(如硅砂)的压力容器,一条软管输送砂粒,一条软管输送高速气流,两条管道在另一条管道内汇集后,使砂粒以极高的速度和压力冲击到加工表面上。

虹吸式喷砂机则是,用压缩空气通过虹吸作用从容器中吸出磨料,磨料加速后从喷嘴喷射到工作表面上。小型的瓶装式喷砂机可用于局部喷砂清除旧漆工作。

操作喷砂机可按下述基本程序进行:

(1)进行局部修理时,应当遮盖住不需要喷砂的部位,如,对车门槛板进行局部修理时,应遮盖住轮罩和车顶。

(2)喷砂操作时应注意劳动保护,最好戴好手套、戴上防砂尘的眼镜、防护帽和呼吸保护器(或防尘口罩),否则砂粒粉尘有可能会因呼吸而进入肺部,长期有砂粒或粉尘停留在肺部的话,最终会导致矽肺病。

(3)进行喷砂前,应仔细阅读生产厂家提供的使用说明书,来核准正确的喷砂压力,砂粒的装载操作以及设备的布置安装等。准备好后,对准需要的部位喷射磨料。这些部位就会变成灰色或白色的。喷砂可以打开喷涂部位的金属孔隙,使其表面结构发生变化。这种结构有利于底涂层的附着力。如果该部位没有显示出褐色锈蚀的痕迹,即可卸掉压力。注意遵循操作程序,以避免受热变形。

先把软管调整到距离修理部位20~25cm的地方,然后再施加压力。砂流与表面夹角应保持在20°~30°之间。这样,就可避免砂粒反弹到操作者身上。

注意:喷砂时应特别注意观查喷射表面,喷射薄金属板时,高压气体与粗糙的喷射物容易使金属薄板翘曲变形。

(4)仔细观察喷砂表面,喷砂可以暴露出隐藏在金属薄板上的锈蚀小孔,在出现这种情况时,应该尽可能把所有的小孔暴露出来,喷砂本身的主要目的就是为了要使薄金属板的修理部位暴露出这些弱点,在锈蚀表面喷涂底涂层之前,应将所有的小孔都焊好磨平。

(5)清除干净涂层之后,要用喷气枪把车身表面其他部位的砂粒吹掉,特别是玻璃上的砂粒应吹干净,不然,这些砂粒或磨料最终会使风窗玻璃上的雨刮器被砂粒卡住,从而划伤玻璃表面。

(6)最好在清除干净旧涂层之后,尽快地涂上底涂层。因为经喷砂处理的表面新金属完金裸露后,很容易产生锈蚀。

3)化学方法清除旧漆法

(1)清除大面积涂层旧漆时最好使用化学除漆剂,对于使用动力打磨机无法够着的部位,使用化学除漆剂是非常有效的,而且不会造成金属薄板变形。使用除漆剂之前,要先遮盖其他不需要清除涂层的部位,以保证除漆剂不会影响这些部位。必须用二层或三层遮盖才能获得足够的遮盖保护作用。遮盖好所有的缝隙,防止除漆剂渗入板件底层。轻轻地划开要清除的涂层表面,有助于除漆剂渗透得更快。

(2)使用除漆剂应按生产厂家的说明,必须注意有关通风、灰尘、PVC或橡胶手套、长袖工作服和眼部保护装置或护目镜之类的保护装置的警告。如果除漆剂接触到皮肤或眼睛,就会造成皮肤烧伤或疼痛。

(3)使用除漆剂时,要用刷子沿一个方向在需要处理的整个部位上涂上一层。使用一个软鬃刷子,但不要把除漆剂刷掉,让除漆剂保留以使涂层表面变软。虽然除漆剂在大多数汽车的外涂层上会很快发生作用,但有些现代汽车的底涂层却很难处理(丙稀酸清漆硬化后,就很难清除掉)。由于除漆剂的活性强度必须被控制在一个安全水平上。防止对操作者的皮肤和眼睛造成严重伤害,必要时可以多涂几次。

(4)清除松散的涂层时应当小心操作;有些除漆剂可以用水中和,其他的则可以很容易地用刮板或刮刀清除掉;然后必须用清洁剂和钢丝绒洗刷掉剩余的除漆剂,再用干净抹布擦干。这一步清洗操作必不可少,因为许多除漆剂含有蜡,如果残留在薄金属板表面上,就会影响整个涂层的附着力、干燥性以及漆膜硬化的过程。

注意:不要在玻璃纤维或其他的塑料件上使用除漆剂。

用化学方法除旧漆会使金属迅速产生锈蚀。实际上,对裸露的金属底层必须立刻进行处理;但在选择化学处理之前,必须首先认清锈蚀的类型;第一种是最少量的锈蚀,可看为微观锈蚀,这种锈蚀肉眼无法看见,但它对表面喷涂的质量会产生影响。第二种锈蚀是快速锈蚀,它一般会在潮湿的地方扩展开来。其他类型的锈蚀是可见的,并可能会很大,像伤疤一样明显。

2. 裸露低碳钢金属薄板表面的基层预处理

对裸露的金属薄板表面进行适当的处理,是车身表面喷涂工作成功与否的关键一步,然而,这一步却往往被忽视或以不正确的方式来进行处理,这样只会造成涂层附着力欠佳,车身被腐蚀,最终造成整个涂层质量不好,使用户不满意,甚至抱怨。车身表面修理部位的旧漆层虽然已被清除干净,裸露的金属表层并不引人注意,但它却是决定被涂装涂层寿命的最重要因素。正是由于意识到这一点,汽车生产厂家对裸露金属的处理要比底涂层和外涂层的处理要重视得多,通常都采用七阶段磷酸锌液浸泡金属处理(磷化处理而使金属表面获得磷化膜)来确保金属基层和底涂层的良好附着力。

虽然汽车制造磷化处理使用技术和设备不适合于车身维修喷涂工作,但现今市场上能购买到一些适合裸露金属表面的处理剂产品,使车身表面维修可以摹拟原厂设备的金属表面处理方式来对裸露的金属表面进行磷化处理,来提高涂层的附着力。

传统的转换组合涂层一般能获得最佳的效果,它需要进行以下三步金属表面处理工序:

(1)清洗干净金属表面污染物。在裸露金属表面上涂抹清除蜡和油脂的清洗剂。在表面仍湿润的时候,用一块两层的干净抹布把它擦干。每次只清洗 $2 \sim 3 in^2$(注:$1 in^2 = 6.4516 \times 10^{-4} m^2$)的小面积,注意使工作表面在充分湿润的条件下,一小部分一小部分的擦干。

(2)使用金属磷化剂进行清洗(磷化处理)。按照标签上的说明在塑料桶中将适量的水和磷化剂混合好;然后用抹布,海绵进行涂抹或用喷雾器进行喷涂,如有锈蚀现象,就用硬刷或塑料磨板来将锈渍清除掉,然后在表面仍湿润时,用干净的抹布擦干。

(3)涂抹转换涂料。把适量的转换涂料倒进塑料桶内,用刷子、磨板、或喷雾器把涂料涂抹或喷涂到金属表面,然后,让转换涂料在表面上自然干燥 $2 \sim 5 min$。每次只涂抹可以保证在溶液干燥前完成涂抹和清洗的面积。如果表面在清洗之前已经干燥,就需要重新喷涂或涂抹。用冷水冲洗干净表面的涂料,然后用干净的抹布擦干,让它彻底干燥。

另一种金属处理涂料也可以用于增强涂层的附着力,确保其防腐的能力。洗涤底漆是一种可喷涂的表面处理涂料,使用它可以取消使用转换涂料。洗涤底漆的乙烯树脂可以起到防腐的作用,而稀释剂中的磷酸则可以增强涂层的附着力。

使用含有磷酸稀释剂的洗涤底漆不仅可以清洁表面,还能通过侵蚀金属表面增强涂层的附着力,它有助于防止锈蚀的出现和减少打磨的痕迹,使用洗涤底漆应按下述程序来进行:

(1)仔细阅读并严格遵守生产厂家特殊的使用说明和指导;

(2)把洗涤底漆倒在容器内,加进特殊的洗涤底漆稀释剂,搅拌调和到适合喷涂所需的黏度,不要使用金属容器,因为洗涤底漆会和金属发生化学反应。如果使用的是双组分洗涤底漆,必须在主剂和副剂混合后的 8h 之内使用完。

(3)把混合好的溶液或稀释好的溶液倒入喷枪储料杯内,并立即开始喷涂,不要让洗涤底漆接触任何不需要重新喷涂的车身部分,喷枪的气压和喷出的压力应保持低值,另外应使喷枪接近处理表面。遮盖好其他部位,以免遮盖好的不涂部位与洗涤底漆相接触。

(4)涂层的厚度应该均匀一致,应该薄一些,涂层过厚将会导致涂层脱层和起泡。

(5)不要让洗涤底漆在金属表面干燥,如果发生了干燥就需要喷涂第二次,使干燥变硬得到软化和溶解已经干燥的残余物。喷涂完洗涤底漆之后,用大量干净的水冲洗干净,然后再让它彻底干燥。

(6)喷涂完洗涤底漆之后,应该马上清洗干净喷枪,洗涤底漆留在喷枪或容器内会使金属表面产生一层化学薄膜,最后使喷枪造成堵塞而不能使用。因此,某些生产厂家建议用防酸的刷子或海绵来清洗干净底漆。

裸露的低碳钢表面经模拟磷化处理后,就完成了修补喷涂的预处理。

注意:虽然磷酸金属处理材料(磷化液)不是危险的化学物品,但它确实存在着能使皮肤干燥的作用,虽相对无害,却可能会导致皮肤开裂,并使皮肤对刺激敏感。因此,操作时应戴上橡胶手套或 PVC 手套,为保护衣服不受损,最好再使用橡胶或 PVC 靴子及围裙。

虽然金属表面调理和喷涂底涂层(填平底涂层)都是表面预处理中两个相对独立的工序,然而,一些新产品实际上可以使两道工序一块完成。使用"侵蚀性底层涂料",除了可以起到一般由底层填平涂料的填补作用,还可以通过侵蚀金属表面提高涂层的附着力和防腐能力。侵蚀性底层填平涂料最好用于只需用少量或中等数量的轻打磨表面。使用时必须严格按生产厂家的指导说明来进行。

3. 特殊金属的表面预处理

汽车结构中各部分所用的金属材料不同,进行表面预处理的程序也稍有不同,常见的几种金属表面预处理程序如下:

1)钢结构金属(包括蓝色退火钢件)的表面预处理。

(1)彻底打磨金属表面,清除所有可见的鳞片和锈蚀。

(2)使用清除蜡和油脂的清洁剂清洗处理表面并擦干。

(3)按前面介绍的方法,使用任何一种金属表面处理材料,如转换涂料、洗涤底漆、腐蚀性底层填平涂料。

(4)喷涂底涂层(底层涂料或底层填平涂料)时,如果使用的是腐蚀性填平涂料,这一步工序就无必要了。

(5)等底涂层表面干燥后,进行打磨,并用黏性抹布擦干净;然后,就可以喷涂颜色涂料了。

2) 镀锌金属表面的预处理

(1) 按照钢结构金属表面预处理的第(1)步和第(2)步工序进行；

(2) 使用转换涂料或特殊镀锌金属表面处理剂；使用后者时应按照生产厂家的说明指导来进行，决不能使用洗涤底漆（磷化液），因为它会破坏镀锌层；

(3) 喷涂双厚湿涂层环氧底层涂料，如果需要进行填补表面，先让环氧底涂层干燥至少1h，然后再喷涂底层填平涂料；

(4) 干燥30min之后，打磨填平底涂层，准备好底涂层之后，就可以喷涂外涂层了。

3) 新阳极化处理的或末经处理的以及氧化了的铝金属表面预处理。

(1) 按照钢结构金属表面预处理的第(1)、(2)、(3)步工序进行。

(2) 喷涂双厚湿涂层环氧底层涂料，或铬酸锌。如果需要填补，先让这些材料干燥至少1h，然后再喷涂底层填实涂料。

(3) 干燥30min之后，打磨填实底涂层。准备好底涂层之后，就可以喷涂外涂层（面漆及罩光清漆）了。

4) 镀铬金属的预处理。

镀络金属表面存在难解决的问题是，涂层的最佳附着力效果无法持久。需要喷涂时，可以在进行完表面清洗和打磨之后，再按下述程序来处理：

(1) 使用清除蜡和油脂的清洁剂彻底清洗干净镀铬表面。

(2) 使用320号砂纸对镀铬表面进行彻底的湿打磨或干打磨。

(3) 使用清除蜡和油脂的清洁剂重新清洗表面。

(4) 使用前面介绍的任一种金属处理涂料。

(5) 喷涂两层底层填实涂料，干燥2~3h后进行干打磨。

(6) 吹干净缝隙内的脏东西，再用黏性抹布擦拭整个处理表面，就可以喷涂面漆了。

5) 严重锈蚀成孔的预处理

由于车身表面涂层有的部位，经常受到腐蚀介质的严重侵蚀，造成了使涂层漆膜锈渍斑驳，产生龟裂，粉化，脱层，进一步使腐蚀介质直接侵蚀底材表面，使钢板生锈起氧化皮，成壳状脱落，直至锈穿钢板成孔，锈蚀的扩散使损坏面积逐步扩展。在喷涂前的底材预处理中，一定要将锈损部位的旧漆膜彻底清除，并要彻底打磨干净锈渍，用锉刀或打磨机及专用工具将孔内及四周的锈迹清除干净，然后进行补焊，敲平整，补焊部位同样要进行打磨修整，使底材表面光滑平顺，再用金属清洁剂进行一擦拭一抹涂方式的清洁，彻底将底材表面的油污、蜡点、汗渍清除干净，并对打磨过的裸露底材，清洁过的底材表面，尽快用磷化底漆刷涂和喷涂防锈漆隔离保护基材（避免再次染上污渍或生锈，使预处理失去好的效果）。

对裸露金属进行如磷化、钝化、或喷涂防锈底漆时，应根据裸露面积的大小适当处理。针对底涂层完好的部位采用上面的处理就适得其反。

项目四　底漆的喷涂

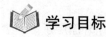
学习目标

完成本项目学习后,你应当能:
1. 知道底漆的一般知识,会正确使用底漆喷涂的工具、设备;知道底漆的喷涂要领;
2. 复述底漆涂料的种类、性能和作用;
3. 根据修补车辆原来的涂装等级和漆种选配涂料;
4. 根据不同的被涂物表面、使用环境和施工方法科学选配涂料;
5. 正确地调制涂料;
6. 进行正确的遮护作业;
7. 正确规范地进行底漆喷涂作业。

建议课时:16 课时

　　底漆的选用和调制是喷涂底漆的前提和基础,底漆选用是否恰当,底漆的调制是否符合要求,将直接影响涂装质量。要选用合适的车身涂装底漆,首先必须了解车身底漆的类型、性质、使用范围及其与面涂层的配套性,然后结合被涂物的材料、使用环境和施工条件等因素进行综合选择。

课题一　底漆的介绍

一、底漆

　　底漆是直接涂覆于施工物体表面的涂料,它是施工物体表面经过预处理后的第一道漆,它是工件表面的基础用料,既是原子灰涂层中间的用料,又是底层涂料与面漆连接的用料。

1. 底漆的作用

　　底漆涂层的作用,一是牢固地附着在物体表面,增强物体表面与面漆等之间的附着力;二是可以隔绝或阻止钢铁表面与空气、水分及其他腐蚀介质的直接接触,起到缓蚀保护作用。一旦面漆层被破坏,钢铁也不至于很快生锈。

2. 底漆的特性

　　底漆为了能起到上述作用,应具有以下特性:

　　(1)底漆涂层要牢固地附着在物体表面,增强物体表面与中涂或面漆之间的附着力,作为其他涂膜的黏合层,所形成的底漆涂膜应具有极好的机械性能,如耐冲击性、柔韧性、硬度和抗石击性等。

(2)底漆涂层必须具有良好的耐腐蚀性、耐水性、耐油性、防锈性和抗化学品性。

(3)底漆与施工物体表面、中间涂层、面漆应具有良好的配套性,否则会发生涂装缺陷。

(4)底漆应具有良好的施工性能,能适应先进的汽车涂装工艺的要求。

(5)极好的耐擦洗性、耐污性和良好的可修补性。

二、底漆的分类

随着汽车工业的快速发展,对汽车底漆的要求也越来越高。20世纪50年代,汽车还是喷涂硝基底漆或环氧树脂底漆,然后逐步发展到溶剂型浸涂底漆、水性浸涂底漆、阳极电泳底漆。阴极电泳底漆经过20多年的发展,同时也经过引进先进技术和工艺,现在已经能很好地满足底漆所要求的各项机械性能、与其他涂层的配套性及现代的流水线涂装工艺。目前轿车用底漆几乎已全部使用阴极电泳底漆。

车身修补涂装常用底漆根据其用途不同可分为普通底漆和特殊用途底漆。普通底漆又根据其使用的目的的不同分为头道底漆、二道底漆、表面封闭底漆等。头道底漆含胶黏剂较多,上层涂料容易与之牢固地结合,一般情况下直接涂在裸漏底材上;二道底漆具有最高的颜料含量,它的功能是填充针孔、砂眼等,具有良好的打磨性能,二道底漆的附着力较差,在涂二道底漆后,必须把表面的二道底漆大部分磨去,否则会影面层涂料的附着力,使面层涂料产生浮脆、气泡等缺陷;表面封闭底漆含颜料成分较低,主要用于填平打磨的痕迹,给面层涂料提供最大的光滑度,使面层涂料丰满,并可以防止产生失光、斑点等现象。特殊用途底漆常见的有磷化底漆、带锈底漆和塑料底漆等。

1. 车身常用底漆

车身常用底漆有醇酸底漆、硝基底漆、环氧树脂底漆、聚氨酯底漆和丙烯酸树脂底漆等,其中环氧树脂底漆在现代汽车涂装中最为多见。

环氧树脂底漆简称环氧底漆,是物理隔绝防腐底漆的代表。环氧树脂是线型的高聚物,以环氧丙烷和二酚基丙烷缩聚而成。环氧底漆具有以下特性:

(1)附着力极强,对金属、木材、玻璃、塑料、陶瓷和纺织物等都有很好的附着力和黏结力。

(2)涂膜韧性好,耐挠曲。硬度比较高。

(3)耐化学品性优良,尤其是耐碱性更为突出。因为环氧树脂的分子结构内含有醚键,而醚键在化学上是最稳定的,所以对水、溶剂、酸、碱和其他化学品都有良好的抵抗力。

(4)良好的电绝缘性、耐久性和耐热性。

环氧树脂类涂料也存在一定的缺点,如表面粉化较快,这也是主要用于底层涂料的原因之一。环氧底漆使用胺类作为固化剂,胺类对人体和皮肤有一定的刺激性,因此,在使用时要加以注意。

国产常用汽车底漆的性能及用途如表4-1所示。

国产常用汽车底漆的性能及用途　　　　　　　　表 4-1

涂料名称	用途	配套的面漆和稀释剂	特性
C06-铁红醇酸底漆	在汽车修补涂装中多将它用做底漆	多用于涂装要求高的汽车。能与硝基、过氯乙烯、醇酸等面漆及氨基烘漆配套使用。使用的稀释剂为200号溶剂汽油、二甲苯或松节油	附着力强,除锈性及力学性能好,能自干也能烘干。耐硝基、过氯乙烯漆。缺点是耐潮湿性差
C06-12 锌黄醇酸烘干底漆	多用于铝镁合金等有色金属物的表面打底		
C06-17 铁红醇酸底漆	在汽车修补涂装中也多将它做底漆		
Q06-4 各色硝基底漆	用做硝基面漆打底,适用于汽车上耐油部件表面,也是汽车修补涂装中常用的底漆	与硝基磁漆配套使用。使用 X-1 或 X-2 硝基漆稀释剂	涂层干燥快,容易打磨
B06-1 锶黄、锌黄丙烯酸树脂底漆	对高温情况下使用的金属设备及轻金属,如铝、镁合金等有良好的附着力和高温防腐蚀性能	与硝基、过氯乙烯、热塑性丙烯酸树脂等磁漆配套。稀释剂为 X-5 丙烯酸漆稀释剂	附着力强、耐候、耐热、防潮、防锈、防腐蚀和防霉性好
B06-2 锶黄丙烯酸树脂底漆			
H06-2 铁红、铁黑、锌黄环氧底漆	适用于沿海或潮湿地区的金属件表面打底。其中,铁红、铁黑环氧底漆适用于钢铁件表面打底	与面漆结合力差,常在两者之间加喷一层硝基或氨基漆作为结合层。稀释剂是二甲苯、丁醇混合液	涂层坚硬、耐磨,强度高,若烘烤干燥,可以提高涂层的三防性(防潮湿、防腐蚀、防霉变性)、耐化学品性及防锈性能。常与 X06-1 磷化底漆配合使用
H06-4 环氧高锌底漆	具有阴极保护作用,能渗入焊缝处,常用于防腐蚀构件电弧焊后焊缝处的涂装		
H06-10 环氧高锌底漆	具有阳极保护作用,用于汽车底盘部分金属表面		
7609 铁红聚氨酯底漆	—	与 7182、7583 聚氨酯清漆和 N-12 丙烯酸聚氨酯清漆配套使用。稀释剂为 7002 聚氨酯专用稀释剂	具有良好的附着力、耐水性、耐热性、耐化学品性及三防性
7609 锌绿聚氨酯底漆（双组分）			

2. 特殊用途底漆

1）磷化底漆

磷化底漆是以聚乙烯醇缩丁醛树脂为主要成膜物质,并加入防锈颜料四盐基锌铬黄制成的底漆,常与分开包装的磷化液调配使用。

磷化底漆的防锈原理是:将调配好的磷化底漆涂于金属表面后,磷化液中的磷酸与四盐基锌铬黄发生反应,生成不溶性的磷酸盐覆盖膜,同时生成铬酸使金属表面纯化。另外,由于聚乙烯醇缩丁醛树脂具有很多极性基团,也参与了锌铬颜料与磷酸的反应,转变为不溶性的铬合物膜层,与磷酸盐覆盖膜共同起到防腐蚀和增强附着力的作用。

涂布磷化底漆可代替对金属表面的磷化处理工序,使用方便。涂层的防腐蚀性、附着力和绝缘性高,使用寿命长。但因磷化底漆涂膜很薄,一般仅有 10~15μm,故不能代替底涂层,因此,在涂布过磷化底漆后还应使用普通底漆打底,以增强防腐蚀性和涂装效果。

磷化底漆在使用时,因其具有一定的侵蚀作用,所以不能用金属容器调配,使用的喷枪罐也应使用塑料罐。喷涂完毕后,应马上清洗喷枪。磷化底漆施涂完毕后不要马上喷涂其他底漆,而应等待一定时间(20℃,2h)再进行下一步操作。

2) 带锈底漆

带锈底漆是一种新型的防锈涂料。将其直接刷涂在带锈的钢铁表面,既可抑制锈蚀,又可逐步使厚度在 80μm 以下的铁锈转变为具有保护功能的薄膜,干燥后呈蓝黑色。带锈底漆有转化型、稳定型和渗透型三种形式。

(1) 转化型(双组分)带锈底漆。转化型带锈底漆是黄血盐反应底漆,它由转化液和成膜物质分开包装构成。成膜物质为各种树脂,转化液为亚铁氰化钾和磷酸的混合物。其防锈原理是转化液将铁锈转化为亚铁氰化铁,变铁锈为蓝色颜料而起到保护作用。

(2) 稳定型带锈底漆。稳定型带锈底漆是由防锈颜料(如磷酸锌、铬酸盐、氧化铁)及抑制剂二苯胍(含氮有机混合物)等与醇酸或酚醛树脂涂料组成的。其原理主要是铬酸锌能使钢铁表面生成钝化膜,提高钢铁表面的防锈能力,二苯胍起到抑制生锈的作用。该漆的渗透性较好,能把疏松多孔的锈层密封,适合于在有薄锈的钢铁表面上使用。

(3) 渗透型带锈底漆。渗透型带锈底漆以二聚脂肪酸为主要基料,采用渗透能力极强的溶剂,通过溶剂的物理渗透作用进入锈蚀层,把多孔的铁锈团团围住,使铁锈与外界隔绝,从而达到锈蚀不再继续发展的目的。

使用带锈底漆时,只需除去钢铁表面的浮锈和氧化皮后即可涂刷,减轻了劳动强度,提高了生产效率。

3) 塑料底漆

塑料制品的涂装是为了提高外表的装饰性(如车身外装饰件的外观装饰性和耐候性要与车身涂层相同),消除表面缺陷和改善表面性能(提高耐候性和耐化学品腐蚀性等),但因塑料的材质、性能、软硬等不同,除部分品种外,一般不耐高温;另一方面,由于聚合系列塑料的表面能比较低,表面极性小,涂料的润湿性差,往往造成涂膜附着力达不到要求。

在品牌漆中都有独立的塑料底漆,它主要针对车上的聚丙烯类塑料制品和收缩、膨胀比较大的软质塑料件在涂装修复时与面涂层黏结能力差的问题,增强塑料底材和面涂层的黏合能力。

对于软质塑料件底材与汽车修补面层涂料的直接黏合能力并不是很好,经常会出现涂层脱落的现象。这主要是因为一方面这些塑料制品在注塑成型的过程中要使用脱模剂,而脱模剂与涂料几乎没有任何附着能力,若在涂装修理时脱模剂没有完全清理干净,则会使表面涂层脱落;另一方面,常用的面漆与塑料制品的附着能力并不是很强,在长时间的外界因素影响下,也会造成涂膜脱落。对于 BS 等质地比较坚硬的塑料件,常用面漆与它们的黏结能力比较好,一般不使用塑料底漆也可以达到令人满意的附着效果。

塑料底漆常为单组分,开罐即可使用,直接喷涂一薄层,等待 10min 左右(常温),待稍稍干燥后就能继续喷涂中涂层或面漆。

除专用的塑料底漆外,各品牌还有专门的塑料面漆,多为双组分聚氨酯基产品,性能优良,但颜色比较单一。为了达到良好的装饰效果,使车身外部塑料件与车身没有色差,通常在使用塑料底漆的基础上可以直接使用普通的中涂底漆或面漆。

课题二　底漆喷涂工具的选用及喷涂要领

一、面漆喷涂要求与底漆喷涂要求的对比

从面漆和底漆的使用功能上来分:面漆主要是给被涂物体表面着色和装饰作用;而底漆则是填充被涂物件表面的砂痕或砂眼,也就是给面漆打基础,以免面漆漆膜上产生一些瑕疵。面漆与底漆的喷涂要求,如图4-1所示。

二、面漆喷枪喷幅与底漆喷枪喷幅的对比

喷枪的椭圆形的喷幅有三个区:中心湿润区(最里层),雾化区和过渡雾化区(外层)。面漆喷枪喷幅与底漆喷枪喷幅,如图4-2所示。

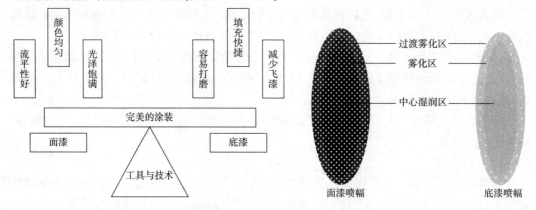

图4-1　面漆与底漆的喷涂要求

图4-2　面漆喷幅与底漆喷幅比较

三、面漆喷枪要求与底漆喷枪要求的对比

底漆的施工黏度比较高,在选择空气喷枪时需要比较大的口径。以环保型空气喷枪为例,喷涂时选用1.7~1.9mm口径的底漆空气喷枪,喷涂气压为294~392kPa。面漆喷枪与底漆喷枪的比较如表4-2所示。

面漆喷枪与底漆喷枪的对比　　　　　　　　　　表4-2

对比项目	面漆喷枪	底漆喷枪
涂料黏度	14~20s(DIN-4)	22~30s(DIN-4)
喷嘴口径	1.3~1.4mm	1.6~1.9mm
雾化要求	雾化精细	雾化均匀
喷幅	雾化区宽大、喷幅分散	中心区宽大、喷幅集中
涂装要求	着色、装饰	填充、遮盖
涂装效果	颜色均匀、饱满	平整、易磨

课题三　底漆涂料的选配

一、底漆的选用原则

（1）底漆与底材应有良好的附着性，并与中间涂层或面涂层有良好的结合力。所形成的涂层应具有极好的力学性能。

（2）底漆必须具有极好的耐腐蚀性、耐水性和耐化学品性，对金属无腐蚀作用，并能防止金属表面的电化学腐蚀。

（3）底漆应具有填平纹路、针眼和孔洞的作用，并具有良好的打磨性能。

（4）底漆与底材表面、中间涂层和面漆应有良好的配套性，以防止出现涂装缺陷。

（5）底漆应有良好的施工性能，应能适应汽车修补涂装工艺的要求。

二、根据漆种选配底漆

在汽车涂装中，各种底漆、原子灰、面漆，由于其性能不相同，并不是都能搭配。如果配套不当，会产生涂膜间附着力差、起层脱落、咬底泛色等现象，严重影响施工质量。涂料的合理配套如表4-3所示。

各种金属与常用底漆、面漆的配套　　　　　　　　表4-3

面漆类型	黑色金属	铝、镁及铝合金	锌及锌合金	铜及铜合金
酚醛漆	酚醛底漆 醇酸底漆	锌黄纯酚醛底漆 磷化底漆	锌黄环氧底漆 锌黄环氧醇酸底漆	酚醛底漆 磷化底漆
沥青漆	酚醛底漆 沥青底漆	沥青底漆	沥青底漆	沥青底漆
醇酸漆	醇酸底漆 环氧底漆	锌黄纯酚醛底漆 锌黄醇酸底漆	醇酸底漆 磷化底漆	酚醛底漆
氨基漆	醇酸底漆 氨基底漆 环氧底漆	锌黄环氧底漆	酚醛底漆 磷化底漆	环氧底漆
硝基漆	醇酸底漆 酚醛底漆 环氧底漆 硝基底漆	锌黄纯酚醛底漆 锌黄醇酸底漆 锌黄环氧底漆	酚醛底漆 醇酸底漆 环氧底漆	酚醛底漆 环氧底漆
过氯乙烯漆	酚醛底漆 醇酸底漆 过氯乙烯底漆 丙烯酸底漆 磷化底漆	锌黄纯酚醛底漆 锌黄醇酸底漆 锶黄、锌黄丙烯酸底漆 磷化底漆	酚醛底漆 醇酸底漆 环氧底漆 磷化底漆	酚醛底漆 过氯乙烯底漆 丙烯酸底漆

续上表

面漆类型	黑色金属	铝、镁及铝合金	锌及锌合金	铜及铜合金
丙烯酸漆	酚醛底漆 环氧底漆 醇酸底漆 丙烯酸底漆 磷化底漆	锌黄纯酚醛底漆 锶黄、锌黄丙烯酸底漆 磷化底漆	酚醛底漆 环氧底漆	酚醛底漆 环氧醇酸底漆
环氧漆	环氧底漆	锌黄环氧底漆	环氧底漆	环氧底漆
聚氨酯漆	聚氨酯底漆 硝基中涂底漆	锌黄聚氨酯底漆	聚氨酯底漆	聚氨酯底漆

三、根据基材选配底漆

由于各种物面材质的极性和吸附能力不同，因而需合理选用与物面材料性质相适应的涂料。涂料与被涂材质的适应性如表4-4所示。

常用汽车涂料与被涂基材的适应性　　　　　　表4-4

涂料品种＼被涂基材	钢铁	轻金属	塑料	木材	皮革	玻璃	织纤维
油脂漆	5	4	3	4	3	2	3
醇酸树脂漆	5	4	4	5	5	4	5
氨基树脂漆	5	4	4	4	2	4	4
硝基漆	5	4	4	5	5	4	5
酚醛漆	5	4	4	4	2	4	4
环氧树脂漆	5	5	4	4	3	5	—
氯化橡胶漆	5	3	3	5	4	1	4
丙烯酸酯漆	4	5	4	4	4	1	4
有机硅漆	5	5	4	3	3	5	5
聚氨酯漆	5	5	5	5	5	5	5

注：5-表示最好，1-表示最差。

四、根据使用环境选配底漆

不同的地区不同的气候，对汽车的适应性有不同的要求。如南方湿热地区使用的汽车，要求涂料对湿热、盐雾、霉菌有良好的三防性能；在北方干寒地区使用的汽车，要求其涂料有一定的耐寒性能都有不同的要求。涂料适应的环境条件如表4-5所示。

项目四 底漆的喷涂

各种涂料适应的环境条件   表 4-5

涂料品种 使用条件	酚醛漆	沥青漆	醇酸漆	氨基漆	硝基漆	过氯乙烯漆	丙烯酸漆	环氧漆	聚氨酯漆	有机硅漆
一般条件下使用,但要求耐候性及耐水性			★	★			★		★	
一般条件下使用,但要求防潮性及耐水性	★	★						★	★	
化工大气条件下使用或要求耐化学腐蚀性较好	★	★				★	★			
在湿热条件下使用,要求三防性能好	★			★			★	★	★	
在高温条件下使用										★

注：★表示适应该环境下使用。

五、根据施工条件选配底漆

不同涂料的性能差异,要求的施工方法就不同,因此选用涂料要根据现有的涂装设备和涂料所适应的涂装方法进行选择。施工方法和适用涂料如表 4-6 所示。

常用的施工方法和适用涂料   表 4-6

施工方法	刷涂	浸涂	电泳	压缩空气喷涂	高压无气喷涂	静电喷涂	静电粉末喷涂
使用涂料	油性漆 酚醛漆 醇酸漆	各种合成树脂涂料	各种水溶性电沉积涂料	各种硝基漆、氨基漆、过氯乙烯漆等	各种类型涂料特别是厚浆料,高不挥发分涂料,但不宜于粒度大的颜料涂料	合成树脂涂料,高不挥发分涂料	粉末涂料

课题四　底漆涂料的正确调制

一、底漆调制的基本知识

1. 混合比例

底漆的调制是指将底漆、稀释剂及添加剂等按照一定比例进行混合。对于单组分底漆,一般只需要加入稀释剂；对于双组分底漆,要加入稀释剂和固化剂。不同品牌的底漆,其混合比例的表示方法也有所不同,如 100∶50 和 4∶1∶1 等。100∶50 的混合比例是百分数表示法,即该底漆为单组分底漆,100 份底漆必须用 50 份稀释剂来稀释。4∶1∶1 是比例数表示法,第一位数字一般指涂料的数量,第二位数字表示固化或其他添加剂的数量,第三位数字表示溶剂或稀释剂的数量,即用 4 份底漆、1 份固化剂和 1 份稀释剂进行混合。

2. 涂料黏度

涂料黏度是指涂料的稀稠程度。涂料黏度的高低直接影响施工质量,黏度过高将使表面粗糙、不匀,产生针孔和气孔等缺陷;黏度过低则会造成流挂、失光或涂膜成形不丰满,不同涂层对涂料的黏度要求也有所不同,车身涂装作业要根据技术要求调整黏度。

3. 底漆的调制方法

底漆的调制方法和步骤如下:

(1)将所需要调制的底漆进行充分的搅拌。

(2)按照底漆的混合比例依次加入各组分,用搅拌棒充分搅拌均匀。对于双组分和多组分涂料的混合调制,或对涂料黏度要求很高时,应采用调漆尺进行调制。

(3)检查混合后底漆的黏度是否符合要求。

(4)选用合适的涂料滤网,对底漆进行过滤。过滤底漆是为了减少对空气喷枪的堵塞,提高喷涂施工质量和涂层表面光洁度。

二、底漆的调制

1. 磷化底漆的调制

(1)磷化底漆一般采用双组分包装,使用时按规定的比例4:1调配,即4份底漆加1份磷化液。注意:磷化液不是稀释剂,其用量不得随意增减。

(2)调配前,将底漆充分搅拌均匀,放入非金属容器内,边搅拌边加入磷化液,调配好并放置30min后再使用。注意:调配好的磷化底漆必须在12h内用完。

(3)调配好的磷化底漆的黏度应为 $16\sim18Pa\cdot s$。若黏度过高,不得加入磷化液,应加入3份无水乙醇和1份丁醇的混合物进行稀释。

2. 快干无铬环氧底漆的调制

(1)快干无铬环氧底漆是双组分底漆。根据说明书,其调制比例为4:1,稀释率为 $5\%\sim20\%$。

(2)涂料的加入顺序是底漆→固化剂→稀释剂,加入过程中要不断搅拌,使各组分混合均匀。

(3)调制涂料的黏度。逐次加入稀释剂,不断检查涂料的黏度,按照说明书的要求,将涂料的黏度调制到 $17\sim20Pa\cdot s$。注意:调制好的环氧底漆必须在4h内用完。

3. 底漆的过滤

将底漆滤网放在支架上,空气喷枪置于滤网下方,然后把底漆倒入滤网,直到所有底漆流入空气喷枪中。

课题五 底漆喷涂的遮护作业

遮护工作是在实施喷涂之前所进行的重要工作,即用遮护材料将所有不需要喷涂的部位或部件进行遮蔽,防止喷涂过程中的污染,有时也用遮盖的方法对施工区域进行隔离以便操作,在打磨时对无须打磨的区域进行遮护可以防止对良好部位的损伤等。

一、遮护材料

遮护所用的材料主要有:遮盖纸、遮盖胶带、塑料膜、压贴磁条及各类防护罩等,各涂装设备生产厂家都有相应的产品可供选择,不可使用普通纸张、胶带等代替。

1. 遮盖纸

遮盖纸要求能够耐热、耐溶剂、纤维紧密不掉毛。汽车遮护专用遮盖纸的一面为紧密的纸层,另一面涂有一层蜡质物质,这层蜡质与基纸结合非常紧密并且耐热不熔化,抗溶剂性能优良。而有些维修厂家在实际生产中使用报纸或其他纸张代替遮盖纸进行遮护,表面上看是节约了成本,实质上会造成更大的损失。普通纸张或报纸在耐热程度、抗溶剂性等方面很差,而且沾染油墨等物质,会对施喷表面造成一定的影响,尤其是吸收了大量的溶剂后会出现松散、纤维脱落等,严重的可能会使被遮护底层出现失光、溶痕等缺陷,脱落的纤维会造成喷涂表面出现脏点等,因此应禁止使用。

2. 遮盖胶带

专用遮盖胶带多为纸基,在拉伸时变形小,胶面可耐溶剂,在喷涂时不会因为溶剂的影响而开胶。需要注意的是不要用绝缘胶布或其他种类的普通胶带来代替遮盖胶带,如果使用不符合标准的胶带,将会对修补增添不必要的麻烦;如果胶带弹性过大,在遮护时会出现拉伸变形,影响一些对棱边的遮护要求;如果胶带耐热差,在加温烘烤时会变形,甚至脱落破坏喷涂好的涂层,加热后胶质脱落很难清理,有时还会损伤涂膜。

3. 防护罩

防护罩用来遮蔽各种灯和轮胎。防护罩一般由耐热、耐溶剂的橡胶制成。用防护罩遮护灯及轮胎,要比用遮盖纸和胶带快捷、方便且便宜。

4. 塑料膜

遮护用塑料膜又称为预涂膜,主要用于汽车局部小修补作业中对大面积部件、部位的遮护。预涂膜有多种宽度尺寸,可根据使用需要选择。常见的预涂膜的一端自带胶带,使用时连同胶带一起揭开,按照遮护所需要的长度,用薄膜切割刀切割即可。在进行大范围遮护时,使用预涂膜可减少遮护时间,提高工作效率。

二、遮护的方法

1. 遮护的方法

在遮护前需要将一些妨碍贴护而又不需喷涂的部件拆下,如刮水器、收音机天线等。黏贴胶带时一手拿住胶带,同时另一只手进行导向和压紧,撕断胶带时可用大拇指夹住胶带,另一只手压住胶带,迅速地向上撕,这样可以整齐地撕断胶带,而不会对已经贴护好的胶带造成拉伸。

遮护时,需要先用遮盖胶带沿贴护区域的边缘进行轮廓勾勒,然后将遮护遮盖纸贴在勾勒轮廓的胶带上,这样有利于保证遮护区域的整齐。当然具体部位的遮护还要根据具体情况有所改变,但是用最少的材料消耗、最短的工作时间、最高的遮护质量来完成工作是一成不变的。

(1)胶带的基本粘贴方法

应选用质量好的胶带,若胶带质量差,使用后会出现粘贴剂残留或其他问题,造成不必要的麻烦。聚氨酯涂料需加热干燥,应使用耐热胶带纸。粘贴胶带的基本贴法,如图4-3所示。

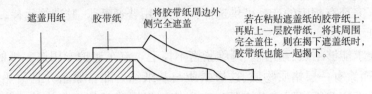

图 4-3　粘贴的基本贴法

(2) 装饰条和嵌条的遮盖

当用胶带粘贴装饰条、嵌条等表面时,用一只手的手指塞入胶带卷中间的孔中,把大拇指放在胶带的外面,控制胶带的方向。拉伸胶带时,胶带的粘贴面背向操作者,如图 4-4 所示。

(3) 风窗玻璃的遮盖

如图 4-5 所示,遮盖风窗玻璃时,主要使用 50cm 宽的纸,不够的部分再用 10~20cm 宽的纸粘贴上。四周用 12~15mm 宽的粘贴带粘住。

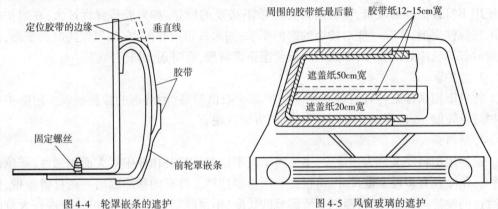

图 4-4　轮罩嵌条的遮护　　　　图 4-5　风窗玻璃的遮护

(4) 反向遮护法

反向遮盖和流线边缘遮盖法常用在局部板件需要喷漆的情况下。如果必须沿一个曲面流线型边缘进行遮盖时,必须使用遮盖胶带,如图 4-6 所示。

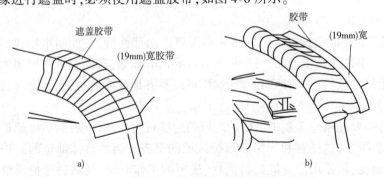

图 4-6　用胶带进行反向遮护

2. 遮护时应注意的事项:

遮护时应注意:

(1) 不要将胶带粘贴在需要喷涂的区域或未经清洁的表面。

(2) 遮护时不能将胶带粘贴在肮脏或潮湿的表面上。

(3)遮护时应将胶带尽量压紧。

(4)遮护时遇到曲面时,可将胶带的内侧弯曲或重叠。

课题六　底漆的规范喷涂作业

一、底漆喷涂的一般步骤

喷涂底漆之前,应先将需要喷涂的区域用清洁剂清洁干净,去除油污、蜡脂及灰尘,经适当遮盖后再进行喷涂。

喷涂底漆时,底涂层的涂膜厚度可根据不同情况进行安排,一般情况下,如果底涂层上还要喷涂中涂层,则可将底漆喷涂得薄一些,只要能够达到防腐蚀和提高黏附能力的目的就可以了;如果在底涂层上直接进行面漆的喷涂,则需要喷涂得厚一些,根据不同的要求可以进行打磨。总的涂膜厚度以不超过 50μm 为宜。需要注意的是:在修补旧涂层并喷涂底漆时,要选用与原涂层无冲突的底漆。

底漆在常温下干燥一般需要 45~60min。强制干燥须先静置 5~10min,然后在 60℃下烘烤 30min 即可。

底漆干燥后要经过适当的打磨,以便为下一步喷涂工作做好准备。打磨时为更好地判断打磨的程度,应使用"打磨指导层"。打磨指导层即在需要打磨的涂层上薄薄喷涂或擦涂一层其他颜色的涂料,意在使打磨时打磨到的区域与未打磨的区域在颜色上有一定的差异,以利于观察打磨程度。可用于指导层的材料有很多,对于涂膜表面的打磨,一般用单组分硝基漆作为指导层;对于原子灰的打磨,用炭粉作为指导层。指导层的颜色以反差大一些为好,但尽量使用黑、灰、白等容易遮盖的颜色。

二、底漆的喷涂

根据使用底漆的先后顺序分头道底漆、二道底漆及封闭底漆三种。底漆漆膜的强度和附着力除与其主要成膜物质有关外,施工方法是否正确也有相当大的关系,如漆膜的厚薄、均匀度、干燥程度、漏涂、流痕,稀释剂的正确使用与否及涂料的黏度、施工环境、涂装前处理等,都能影响底漆涂装后的质量。

1. 头道底漆的喷涂步骤与方法

1)头道底漆的喷涂步骤与方法,如图 4-7 所示。

2)头道底漆喷涂后应注意以下事项:

(1)因头道底漆很薄,一般不能打磨,如果底漆上确有疵点需要处理,只能用 P400 号或更细的砂纸轻轻地打磨即可。

(2)底漆喷涂后,不要用手或抹布之类物品接触新喷的底漆表面。

2. 二道底漆的喷涂步骤与方法

二道底漆的喷涂步骤与方法,如图 4-8 所示。

3. 封闭底漆的喷涂步骤与方法

封闭底漆的喷涂步骤与方法,如图 4-9 所示。

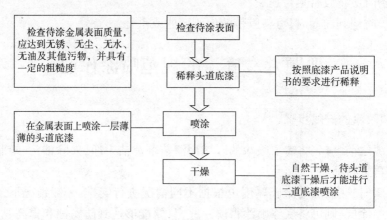

图 4-7　头道底漆的喷涂步骤与方法

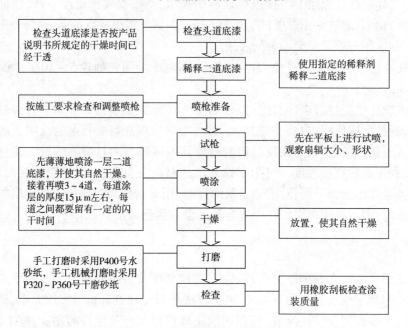

图 4-8　二道底漆的喷涂步骤与方法

三、不同车身底材的底漆涂装方法

1. 对大面积裸金属喷涂底漆

对大面积裸金属喷涂底漆时,一般首先进行磷化处理后再喷涂隔绝底漆。磷化处理通常用喷涂磷化底漆(磷化底漆属于侵蚀性底漆中的一种底漆)的方法来进行。喷涂时要根据不同的底材选用不同的底漆。对于钢板喷上一层薄薄的磷化底漆即可;对于铝合金板材需要喷涂含有铬酸锌的底漆进行纯化处理;对于镀锌板等底材通常不用喷涂侵蚀性底漆,直接喷涂隔绝底漆即可。

侵蚀性底漆一般不单独使用,在其上还要喷涂隔绝底漆共同组成底涂层,所以侵蚀性底漆的涂膜要薄一些,以 15μm 左右为好。喷涂侵蚀性底漆时须选用塑料容器,按照使用说明进行调配,喷涂所用的空气喷枪也最好使用塑料枪罐,并在喷涂完毕后马上进行清洗,以避免枪身受到侵蚀。侵蚀性底漆的喷涂面积不宜过大,以遮盖住裸露的金属区域即可。待侵蚀性底漆干燥后就可以直接喷涂隔绝底漆,其间不必进行打磨处理。

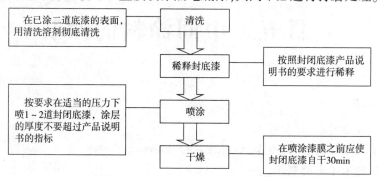

图4-9 封闭底漆的喷涂步骤与方法

隔绝底漆以环氧树脂型居多,因底漆的施工黏度比较高,在选择空气喷枪时需要比较大的口径。以环保型空气喷枪为例,喷涂时应选用1.7～1.9mm口径的底漆空气喷枪。隔绝底漆的喷涂方法为:薄喷1～2遍,间隔时间为5～10min(常温),涂膜厚度一般为30～35μm。底漆喷涂完毕静置5～10min,待溶剂挥发一段时间,然后加热至60～75℃烘烤30min。

2. 对旧涂层喷涂底漆

旧涂层经过打磨后如果没有裸露出金属底材,可以不喷涂底漆,可直接喷涂中涂底漆或施涂原子灰;如果旧涂层打磨后有部分区域露出了金属底材,只需对裸露的金属部位喷涂底漆,而不必全面喷涂,对小部分裸露金属的处理也可以适当简化,可以不必喷涂侵蚀性底漆。

注意:被喷涂底漆的部位必须经过打磨后才能喷涂中涂底漆或面漆,打磨时必须将所喷涂的底漆打磨平整、光滑,并打磨出羽状边。

3. 对塑料件喷涂底漆

塑料件在喷涂底漆时需要使用专用的塑料底漆,首先用塑料专用清洁剂清洁塑料件表面,然后用1.7～1.9mm口径的空气喷枪喷涂1～2遍,间隔时间为5～10min。在塑料底漆未干燥时直接喷涂中涂底漆或面漆,其黏附效果会更好,但如果需要刮涂原子灰等,则必须等其完全干燥。

项目五　中间涂料的涂装

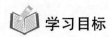学习目标

完成本项目学习后,你应当能:
1. 知道中间涂料的作用、类型、选择方法等基础知识;
2. 正确进行原子灰的刮涂;
3. 正确地控制原子灰的干燥时间,规范地进行打磨与修整;
4. 掌握中涂漆的喷涂操作方法;
5. 掌握中涂漆的干燥、修正方法。

建议课时:40 课时

介于底漆涂层与面漆涂层之间的涂层为中间涂层,使用的涂料叫中涂层涂料,简称中涂,包括原子灰和中涂底漆两部分。与底漆涂层和面漆涂层不同,中涂层涂料无论是原子灰还是中涂底漆,施涂干燥完毕后都要进行打磨,以保证面涂前基底的平整,使最终的涂层表面平滑光艳。另外,中涂层涂料的施涂工艺也与底涂和面涂稍有区别,中途工艺分原子灰的施涂和中涂底漆的喷涂两部分,原子灰的施涂方法是刮涂,施工过程不需要进行遮蔽。在汽车修补涂装行业,中涂是一个非常重要的工艺,尤其以中涂层涂料的打磨最为关键。

课题一　中间涂料的一般知识

中涂的主要功用是提高被涂物表面的平整和光滑度,封闭底涂层的缺陷,以提高面涂层的鲜映性和丰满度,提高装饰性,增加涂膜厚度,提高耐水性。在汽车涂装行业,并非所有的汽车都会进行中涂,对于表面平整度好、装饰性要求不太高的载货汽车和轻型客车几乎不喷中涂,以降低涂装成本。对于装饰性要求高的中、高级轿车,则需采用中涂。其次,并非所有汽车中涂都要刮涂原子灰,像原厂汽车涂装一般就不用或很少使用原子灰,因为新车底材都很平整,无太多缺陷,而且原子灰涂层容易老化、开裂、脱落,对整个涂层质量弊多利少,纯手工作业也不利于生产效率的提高,所以原汽车生产厂不用原子灰,汽车维修厂则使用得较多。最后,在汽车修补涂装的中涂工艺中,要先刮涂原子灰,干燥打磨完毕再喷中涂底漆,再干燥打磨中涂底漆,原子灰和中涂底漆的作用有相似性但均不能省略。

一、中涂层的作用

在汽车修补涂装中,中涂层分原子灰涂层和中涂漆两大块,总体讲都是为了填平底部

钣件、增加涂层厚度、隔绝底漆和面漆以免咬色、增强面漆的附着力等，但二者还是因为成分不同，作用也各有侧重，具体表现为以下特点：

1. 填充作用

中涂层涂料比底漆和面漆黏稠，含有大量的填充料（尤其是原子灰），可以解决底材表面的微小凹陷和因打磨留下的砂纸痕迹、砂眼等，起到填平修整的作用，这在修补涂装中尤其重要。一般受损的基材表面很难修复到新车那样平整，多数凹陷只能通过刮涂原子灰来填平，如图5-1所示。

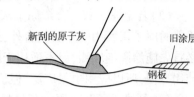

图5-1 刮涂原子灰

2. 隔绝作用

中涂层是三层漆膜中最厚的一层，原子灰和中涂漆（构成中涂层）一起可以很好地防止面漆的溶剂向内渗透，避免与底漆的不良反应，减少外围漆膜起皱、龟裂、咬色等漆病。另外，中涂层也进一步隔绝了外围环境与底材的接触，加强了底漆的防锈功能。

3. 增强附着力

在整个汽车涂层中，中涂层是无机底材向有机面漆涂层过渡的一个夹层，内侧的双组分原子灰与底漆有较强的直接结合力，原子灰的多孔表面又为中涂漆提供了很好的附着力，而中涂漆与面漆就很容易附着在一起了。

4. 提高装饰性

中涂漆具有很好的流平性，所以中涂层的另一个重要作用是提高被涂物表面的平整和光滑度，以提高面漆涂层的鲜映性和丰满度，进而提高整个涂层的装饰性。因此，为了得到平滑的中涂层界面，刮涂完原子灰和喷完中涂漆后一定要进行打磨。

二、中涂层涂料

中涂层涂料从大的方面分主要包括原子灰和中涂漆两大类，二者都有单、双两种组分类型（关于单、双组分涂料的一些其他叫法：单组分型涂料有的也叫一液型涂料或1K涂料，双组分型涂料有的也叫二液型涂料或2K涂料）。中涂漆在成分上与底漆和面漆并无太大差异，只是在填充料的质量分数上要大很多，尤其是原子灰中，填充料占到总质量的70%~80%。

1. 原子灰

又称腻子或钣金土，所以施涂腻子又叫"刮灰"、"刮原子灰"或者"补土"，施涂方法主要是刮涂，也有少数采用喷涂和刷涂的特殊原子灰。原子灰主要是由大量的填充颜料、树脂和溶剂组成的一种黏稠的浆状涂料，用来填嵌工件表面的凹陷、气孔、裂纹、擦伤等缺陷，干燥打磨后可以获得均匀平整的表面。传统原子灰中颜料用的是滑石粉，容易吸水。如果原子灰不能与水有效隔绝，极易吸水使金属钣金生锈。现在已经有用玻璃纤维或金属微粒代替滑石粉的防水原子灰。

在汽车修补涂装中，原子灰应该刮涂在底漆上，但也有直接刮涂在裸露的钣金件、塑料件上或旧涂层上的，以刮在底漆上的涂层寿命最久。常用的原子灰主要有以下几种。

（1）普通原子灰。普通原子灰多为聚酯树脂型，膏体细腻、操作方便、填充能力强，适用于大多数底材。例如良好的旧涂层、裸钢板表面等。因其具有良好的附着力和弹性,也可用于车用塑料保险杠和玻璃钢件,但刮涂不宜过厚。普通型原子灰不适用于镀锌板、不锈钢板和铝板等经磷化处理的裸金属表面,否则易造成附着能力不够而开裂。但在这金属表面首先喷涂一层隔绝底漆(通常为环氧基)后即可正常使用。

(2) 合金原子灰。合金原子灰也称金属原子灰,比普通原子灰性能更加良好,除可用于普通原子灰所用的一切场合外,还可以直接用于镀锌板、不锈钢板和铝板等裸金属而不必首先施涂隔绝底漆,但不适用于经磷化处理的裸金属表面。合金原子灰因其性能卓越,使用方便,所以应用也很广泛,但价格要高于普通原子灰。

(3) 纤维原子灰。原子灰材料中含有纤维物质,干燥后质轻但附着能力和硬度很高,因此能够一次刮涂得很厚,可以直接填充直径小于 50mm 的孔洞或锈蚀而无须钣金的修复,对孔洞的隔绝防腐能力也很强。用于填补比较深的金属凹陷部位时效果非常良好。但表面呈现多孔状,需要用普通原子灰做填平工作。

(4) 塑料原子灰。塑料原子灰专用于柔软的塑料制品的填补工作。调和后呈膏状,可以刮涂也可以揩涂,干燥后像软塑料一样,与底材附着良好。虽然干后质地柔软,但打磨性很好。可以机器干磨也可以水磨,常用于塑料件的修复塑料原子灰的刮涂厚度可以更厚些,但一次性刮涂厚度不应超过 10mm。

(5) 幼滑原子灰。幼滑原子灰也称填眼灰、快干原子灰、红灰等。有单组分的也有双组分的,以单组分产品较为常见。填眼灰膏体极其细腻,一般在打磨完中涂层之后。喷涂面漆之前使用,主要用途是填补极其微小的小坑、小眼等,提高面漆的装饰性。因其填补能力比较差,且不耐溶剂,易被面漆中的溶剂咬起,所以不能作为大面积刮涂使用。但它干燥时间很短(几分钟),干后较软易于打磨,非常适合用于填补小坑,可以提高生产效率并能保证质量,所以也是涂装必备的用品。一次性施涂厚度不应太厚,最大允许厚度 0.15mm。

原子灰是近 20 年来世界上发展较快的一种填充材料。原子灰是一种以不饱和聚酯树脂为主要原料,配入了钴盐引发剂、阻聚剂、滑石粉等填充剂,用过氧化物作为固化剂的,可以根据实际需要,随时调配使用、方便快捷的新型填充材料。与我国传统原子灰如桐油腻子、过氯乙烯腻子、醇酸腻子等相比,原子灰具有干燥快、附着力强、耐热、不开裂、施工周期短等特点。它的问世让一度发展缓慢的汽车钣金修理业实现了跨时代的飞跃。

选用原子灰一定要保证质量。20 世纪 90 年代中期,受市场利益的巨大诱惑,原子灰的生产厂家迅速增加,产品也是良莠不齐。购买原子灰一定要把握质量。优质的原子灰细腻、砂眼少、易刮涂和打磨,一般进口品牌和大型厂家的品牌比较过硬。

原子灰使用后有时会出现不良效果。其中因素有很多,但绝大多数都可能是因为不正确的操作所造成的,另一部分有可能是原子灰自身质量问题所引发的。所以说任何物质都有它的局限性,不可任意处置,选用优质产品并且正确地使用才是解决问题的关键。

2. 中涂漆

中涂漆也叫"中涂底漆"、"二道底漆"或"二道浆",中涂漆的主要功能是改善被涂工件表面的平整度,为面涂层创造良好的基础,以提高面漆涂层的鲜映性和丰满度,整个涂层的装饰性和抗石击性。具有很好的流平性、刮痕填平性,既可以填平原子灰层表面细微的凹陷砂痕,又可成膜隔绝面漆溶剂对原子灰层的侵蚀。中涂底漆调配前要长时间充分地搅拌,因为其中的填料很多容易沉淀,不搅匀就取料调配容易导致漆膜过薄,填充力变差。

中涂漆应具有以下特性:

(1)应与底、面漆配套良好,涂层之间的结合力强,硬度配套适中,不被面漆的溶剂所咬起。

(2)应具有足够的填平性,能消除被涂底漆表面的划痕、打磨痕迹、微小孔洞、小眼等缺陷。

(3)打磨性能良好,不粘砂纸,在打磨后能得到平整光滑的表面(现在有许多品牌漆中部有免磨中涂,靠其本身的展平性得到平整光滑的表面)。

(4)具有良好的韧性和弹性,抗石击性良好。

中涂漆所使用的漆基与底漆和面漆使用的漆基相仿,并逐步由底向面过渡,这样有利于保证涂层间的结合力和配套性,常用的漆基有环氧树脂、聚酯树脂、聚氨酯树脂等。这些树脂所制成的中涂漆均为双组分低温固化,所得到的涂膜硬度适中,耐溶剂性能好,适宜与各种面漆配套使用。

中涂层的颜料多为体质颜料,具有良好的填充性能。中涂漆的固体成分一般要在60%以上,喷涂两道后涂膜的厚度可达 60～100μm。着色颜料多采用灰色、白色和黄色等易于遮盖的颜色。另外也有可调色中涂,在中涂漆中可以适量加入面漆的色母(一般为10%左右)调配出与面漆基本相同的颜色,用于提高面漆的遮盖力,避免造成色差。这类可调色中涂漆的漆基一般都与面漆基本相同,在不同时不可加入面漆的色母调色。

现在的中涂漆多为双组分涂料,调配时要严格按照说明混合固化剂和稀释剂,调配完毕应尽快在有效期内使用。一般采用喷枪喷涂,运用湿碰湿喷涂法喷两遍。干燥后要进行打磨,必要时需重新刮涂原子灰和喷涂中涂漆,直到获得非常平整的表面,否则任何细小的缺陷都会在面漆上显露出来。

三、中涂层涂料的选择

中涂层涂料的选用一样要考虑与底涂层和面涂层的匹配性。掌握好了中涂层的作用,选择中涂层涂料时就会容易很多。

1. 原子灰的选择

挑选原子灰首先是要求与金属和旧涂膜的附着性能好;其次是要求耐热性好,要能在120℃条件下承受 30min,不产生起层、开裂、气泡等现象;再次是要求原子灰的施工作业性能好,刮原子灰后要求 30min 左右就能进行打磨,要求原子灰的刮涂和打磨作业性能好。

如果打磨性能差,会使作业时间变长、操作者疲劳,既难以保证表面打磨质量,也会增加砂纸的消耗量。这些时间和材料的浪费,都将直接导致经济性下降。

如果原子灰过硬难以打磨,就会过多地削磨周围的涂膜,形成如图5-2所示的情况,使表面凹凸不平,不得不再次补原子灰。

易产生气孔的原子灰,也会导致作业效率下降。如图5-3所示,如果出现了气孔,不仅必须重新补原子灰,还会导致起泡和起层等质量事故。

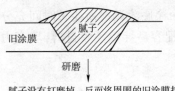

图 5-2 腻子过硬造成的问题

耐水性也是选择原子灰的重要条件之一。当然如果对原子灰采用干研磨,可以免去这一条件,如果采取湿研磨,就必须考虑这一因素,要对原子灰进行耐水性试验。

2. 中涂漆的选择

中涂漆在选用时要与底漆、原子灰或旧涂膜的类型匹配。中涂漆的合理选用是避免涂装出现质量问题的关键,否则会出现咬底、起皮等不良现象。

(1) 硝基漆。当旧漆膜是高温烤漆或丙烯酸聚氨酯涂料时一般选用硝基类中涂漆,它干燥快、易打磨,但涂层间的附着力和耐水性一定要合乎要求。

(2) 聚氨酯漆。当旧漆膜是改性丙烯酸或合成纤维素丙烯酸硝基漆时,中涂漆选择聚氨酯漆为宜。聚氨酯类中涂漆成膜性能好、覆盖能力强、不易出现质量问题。

若腻子中含有空气,加热时空气会膨胀,使涂膜产生针孔或气泡。

图 5-3 气孔及其引起的问题

但需注意,这类中涂漆不宜在局部修补中使用,因为在补涂的原子灰与旧漆膜结合部位容易起皱,因此只适合对整块原子灰或旧漆膜的喷涂。另外,如果需要在整块喷涂的原子灰或旧漆膜表面喷漆时,最好选聚氨酯中涂漆。

(3) 厚涂树脂漆。厚涂型合成树脂漆也是一种常用的中涂漆,它的漆膜虽比不上聚氨酯漆,但因为其溶剂溶解能力较弱所以不会侵蚀原子灰和底漆,而且干燥速度也比较快。除此之外,从作业方面考虑厚涂型合成树脂漆也很方便。但使用厚涂型合成树脂漆前,需要检查其在涂层间的附着力和耐起泡性。

(4) 沥青。沥青是一种由碳、氢、氧、硫、氮等组成的化合物,为黑色可塑性固体,或黑色黏稠状物质,易熔融,但无固定的熔点,可溶于烃类溶剂或松节油中。具有耐水、耐酸碱性能及绝缘性能,涂膜光滑,被广泛用来炼制防锈、防腐涂料,用于车辆的底盘部分。

(5) 硝基纤维素。硝基纤维素又称硝基纤维或硝化棉,是硝基漆的主要成分。硝酸纤维素是植物纤维硝酸硝化后的生成物,具有良好的耐油性,在常温下能耐水、耐稀酸,且极不耐碱、不耐光、遇热易分解,且易燃、易爆。它能与多种树脂互溶,能溶于酯、酮类溶剂而不溶于醇类和苯类溶剂。

(6) 醇酸树脂。醇酸树脂是由多元醇和多元酸缩合而成。分为醇酸树脂和改性醇酸树脂两类。改性醇酸树脂又称聚酯树脂,具有极好的附着力、光泽、耐久性、弹性、耐候性和绝缘性等,所以在涂料中应用广泛,不但可以用来制造清漆、底漆和原子灰等,还可以与其他树脂合用以相互提高性能。

(7) 氨基树脂。氨基树脂是曲醛类与氨类缩聚而成的热固性树脂。常用的有两种:一种是尿素与甲醛缩聚,并以丁醇或甲醇改性而成的称为"丁醇(或甲醇)改性尿素甲醛树脂",简称"脲醛树脂";另一种是用三聚氰胺或取代三聚氰胺与甲醛缩聚并以丁醇或甲醇改性而成的称为"丁醇(或甲醇)改性三聚氰胺树脂",简称"三聚氰胺树脂"。

氨基树脂具有优越的保色、坚硬、光亮、耐溶剂及耐化学品的性能,但附着力差且过分坚脆,因此要与其他树脂如醇酸树脂等合用方可充分发挥各自的优点,既改善了氨基树脂的低附着力和硬脆性,又提高了醇酸树脂的硬度、耐碱性和耐油性。

(8)环氧树脂。凡分子结构中含有环氧基的聚合物即称为环氧树脂。它主要是由二酚基丙烷与环氧氯丙烷在碱性介质中缩聚而成的高分子聚合物。

环氧树脂黏合力强、收缩性小、稳定性高、韧性好、耐化学性和电绝缘性优良等优点。环氧树脂用来制造车用涂料,不但耐腐蚀方面优越,而且机械性和弹性等优于酚醛和醇酸树脂涂料而被广泛应用。

(9)聚氨酯树脂。聚氨酯树脂是聚氨甲基酸酯的简称。聚氨酯树脂是由各种含异氰酸酯的单体与羟基或其他活性物质反应所得的聚合物,其结构中含氨基甲酸酯基团。除此之外,根据所用原料和制漆成膜方式的不同,聚合物结构中还可以含有脂肪烃、芳香烃、酯基、酰胺基、脲基、缩二脲基和脲基甲酸基等。

聚氨酯树脂性能优越,广泛用于制造防腐涂料和室内装饰涂料,并能与其他多种树脂合用制成多种性能优异的改型涂料。

(10)丙烯酸树脂。丙烯酸树脂是由各种丙烯酸单体聚合而成。丙烯酸树脂具有保光、保色、不泛黄、耐候、耐热、耐化学品的性能,故被用来制造各种用途的涂料。

课题二　原子灰的调和及刮涂

一、刮涂原子灰的工具

刮涂原子灰,常用的工具有:刮灰刀、刮灰板和搅棒。搅棒的主要作用是开启原子灰罐盖和搅匀罐中原子灰;刮灰板则作为混合原子灰主剂和固化剂要用到的工具,以及刮原子灰过程中盛装原子灰的托盘,其结构简单,可以根据需要自制;刮灰刀就是将原子灰施涂到底材上的直接工具。按其软硬程度的不同,可分为硬质刮灰刀和软质刮灰刀。

1. 硬质刮刀

硬质刮刀适用于大面积的刮涂作业,如大的凹坑、大的平面缺陷等部位,由于其刮口硬度较高,易于刮涂平整、工效高、材料省。硬质刮板主要有金属刮板和塑料刮板。

(1)金属刮刀。金属刮刀主要有钢片刮刀、轻质合金刮刀等,是目前使用中最多的一种。金属刮刀具有一定的弹性,可根据个人使用习惯进行选择。一般钢片刮刀厚度为0.3~0.4mm,刮口宽度120~150mm(刮口宽度可根据施工要求灵活制作)。

(2)塑料刮刀。常用硬质聚氯乙烯及环氧树脂板制成,也可根据需要选择稍软一点的材料制成半硬刮刀。其耐磨性差,温度对其柔软性影响较大。

2. 软质刮刀

软质刮刀主要适用于刮涂圆弧形、曲面形状的部位。主要有橡胶刮刀和塑料刮刀。

(1)橡胶刮刀。采用耐油橡胶板制成,刮口面磨成斜口,又称橡皮刮板,如图5-4所示。大的橡胶刮刀厚度6~8mm,刮口宽度100mm左右;小的橡胶刮刀厚度3~4mm,刮口根据施工需要选择。

图5-4 橡胶刮刀

(2)塑料刮刀。用软质塑料制成,刮口面磨成斜口,形状大小根据需要制作,基本要求与橡胶刮刀相同。

二、刮涂前金属表面的处理

清除掉受损伤或者老化的旧涂膜,修整好与保留旧涂膜的边缘交接部位之后,必须用压缩空气彻底清除需刮涂原子灰表面的粉尘。对于外露金属表面,则要用脱脂剂进行脱脂处理。以免影响原子灰层与底漆层之间的附着力,否则新刮的原子灰层过不了多久就会脱落。

可选用下列两种方法的一种进行除油:

1. 擦拭法

(1)双手带好胶皮手套。

(2)双手各持一块干净的除油擦布,其中一块蘸有脱脂剂。

(3)先用带脱脂剂的擦布擦拭待除油表面,一次不要多于一个来回。

(4)紧跟着用干爽的擦布擦拭黏有脱脂剂的表面。

(5)重复这样的动作,直到待清理表面全部清理完毕。注意及时蘸脱脂剂和更换擦布,并且注意不要摸碰已经除过油的表面。

2. 喷擦结合法

(1)将脱脂剂装入喷液壶内。

(2)反复按压喷液壶操纵手柄,直到感觉有足够的反弹力。

(3)手持喷液壶,对准需除油表面,保持20cm左右的距离,按压喷液开关,将脱脂剂均匀地喷到工件表面。

(4)手持一块干净的擦布,将喷淋的脱脂剂擦拭干净。

三、检测刮涂原子灰的面积

为了确定需要刮涂多少原子灰,避免调配太多造成剩余浪费,因此调和原子灰之前一定要先估测用量。而且,由于原子灰与固化剂一旦混合,很快就会硬化,所以如果需要的原子灰太多,一般分几次调和,刮完了调好的原子灰再调和新灰。

四、原子灰的调和

1. 取原子灰

(1)原子灰使用之前装在罐中,各种成分由于相对密度不同颜料分布不均,直接取用就会上稀下稠,所以使用前必须要彻底搅拌均匀。固化剂也是如此,使用前先将其在袋内挤压几遍。每次取用原子灰完毕后要盖好盖子以防溶剂挥发,如果因为疏忽造成原子灰干燥应该添加专用溶剂。

(2)根据事先的估测,先将适量的原子灰取出放在洁净的刮灰板上,然后按照原子灰使用说明,添加对应比例的固化剂。一般是以100:2~100:3的比例拌和。若固化剂过多,干燥后就会开裂;如果固化剂过少,就难以固化干燥。现在通常将原子灰和固化剂制成不同的颜色,通过其混合后的颜色来判断其混合比。原子灰与固化剂拌和时,固化剂的容许量有一定范围,可以随气温的变化适当地调整,具体数值应以产品说明书为准。原子灰的取用示意图,如图5-5所示。

2. 调和原子灰

如图5-6所示为调和原子灰的方法。

(1) 用刮刀的尖端舀起固化剂,将其均匀散布在原子灰基料的整个表面上。

(2) 抓住刮刀,轻轻提起其端头,再将它滑入原子灰下面,然后将它向混合板左侧提起。

(3) 在刮刀舀起大约1/3原子灰以后,以刮刀右边为支点,将刮刀翻转。

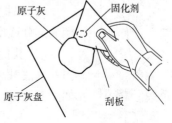

图5-5 腻子的取用

(4) 将刮刀基本上与混合板持平,并将它向下压。一定要将刮刀在混合板上刮削,不要让原子灰留在刮刀上。

(5) 拿住刮刀,稍稍提起其端头,并将上述中的在混合板上混合的原子灰全部舀起。

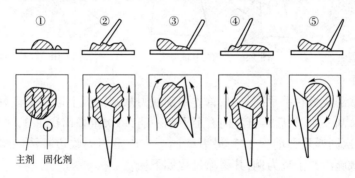

图5-6 腻子的调和方法

(6) 将原子灰翻身,翻的方向与第(3)步中的相反。

(7) 与第(4)步相同,将刮刀基本与混合板持平,并将它向下压,从第(2)步重复。

(8) 在进行第(2)步到第(7)步时,原子灰往往向上朝混合板的顶部移动。在原子灰延展至混合板的边缘时,舀起全部原子灰,并且将它向混合板的底部翻转。重复第(2)步到第(7)步,直到原子灰充分混合。

原子灰受可用时间的限制(可用时间是指主剂和固化剂混合后,保持不硬化,能进行刮涂的时间),通常在20℃条件下,可以保持5min左右。因此应根据拌和所需时间和刮涂所需时间,决定一次拌和的量。如果总是拌和不好,反复长时间拌和,超过可用时间(或留给涂抹的时间过短),就会使其固化而不能使用,因此拌和的关键是速度要快,动作要熟练。

是否拌和良好,主要可通过混合物的颜色是否均匀来判定。如果拌和不良,就会引起固化不良和附着不良等问题。有的原子灰随季节不同,固化剂的配合比要变化,应根据产品说明书去做。

五、原子灰的刮涂

1. 刮刀的握法

刮涂原子灰时,以左手握原子灰托板,右手拿刮刀。刮刀有以下几种握法:

(1)直握法。如图5-7所示,直握时食指压紧刀板,拇指和另外四指握住刀柄,适用于小型钢刮刀刮涂小面积时使用。

(2)横握法。如图5-8所示,横握时拇指和食指夹持住刮刀靠近刀柄的部分或中部,另外三指压在刀板上。

(3)其他握法。根据刮刀的大小及形状的不同,还可以采用其他适当的握法,以适应施工的需要,易保证质量。其他握法,如图5-9所示。如图5-10所示对于右手握刀的人,是较常用的握法。

图5-7 握法直握法

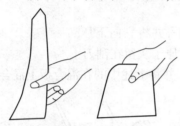

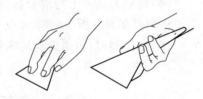

图5-8 刮刀的横握法　　图5-9 刮刀的其他握法　　图5-10 右手握刀人常用的握法

2. 基本动作

一般左手拿刮灰板右手拿刮灰刀,首先用刮灰刀从刮灰板上取一些调好的原子灰,在修补部位横向薄刮一层,然后再自左向右上下刮一遍,每次重叠前次1/3,接着再自上而下左右刮一遍,每次同样重叠前次1/3,最后绕同一方向沿四周收边并清除多余的原子灰。以车门中部区域施涂原子灰为例,其施涂过程如下:

(1)施涂第一层原子灰。如图5-11a)所示,要用硬刮具施涂,对较大凹坑可选用较宽的硬刮具。将刮刀竖起沿底材薄薄地压挤施涂,确保原子灰透入细小的划痕和针孔。此层原子灰只求平整,不求光滑。对汽车车身表面较大的凹坑施涂只要初步平整,不要为了一次刮平而使原子灰层厚度超过5mm。施涂方向横、竖均可,以有利于填平凹坑为准则。对汽车车身表面折口及轮廓线处,施涂时要注意造型及平直性,为以后施涂各层原子灰操作打下良好的基础。

(2)施涂第二层原子灰。汽车车身平面处仍用硬刮具施涂,但对圆弧较大部位也可适当使用橡皮刮具或塑料刮具刮刀倾斜大约35°~45°,如图5-11b)所示。此层原子灰仍以填平为主,不求光滑。施涂时的面积应略大于第一层原子灰的面积,注意边缘原子灰的平直性。较大底材施涂时与上一层原子灰的接口应错开,即不要使各层原子灰的接口在同一部位,以免产生缺陷。施涂的方向应顺着流线型(按汽车造型水平方向)方向,并遵循从上到下、从右到左的原则,施涂时尽可能拉长一些,以减少施涂接口。注意原子灰层的厚度与原涂面基准点平齐。由于补刮原子灰层范围逐渐扩大,对邻近的补刮原子灰层,视具体情况可在第二层或第三层施涂原子灰层时连成一片,以减少原子灰层边缘,有利于打磨。

(3)施涂第三层原子灰。如图5-11c)所示,应使用弹性较好的橡皮刮具或塑料刮具,平面处也可用硬刮具。这一层原子灰主要填充前两层原子灰留下的砂孔以及遗漏的轻微凹陷。此层原子灰以光滑为主兼顾平整性。施涂时以手的压力与刮具弹性相结合,使施涂的原子灰层平整光滑,在表面刮平的同时,将原子灰边缘刮薄。此层原子灰层方向与上一层原子灰操作相同。局部施涂时的原子灰层面积稍大于上一层原子灰的面积,同时注意原子灰层边缘与旧涂层过渡平和。对于汽车车身表面若隐若现的轮廓外形线,施涂时要注意其平直性。

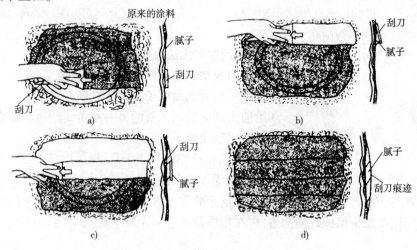

图 5-11 平面施涂原子灰步骤

(4)施涂第四层原子灰。使用硬一些的刮具施涂第三层可能遗留下来的微小砂孔痕迹。利用硬刮具的刮口薄薄均匀地施涂一层光滑原子灰,刮刀成倒平状,如图 5-11d)所示。局部施涂的原子灰层面积可扩大一些,以消除旧涂面上打磨时可能遗留下来的砂纸痕迹,确保喷涂工作顺利进行。

3. 不同表面刮涂原子灰的操作

1)平整界面的刮涂

(1)以压挤方法将原子灰刮满全部平面。

(2)刮压新旧原子灰层结合部位,缩小之间的差距。

(3)以(2)步所刮涂原子灰 1/2~1/3 的量进行第二次刮涂,同时刮薄周围部分进一步缩小新旧刮涂层差距。

(4)重复(3)步动作,按刮涂面需要量刮涂。

(5)刮平平面,使新旧原子灰之间无落差。

在向平面施涂原子灰时,要注意以下事项:

①如果刮灰刀在刮涂原子灰中仅向一个方向移动,原子灰高点的中心就会有所移动。这种情况很难打磨,刮刀在最后一道中必须反向移动,以便将原子灰高点移回中央。

②新刮的灰层必须比原来的表面高,但最好略微高一点,太高就增加了打磨工作量。

③新原子灰的刮涂范围须以打磨时的划痕为限,如果没有打磨划痕原子灰就黏不牢。

④刮涂动作要快,约 3min 内要刮完,时间太长原子灰容易提前固化,影响施涂。

2)弧形表面的刮涂

在刮涂弧形部分及角落时使用有弹性之橡胶刮刀较容易施工,如图 5-12、图 5-13

所示。

图5-12 弧形表面原子灰的刮涂

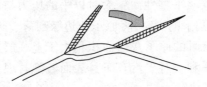

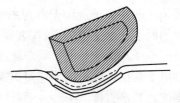
图5-13 角落的刮涂

3）菱形线条部位的刮涂

如图5-14所示。针对菱形线部位在刮涂时无法直拉时,应使用以下方法：

①沿菱角线粘贴遮蔽胶带,单边涂布原子灰。
②待第一步所刮涂原子灰半干时撕去胶带。
③沿前次刮涂的原子灰的另一菱角线贴遮蔽胶带。
④反方向刮涂原子灰。
⑤待(2)所刮涂原子灰半干后,撕去引导胶带。

图5-14 菱形表面的刮涂

4）装饰条周围的刮涂

依位置与作业者的不同,装饰条周围刮涂的作业方式也各不相同,下面举例说明。

①先用遮蔽胶带保护好装饰条,再在相应位置上刮涂原子灰,如图5-15所示。

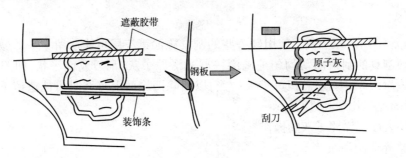

图5-15 装饰条周围的刮涂（一）

②注意装饰条周边覆盖区和接口的刮涂,如图5-16所示。

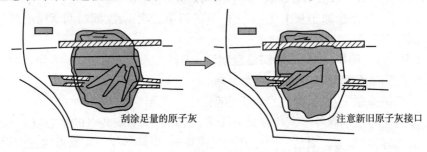

图5-16 装饰条周围的刮涂（二）

③待第一层原子灰半干后撕去旧的遮蔽胶带,再遮蔽,如图5-17所示。

注意：刮涂原子灰过程中的遮蔽胶带,一定要掌握好撕去的时机,过早撕会带下大量原子灰,过晚则难以撕下,即使强行撕下可能破坏刮好的原子灰层。

④再次刮涂原子灰,如图5-18、图5-19所示；

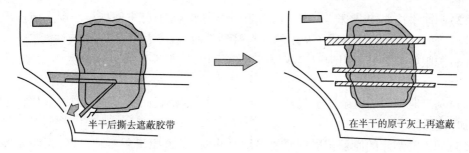

图 5-17　装饰条周围的刮涂(三)

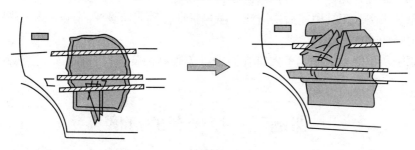

图 5-18　装饰条周围的刮涂(四)

⑤修整弧形部位和新旧涂膜过渡区域,如图 5-19 所示。

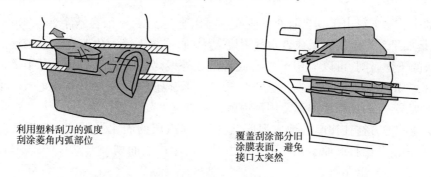

图 5-19　装饰条周围的刮涂(五)

⑥边角的补涂,如图 5-20 所示。

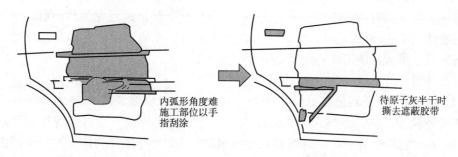

图 5-20　装饰条周围的刮涂(六)

4. 刮涂原子灰的注意事项

(1)刮涂前待涂装表面必须干透,以防产生气泡或龟裂,若被涂装表面过于光滑,可先用 80 号干磨砂纸打磨,以使原子灰与底面结合良好。

(2)刮涂手法要快、要稳,应在一两个来回中刮平,且不可来回拖拉。刮涂拖拉次数太多易拖毛原子灰表面,或将原子灰里的涂料挤到表面,造成表面不干,影响性能。

(3)洞眼缝隙之处要用刮刀尖将原子灰挤压填满,但一次不宜刮涂太多太厚,防止干不透。

(4)刮涂时四周的残余原子灰要及时收刮干净,否则表面留下残余原子灰块粒干燥后会增加打磨的工作量。

(5)如果需刮涂的原子灰层较厚要多层刮涂时,每道原子灰不宜过厚,一般要控制在0.5mm以下,而且要充分干燥后再刮,否则容易收缩开裂或干不透。

(6)原子灰刮涂工具用完后要清洗干净再保存。刮刀口及平面应平整无缺口,以保证下次刮涂原子灰的质量。

(7)原子灰不能长期存放于敞口容器中以免胶黏剂变质、溶剂挥发,造成不易涂刮等问题。

课题三 原子灰的打磨

一、原子灰的干燥

新刮涂的原子灰由于其自身的反应放热固化速度较快,一般在施涂20~30min后就可打磨,但是如果环境温度太低或者空气湿度太大,原子灰干燥固化速度就会减慢。为了缩短原子灰的干燥时间,可以借用干燥器或者是红外线烤灯加热原子灰进行干燥。人为加热干燥时,一定要保证原子灰表面温度在50℃以下,以防原子灰层分离或龟裂。可以以手触摸原子灰层表面,如果烫得不能用手摸就说明温度太高了。

涂层薄的地方往往比厚的地方温度低,因此薄涂层的固化干燥速度一般比厚的地方慢,所以在确定开始打磨原子灰时要先用指甲在薄涂层表面划一下,如果出现坚硬的白色痕迹就表示可以打磨了。

1.辐射式干燥

辐射是热传导的一种方式,是将热量转变为不同波长的电磁波(或称热射线)直接投射到物体上后,能够被物体吸收,再变成热量。热射线的传播过程称为热辐射。利用热辐射干燥物体的方法,称为辐射式干燥。以红外线为电磁波的干燥设备称为红外线干燥设备。辐射式干燥通常使用红外线干燥设备。

2.红外线烤灯干燥

(1)红外线。红外线波长范围在0.76~100μm,一般将波长为0.76~5.6μm这一段称为近红外线,而将波长为5.6~100μm这一段称为远红外线。当红外线辐射到达物体时,一部分被物体表面反射,一部分被物体所吸收,其余部分透过物体。被吸收的红外线辐射能量就转变成热能,使物体温度升高,被吸收的能量越大,物体的温度就升得越高。红外线波长不同,其穿透漆膜的能力也不同,波长越短,穿透能力越强。

不同的物质对红外线的反射、吸收和透射是不同的,即使是同种物质,也可因其结构和表面状况的不同而不同。同一物体对不同波长的红外线,其反射、吸收和透射也是不相同的。

到达被加热物体上的红外线辐射能量与红外线传播的距离有着密切的关系。红外辐射源至被加热物体之间的距离每增加一倍,达到物体的红外辐射能量便减少到原来的1/4。所以应用红外线加热时,辐射源与被加热物体之间的距离应小一些,一般为150~350cm(具体参照生产厂商建议)。

红外线加热的效果,主要决定于被加热物体吸收红外辐射能量的多少,这就需采用辐射率大的材料做辐射和缩短辐射的距离,使到达被加热物体的红外辐射能量尽可能的大;同时,被加热物体的红外吸收率也要大,以吸收尽可能多的辐射能量。

(2)红外线干燥的特点:
①干燥由内层向外,溶剂容易挥发,干燥彻底、迅速,一般可提高效率2~5倍。
②涂层干燥均匀,可大大减少由于溶剂蒸发而产生的针孔、气泡现象,干燥质量好。
③升温迅速,缩短了干燥时间。
④红外线干燥设备结构简单、投资费用低、效率高、节能、无污染、占地面积小。
⑤红外线辐射具有方向性,可用于局部加热。
⑥使用时,尽量使工件表面受到红外线的直接照射,才能取得良好效果。

(3)常见的红外线干燥设备:
①红外线辐射加热器:红外线辐射加热器虽有各种型号,但一般都由金属板、管、碳化硅板、陶瓷三部分组成。热源可用电力、煤气、液化气。红外线辐射加热器形状一般分为管状、平板状及灯泡状3种。

辐射器一般包含两个基本部分——热源和远红外辐射层。

热源的作用是给辐射层提供热能,使之辐射远红外线。辐射层的作用是在受到加热后,从其表面辐射出与其温度相对应的红外辐射能量。

由于汽车修理行业的特殊性,要求干燥加热装置具有移动性、可变性,因此常使用可移动的红外线加热装置用于原子灰、底漆、面漆各个部位的局部强制干燥,提高工作效率,这种红外线加热装置的性能特点主要有如下几个方面:独立开关控制;整个发射管可作360旋转;发射管支架由气压撑杆支撑,上下自如;电子计时器可分别控制预热,全热过程,自动转换;可烘烤汽车车身任何部位,如车顶,前后盖。

红外灯也可设计成方阵,用于局部修补加热用。由红外灯射出的放射红外线能展开呈扇形,离灯20~30cm的距离内,中心与外部的温度分布基本均匀,用多个组合可互补热量,以获得均匀的温度。

②连续式通道烘干室:连续式通道烘干室是广泛应用于大批量生产的一种烘干设备。目前,连续式通道烘干室大多采用红外线干燥。根据输送带运行的路线和方向,可分为单程和双程、水平单程和双程、垂直单程和双程的通道烘干室。在每个阶段的若干节烘干室内,配制数量不等的红外线辐射装置。烘干室内设有排风装置,以排除烘干时蒸发的溶剂蒸汽。由于在通道烘干室内,涂有涂层的工件是连续或间歇地移动的,移动装置可采用架空式单线和双线输送带、板式小车输送带、杆式输送带等各种不同的传送形式。

③短波红外线烤漆房:短波红外线烤漆房,使用红外线的辐射原理加热,具有环保、高效、节能的特点。烤漆房内短波红外线装置每边上下各一排,每排四个红外线装置,每个

装置有2根红外线灯管的管状热源向涂层辐射热量。每个红外线灯管功率1.2kW,室内装有16个红外线装置,共32根红外线灯管,总功率38.4kW,辐射距离≥500mm,可用于对整车涂层烘烤,独立式开关系统也可对汽车涂层的原子灰、底漆、面漆进行局部烘烤。

该烤漆房升温快,在同样温度下比对流烘干效率提高70%,极大提高涂膜的干燥速度,并具有涂膜干燥彻底、内外一致的优点,提高涂膜质量,由于室内没有空气流动,干净无尘,减少涂膜沾尘的几率。

二、原子灰的打磨

在汽车涂装施工过程中,打磨操作通常采用手工打磨和机械打磨两种方式。手工打磨适用于小面积原子灰的粗磨和大面积的细磨以及需精工细磨部位(如对型线、曲面、转角及圆弧和弯曲等部位)的修整。手工打磨是用在磨块上包砂布(纸)的方法进行打磨的。手工打磨法效率低且劳动强度大,用机械打磨可降低劳动强度、提高工效、节省打磨材料,但对于弯角、边棱及弯曲等部位的打磨不适用。通常采用手工与机械相配合的方式进行打磨,才能较好地完成打磨作业。手工打磨又分为手工干磨法和手工湿磨法两种。手工干磨法在打磨操作过程中粉尘飞扬严重,如果采用干磨法,需要有抽风措施,操作者需戴防尘呼吸保护器或防尘口罩、手套、风帽、穿工装。手工湿磨法也称水磨法,操作时无粉尘飞扬、生产效率高、打磨质量好,但水磨后的涂层上有水分,需经烘干后方可进行下道工序施工,故生产周期长。目前大批量汽车涂装生产多采用干磨法来提高工效。

1. 打磨机打磨平面

原子灰表面锉削完毕后,再用"直行式"或"往复式"气动打磨机进一步打磨,所用砂纸粒度一般为60号。当原子灰打磨性能差时,可先用40号砂纸打磨,然后依次更换60号和100号砂纸打磨。打磨的要领是,将打磨机轻压在原子灰层表面,左右轻轻移动打磨机,切忌使劲重压。

如果填补面积很宽,而且填补的是复合油灰,可以免去锉刀锉削工序,直接用打磨机打磨,这种情况下应使用60号砂纸。打磨时应注意,打磨头的工作面应保持与原子灰表面平行,如图5-21所示。打磨时不能施力过大,应将打磨机轻轻压住,靠旋转力进行打磨。若施力过大,就不能形成平整表面。

打磨机的移动方向,如图5-22所示,先沿①所示方向左右运动,随后沿②和③斜向运动,然后沿④上下运动,这样可以基本消除变形。如果最后再沿①左右运动一次,消除变形效果会更好。之后,再换用80~100号砂纸,重复上述作业。

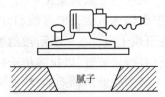

图5-21 打磨机的使用方法

● 打磨机必须与涂膜表面相平行
● 不用过于加力

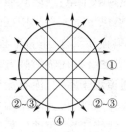

图5-22 打磨机的移动方法

2. 手工打磨修整

使用打磨机大致形成平整表面之后,必须进行手工打磨修整。手工打磨修整使用手工打磨板较为方便,其大小应与打磨作业面积相适宜。手工打磨板的移动方法和使用打磨机相同。另外,若能巧妙地使用木制靠模块和橡胶靠模块,可以很快修正变形。

使用手工打磨板和橡胶模块,由手工打磨修整,彻底清除细小的凹凸不平。手工打磨所用砂纸粒度为150~180号。复合型原子灰层在进行湿打磨时,要使用180号耐水砂纸。为形成完整的平面,一定要使用木制靠模块和橡胶制靠模块。

使用双动式打磨机或小型往复式打磨机打磨修补原子灰的边缘交接处及其周围的旧涂膜,砂纸粒度采用240号。如果是复合油灰进行湿打磨,可以用320~400号砂纸以消除打磨痕。使用小型往复式打磨机的目的是能够单手操作,从而能运用手工打磨的要领进行作业,这对于消除打磨痕是很方便的。

当修补面积不太宽时,使用磨头面积较小的打磨机比较方便,尤其是小伤痕的修补。如果磨头面积过大,反而会在旧涂膜上留下划痕,导致不良效果。

3. 修补手工打磨砂纸磨痕

修补原子灰表面的打磨,最后一道工序必须消除砂纸磨痕。若磨痕较深,比如用150~180号砂纸打磨后不加修整,中涂漆涂料中的溶剂就会从磨痕的凹处浸透,一直到达旧涂膜,从而导致起泡等质量问题。如果磨痕较浅,凹陷处滞留的溶剂量少。这类问题就不容易发生。

三、干燥打磨原子灰的注意事项

在原子灰的干打磨作业中,为推进作业的合理化,提高效率,应注意以下几点:

(1)选择合适的原子灰干燥方式和温度,一定要等原子灰充分干燥后再进行打磨,否则会黏堵砂纸,但千万不要因赶时间就用高温烘烤。

(2)应根据不同打磨机的特点,按用途分别使用。

(3)应根据不同的要求,正确选用砂纸粒度。一般先用粗号砂纸打磨掉75%~80%的工作量后,再改用细砂纸中磨,最后再用更细砂纸细磨。在进行粗磨、中磨、细磨时,相邻打磨使用的砂纸型号差值不应大于100。

(4)应在原子灰固化过程中最适宜的时期进行打磨作业。一般情况下,随着原子灰的干燥,其硬度随时间的增加而增加。这种硬度与时间的关系,因原子灰种类不同而会有所不同。但不论哪种原子灰,都存在当硬度过低时,无法打磨,过硬时,打磨困难的问题。因此,在硬度适宜的区间一般为刮涂原子灰后20~35min,厚涂型复合油灰,一般在刮涂后25~75min之间是最宜打磨的时间。

(5)新原子灰涂层不能打磨过度也不能保留太多,新旧涂层结合处不能有台阶。

(6)干磨过程中产生的灰尘要及时转移,并保证磨灰机托盘别黏连太多灰粒,否则容易加深磨灰痕迹。

四、干打磨与湿打磨的差别

近年来在汽车修理业,为追求作业的合理化、速度化,干打磨得到很大普及。但干打磨并非万能，因此不少作业者，同时应用着干、湿打磨两种打磨方式。

湿打磨的优点，一是研磨质量高，因为打磨时水能起润滑作用，相对滑动阻力小，容易消除表面的凹凸不平；二是不起粉尘，这对后面的工序是有利的；三是从经济性方面讲，湿打磨比干打磨少消耗砂纸 3~4 倍。

究竟采用干打磨好还是湿打磨好，关键在于要灵活运用两种方法的特点，推进作业的合理化，得到完美的加工质量。两种方法的优缺点归纳如表 5-1 所示。

干、湿打磨的特点　　　　　　　　　　表 5-1

对比项目	湿打磨	干打磨
打磨作业速度	慢	快
砂纸消耗量	少	多
打磨质量	能满足要求	作为最后一道打磨难满足质量要求
作业性	一般	好
粉尘	少	多

五、往复式打磨机的选择方法

各类打磨机的适用范围如表 5-2 所示。这里着重介绍往复式打磨机的使用特点。

往复式打磨机主要用于原子灰层的平面打磨，还可以用于旧涂膜的提高附着力打磨。这种打磨机的转速一般在 4500~8500r/min，类型有多种多样，可以根据作业内容和自己的喜好来进行选择。

长型往复式打磨机，打磨头尺寸为 75mm×400mm~75mm×450mm，适用于车门、车顶、发动机罩等大面积的打磨。这种打磨机，打磨头尺寸越长越稳定，最适合于横向打磨。

原子灰打磨中各类打磨机的适用范围　　　　　　　　　　表 5-2

打磨机类型	一般应用范围	一般的用途						
		清除油漆	打磨薄边	粗磨钎焊表面	粗磨金属原子灰层	粗磨聚乙烯原子灰层	打磨金属原子灰层	打磨聚乙烯原子灰层
圆盘打磨机	适用于狭小的部位	A	C	C	C	C	C	C
双向打磨机		B	A	C	A	A	A	A
轨道打磨机		B	B	C	A	A	A	A
直线打磨机	适用于宽敞的部位	B	C	C	A	B	A	B
长行程直线打磨机		B	C	C	A	B	A	B

注：A—优先选用；B—可以选用；C—尽量不用。

大型往复式打磨机，又叫做宽型往复式打磨机。打磨头尺寸为 114mm×280mm，适用于较长型往复式打磨机太窄的场合。

短型往复式打磨机，打磨头尺寸为 90mm×170mm 或 95mm×230mm，适用于嫌前两种打磨机过大过重的人使用。当原子灰面积为中等大小时最适用，也适用于中涂漆层表面和旧涂膜的打磨。这种打磨机输出功率比较稳定，最便于使用。

小型往复打磨机又叫手提式往复打磨机,单手完全能握持,可以按使用模块打磨的要领操作,因此最适合于最后一道修整打磨。打磨头尺寸为 75mm × 150mm ~ 75mm × 160mm。这种打磨机还有一个优点是质量轻,长时间作业也不容易疲劳。

往复式打磨机的选择,首先要看其是否顺畅,加力后输出功率是否下降。当然要看它稳定性是否好、振动是否小、是否易握持。另外若空气流量可调,使用起来就更方便。还有一点,最好选用带吸尘装置的,当然要考虑吸尘管是否妨碍操作。

另外,使用时还应注意,不同机种使用的气压力不一样,不能超压。作业结束后,应做好收尾工作。

无论什么打磨机,选择好打磨头是提高作业效率的重要因素。其中包括砂纸的装卸应简单容易,衬装砂纸的表面应平整,能与涂膜接触良好,硬度要适宜等。

六、打磨材料

砂纸是汽车维修中经常使用的打磨材料,用于除锈、砂磨旧涂层、原子灰及漆面处理。砂纸是用各种不同细密的磨料黏结于纸上,制成各种规格的砂纸。磨料黏结牢固程度是砂纸质量的一个重要标志。操作人员选择合适的砂纸规格并正确使用才能产生最佳效果。

1. 磨料的种类

制造砂纸的磨料根据原料可分为氧化铝、金刚砂(碳化硅)和锆铝 3 种。根据磨料在底板上的疏密分布情况可分为密砂纸和疏砂纸两种,密砂纸上的磨料几乎完全粘满磨料面,用于湿磨;疏砂纸的磨料只占磨料面积的 50% ~ 70%。

(1)氧化铝磨料。氧化铝磨料是一种非常坚韧的磨料,能很好地防止破裂和钝化。根据粗细不同的选择可制成用于除锈、清除旧涂层、打磨原子灰层、打磨新旧涂层的砂纸。氧化铝磨料硬度高、耐久性好、使用寿命长且不易在底层材料上产生较深的划痕,目前使用较广泛。

(2)金刚砂(碳化硅)。金刚砂是一种非常锐利、穿透力极高的磨料,呈黑色,通常用于汽车旧漆面的砂磨,以及抛光前对涂面的砂磨。

(3)锆铝磨料。锆铝磨料具有独特的自磨刃性,在打磨操作过程中其自身不断地提供新的磨刃以提高工作效率和降低劳动力。一般磨料在较硬的原厂清漆层上打磨会使涂层产生热量,被打磨的材料也会迅速变软并堆积在砂纸面的磨料上而降低打磨效率,而锆铝的自磨刃特性和工作时产生热量少的特性大大减少了打磨阻力,减少了材料消耗,提高了工作效率和涂层质量。

2. 砂纸的规格

砂纸上磨粒的大小用阿拉伯数字表示。粗细不同的磨粒黏结平面的柔性载体上,构成适应各种施工需要的粗细不同的砂纸。打磨介质的粗糙度是根据单一颗粒的平均大小进行分类的。粒子大小是按照欧洲打磨介质制造者协会(FEPA)等级进行标准化的,也是国际通用的分级法。粒子大小用字母 P 加数字表示,数字越大粒子越细。P12 的粒子最粗,P1200 的粒子最细。

根据不同的应用场合,有各种形状的砂纸。有卷筒状砂纸、片状砂纸以及砂带等。砂纸上还可以进行打孔,配合打磨工具有助于排出砂粒、灰尘。

根据背衬材料分为:纸、织物、用高温和硫黄处理过的纤维、塑料薄膜等。

3. 水砂纸

水砂纸是汽车修理厂最常用的砂纸之一,其大小规格约 23cm×28cm。根据修理作业的不同,打磨部位的形状、大小的不同,可以将砂纸裁成适合打磨需要的尺寸。水砂纸湿磨使用时应先浸水,使砂纸完全浸湿,这样可防止因为手工打磨折叠而引起的脆裂,特别是冬天气温低时,应用温水浸泡,以防止砂纸脆裂。

4. 搭扣式砂纸

使用时需与电动机或气动研磨机配套使用。根据作用分为干磨砂纸和漆面干研磨砂纸。形状有圆形和方形。圆形直径尺寸以 12.7cm(5in) 和 15.24cm(6in) 使用较多。

搭扣式干磨砂纸能紧扣打磨机的托盘,可重复使用,装卸方便灵活,省时省力。砂纸由特殊底材和磨料制成,研磨速度快而平整,用特殊树脂黏结,耐磨性、耐潮性良好。规格一般为 P80~P500。

搭扣式漆面干研磨砂纸由高性能氧化铝磨料制成。使用时,一般汽车修理厂的圆形研磨机应配合 12.7cm 和 15.24cm 软托盘使用,具有易装卸、不易脱落、研磨速度快、耐磨性好的优点,用于清除漆面的粗粒、橘皮等。规格一般为 P600~P1500。

5. 三维打磨材料

三维打磨材料是研磨颗粒附着在三维纤维上形成的打磨材料。这类材料有非常好的柔韧性,适合打磨外形复杂或特殊材料的表面,可用于各种条件下的打磨。如菜瓜布就是三维打磨材料中的一种,主要用于塑料喷涂前的研磨、驳口前对涂膜的研磨,以及修补前去除涂膜表面的细小缺陷等。

七、打磨垫

打磨垫是使用砂纸打磨工件操作的工具,有手工打磨垫和打磨机专用托盘。

1. 手工打磨垫

手工打磨垫有硬橡胶制、中等弹性橡胶制及木板制。目前由于汽车维修行业迅速发展,打磨垫由过去操作人员自己制作,发展到市场上开发出了各种需要的专用打磨垫。

(1)硬橡胶打磨垫使用时要外垫水砂纸,一般用于湿磨原子灰层,把物面高凸的原子灰部分打磨掉,使物面达到平整的要求。

(2)中等弹性橡胶垫是一种辅助打磨工具,利用它的柔软性,外包水砂纸打磨棱角和形状多变部位。

(3)海绵垫适用于漆面处理,如垫细水砂纸磨平颗粒、橘皮等,不易对漆面造成大的伤害。

2. 打磨机的打磨垫

打磨机的打磨垫称为托盘。有以下两种托盘:

(1)快速搭扣式干磨托盘。如图 5-23 所示为搭扣式干磨托盘,此托盘由母粘扣带制成,配合干磨砂纸,特殊蘑菇头设计能紧扣砂纸,装卸快速、方便、牢固,打磨省时省力。

(2)软托盘。如图 5-24 所示为软托盘,软托盘同样与搭扣式漆面干研磨砂纸配合使用,主要用于中涂底漆打磨等后续较细研磨。

图 5-23　搭扣式干磨托盘

图 5-24　软托盘

八、原子灰层的修整

原子灰打磨完成后,要检查原子灰表面,若发现有气孔和小的伤痕,应马上修补。如果都等到喷中涂漆之后再修整的话,往往更麻烦。因此尽可能在该工序使表面平整,消除引起缺陷的原因。但是,如果原子灰的施工非常标准(固化剂加入量合适,原子灰搅拌均匀,每一道刮涂的很薄),特别是在刮涂完普通原子灰后,又刮涂了一薄层细原子灰,则打磨后表面将非常平整,几乎不会存在气孔及深度划痕,则无须施涂填眼灰。

1. 填眼灰的施涂

(1) 搅拌填眼灰

填眼灰的盛装有两种形式,一种是盛装于软体金属或胶管内,一种是盛装于金属罐内。对于盛装于软体金属或胶管内的填眼灰,搅拌时,用手反复捏揉管体即可;对于盛装于金属罐内的填眼灰,可用专用工具打开盖后,用搅拌棒充分搅拌。

(2) 取填眼灰

用原子灰刮刀取少量填眼灰,置于原子灰托板上,也可以置于另一个刮刀刀片上。由于填眼灰一般不需要填加固化剂,取出后即可使用(有的填眼灰需按比例加入稀释剂混合后才能使用),而且其固化时间很短,用量也少,所以应少取,并且应在尽量短的时间内用完。

(3) 施涂

气孔和伤痕的修补,如图 5-25 所示,用小的原子灰刮刀取很少量的填眼灰,对准气孔及刮痕部位,用力将填眼灰压入气孔或划痕内,必要时可填补多次。

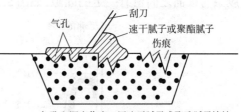

图 5-25　气孔和伤痕的修补

2. 填眼灰的干燥

一般填眼灰施涂后,在自然条件下 5～10min 即可完全干燥,无须烘烤。

3. 填眼灰的打磨

填眼灰施涂后,会破坏原来打磨平整的原子灰表面,另外,填眼灰的性能不如原子灰,所以必须将多余的填眼灰完全打磨掉。干打磨采用粒度为 150 号~180 号砂纸;湿打磨采用

240~320号砂纸。打磨时要配合磨块,直到孔和划痕外的填眼灰完全被打磨掉为止。

课题四　中涂漆的喷涂

一、喷涂前的准备

1. 板件准备

先用压缩空气清除表面粉尘。若进行过湿打磨,应作去湿处理,使被喷涂表面干燥。粉尘清除干净后,再用脱脂剂作脱脂处理。

对于不需喷涂的部位,可在喷涂前进行覆盖,重点应注意喷涂时可能产生飞溅的部位。另外原子灰填补区的四周,要用 320~400 号砂纸打磨旧涂膜,以提高中涂漆层的黏着力。

湿度高的季节和雨天,即使底层未作湿打磨,也应注意作去湿处理。

2. 遮盖

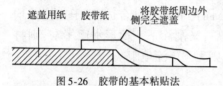

图 5-26　胶带的基本粘贴法

(1) 胶带的基本粘贴方法。胶带的基本贴法,如图 5-26 所示。

(2) 装饰条和嵌条的遮盖。当用胶带粘贴装饰条、嵌条等表面时,用一只手的手指塞入胶带卷中间的孔中,把大拇指放在胶带的外面,控制胶带的方向。拉伸胶带时,胶带的粘贴面背向操作者。不要把胶带拉的过紧,然后把胶带的起始端粘到嵌条或车轮罩的边缘上,如图 5-27 所示;粘贴时,拉伸的胶带面与漆面的间距至少应有 0.7mm,这样可以方便粘贴,并可以很好地控制胶带的方向。嵌条或粘贴面的宽度决定所需胶带的条数。

注意:在喷漆表面与嵌条间应留有一个小间隙,涂料特别是清漆会填补这个间隙。用足够的压力把胶带压牢。但是在曲面上粘贴胶带时,还必须拉伸胶带,以适应曲面的要求。如果胶带太宽,应用剪刀把胶带多余的宽度剪去。

对于装饰条的遮盖,可使用一条宽度为 19mm 的胶带,把胶带粘贴在嵌条的顶部并在胶条与板面之间留有一定的间隙,如图 5-28 所示。

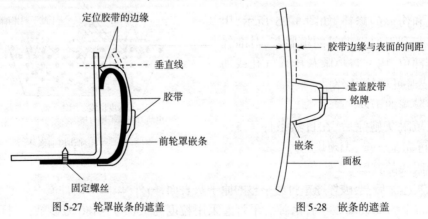

图 5-27　轮罩嵌条的遮盖　　　　图 5-28　嵌条的遮盖

(3) 铭牌和标牌的遮盖。首先,把胶带粘贴到标牌的顶部,并与板面留有一定间隙,然后把两边粘到标牌上,应用力把胶带粘牢。

(4) 侧窗玻璃的遮盖。当遮盖侧车窗时,需要先用胶带遮盖该区域的周边。然后选用合适尺寸的遮盖纸,遮盖纸的底边粘贴到底部的胶带上,把遮盖纸周边折叠,折叠处用短的胶带粘好,然后全部粘到周边预先贴好的胶带上。

(5) 前后风窗的遮盖,如图 5-29 所示,覆盖窗玻璃时,主要使用 50cm 宽的纸,不够的部分再用 10~20cm 宽的纸粘贴。四周用 12~15mm 宽的粘贴带粘贴。

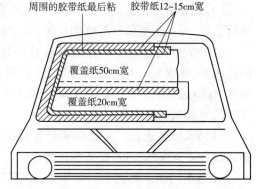

图 5-29 窗玻璃的覆盖

(6) 车门的遮盖。如果要将车门入口全部覆盖,先要按入口宽度准备好覆盖纸,一般是取 50cm 宽的纸两张,搭接成 1m 宽,对准入口,先贴住上部,在贴下边之前,要先将纸松弛,办法是从中间折一下,这样车门才能关住。如果宽度还不够,再加一张 30cm 宽的纸。如果纸边切得不整齐,可用胶带补齐。纸与纸相重合的部分,要用胶带粘住,不能留缝隙,如图 5-30 所示。

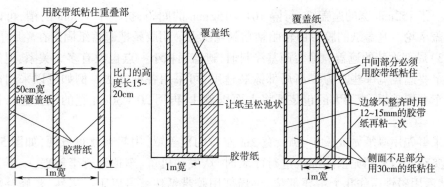

图 5-30 车门内侧的遮盖

如果用报纸覆盖,可以用三张报纸接成 110cm 宽的正方形。对准车门入口,先从便于粘贴的部位开始粘贴,边粘边将报纸多余部分按车门入口的外形曲线,或向内折或裁掉。

(7) 散热器面罩和保险杠的遮盖。对于大多数新型号的汽车,散热器面罩与保险杠应分别进行遮盖。首先用胶带沿散热器面罩的周边进行遮盖,然后,选用合适的遮盖纸进行遮盖。保险杠是铝制,还是氨基甲酸乙酯制,决定了所选用的遮盖方法。如果保险杠是金属材料制,应选用合适尺寸和形状的遮盖纸进行遮盖,下部边缘进行折叠与保险杠的下部粘贴牢固。

对于有些汽车,可以把散热器面罩和保险杠一起进行遮盖,但保险杠与翼子板前端间的塑料遮盖件应进行单独遮盖。这些板件通常与汽车的其他部分一起进行喷涂。

(8) 喷涂两种颜色时的遮盖。当汽车被喷涂成两种不同的颜色时,应首先喷涂一种颜色。涂料干燥后,用 19mm 宽的胶带把这种颜色的周边遮盖。有些车身喷漆工喜欢选用细胶带,因为细胶带薄,可以精确地把两种颜色的漆面分开。把该颜色的漆层用合适尺寸形状的纸遮盖好。遮盖纸上的胶带粘到已粘好的周边胶带上,多余的边折叠,粘贴牢固。根据需要,可以再用胶带沿遮盖纸的底部和边缘粘贴,清晰地标出另外一种颜色涂料的喷漆面。

(9)门槛嵌条的遮盖。门槛上的宽嵌条可以用宽度合适的预先粘贴好胶带的遮盖纸进行遮盖,但一定要留有足够的间隙,使涂料有很好的搭接区。

(10)大灯的遮盖。采用152mm宽的遮盖纸,把遮盖纸上的胶带粘到密封大灯或灯框的边缘上,形成一个圆形或四方形,然后把遮盖纸向中间对折,再将遮盖纸折叠的对边也粘住,保持遮盖纸的平整。对于尾灯和驻车灯应采用同样的方法,只不过选用76mm宽或更窄的遮盖纸就足够了。

(11)天线的遮盖。用遮盖纸套管套在天线上,底部用胶带粘牢即可。另一种方法就是选用合适宽度的胶带,把天线包裹住。

(12)车门侧壁的遮盖。如果车门侧壁需要喷涂,一定要遮盖车门装饰件、车门密封条、锁和撞板。通常应采用152mm宽或更宽的遮盖纸进行遮盖。

车门侧壁通常采用丙烯酸树脂清漆喷涂,因为这种漆干燥快。但有时也选用丙烯酸树脂漆,即使这种漆干燥较慢。对于一个完整的涂装工作,如果需要的话,应首先喷涂车门侧壁、行李箱流水槽、翼子板内沿、发动机罩边缘。

把一张152mm宽的遮盖纸,每隔101~152mm的间距,折一个13mm的褶,可以很方便地遮盖车轮。遮盖纸的胶带由轮胎粘贴到轮缘上。用胶条把遮盖纸固定在轮胎上。

(13)局部涂装的遮盖。涂装硝基涂料时,遮盖面积小一点也没有多大关系,但聚氨酯涂料一定要遮盖宽一些。为提高局部涂装速度,可采用各种方法。例如可以采用市面上出售的车身覆盖板,或用大的包装纸将大面积盖住,再用20~30cm宽的纸覆盖修补处的四周。

如果事先用厚纸做成长5~7m、宽2m左右的覆盖罩,用起来就很方便,如图5-31所示。当要对侧门和挡泥板等部位进行涂装时,从发动机罩、车顶到行李舱盖,一下子就能盖住,然后用磁铁压住几个主要部位,再局部用胶带粘住就可以了。当然,要修补部位的四周,必须用纸仔细盖住,这种罩子可以折叠起来放好,反复使用。

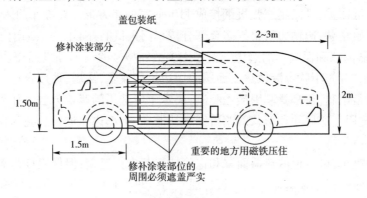

图5-31 制作大型覆盖罩

反向遮盖和流线边缘遮盖法常用在局部板件需要喷漆的情况下。如图5-32所示,为翼子板顶部和发动机罩局部遮盖的方法。首先在曲面弯曲前的平面上轻轻地粘贴一条胶带。然后,再用另外一条胶带粘贴弯曲的表面。这样,可以对喷漆产生足够的扰动,从而当胶条揭除后,不会留下明显的痕迹。

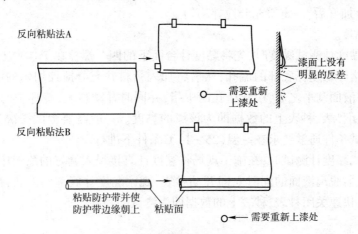

图 5-32　用胶带和遮盖纸进行反向遮盖

沿流线边缘进行反向粘贴时可以采用预先粘贴好胶带的遮盖纸。首先把遮盖纸沿流线形板件边缘的最高端放置好,用胶带固定,使遮盖纸自然下垂,然后反向折叠,使反向折叠的弧线超过流线形边缘 12~20mm。最后,把遮盖纸的另一边固定到板件合适的位置上。

如果必须沿一个曲面的流线形边缘进行遮盖时,必须使用遮盖胶带。首先把 19mm 宽的胶带以正确的角度分别粘贴到流线形边缘上。每条胶带应有 10~13mm 长,胶带与胶带之间应有足够的重叠量,整个胶带的粘贴边缘应形成一个与流线形边缘相平行的曲线,然后,把胶带条反折,应从最后一条胶带开始,并保证有一个正确的弧度,如图 5-33 所示;最后,用一条胶带把所有反折过来的胶带端粘贴固定。

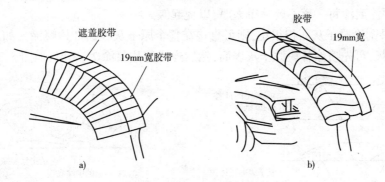

图 5-33　用胶带进行反向遮盖

3. 除尘与除油

(1)用除尘布将需喷涂表面进行一次细致的除尘。

(2)用脱脂剂进行脱脂处理。

4. 调制中涂底漆

(1)根据涂料说明书建议的各成分比例(主剂、固化剂和稀释剂)选择合适的比例尺。

(2)将比例尺放置于调漆杯内,用手扶正。

(3)例如2:1:0.1(主剂、固化剂、稀释剂)时,则选择红黑色的一面,假设色漆的用量为4,把色漆倒进容器至第一列标尺刻度4,再将固化剂倒入直到固化剂第二列标尺刻度4,最后加入稀释剂至第三列标尺的实线4,其比例刚好是2:1:0.1。

(4)各成分加好后,一定要充分搅拌均匀。

(5)测试黏度。

使用台式黏度计测试黏度时,先将黏度计台面下的四个螺栓在工作台上调放平稳,并用左手的中指堵严黏度杯底部的流孔,然后将加入稀料并充分搅拌均匀的漆料倒满黏度杯,用玻璃棒将液面刮平之后,松开堵孔的中指,并同时开动秒表,待杯中的漆料流完(断流)时,立即关闭秒表,秒表上的数据即为该漆的黏度。一般需要测试三次,取其平均值,做好记录。测试条件通常要求在室温(25 ± 1)℃条件下进行。

使用手提式黏度计测试时,在施工现场将黏度计直接浸入调好的漆料中灌满漆液,提起黏度计,待仪器脱离液面的同时立即开动秒表,观察黏度计底部的流孔,待漆料快流完且出现断流时,快速关闭秒表,秒表上的数据即为测试的黏度。

二、喷涂作业

1. 选择调整喷枪

将调好黏度的中涂底漆通过漏斗过滤后装入喷枪的漆罐内。

注意:放主剂和固化剂的容器,使用之后一定要盖严实。

使用手提式黏度计测试时,在施工现场将黏度计直接浸入调好的漆料中灌满漆液,提起黏度计,待仪器脱离液面的同时立即开动秒表,观察黏度计底部的流孔,待漆料快流完且出现断流时,快速关闭秒表,秒表上的数据即为测试的黏度。

2. 按照正确的操作手法和路线进行喷涂操作

(1)原子灰面积较大时,先薄喷原子灰周围,闪干后再全面喷涂,如图5-34所示。

注意:中涂底漆每一道不要喷得太厚,以免起皱。

(2)如果刮涂原子灰面积很小,则可直接在整个原子灰表面开始喷涂。如果是几小块相邻的原子灰,可先喷涂各块原子灰表面,然后连成整片喷涂2~3层,如图5-35所示。

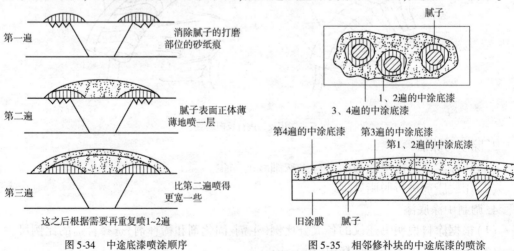

图5-34 中途底漆喷涂顺序　　图5-35 相邻修补块的中途底漆的喷涂

注意：中涂底漆的喷涂面积应比修补的原子灰面积宽，如图 5-36 所示，而且要达到一定程度。喷第二遍比第一遍宽，第三遍比第二遍宽，逐渐加大喷涂面积。

注意：当旧漆膜是硝基类涂料时，如果只是在修补了原子灰的部分喷涂聚氨酯中涂底漆的活，则在中涂底漆与硝基旧漆膜的交界处，在喷涂了面漆之后，往往会起皱。为防止这一点，应在整块板上全部喷涂聚氨酯中涂底漆。

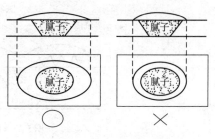

图 5-36　中涂底漆喷涂面积

课题五　中涂漆的干燥与修整

一、干燥

中涂漆涂层在打磨前一定要充分干燥，如果干燥不充分，不仅打磨时涂料会填满砂纸，使作业难以进行，而且喷涂面漆之后，往往出现涂膜缺陷。各类中涂漆涂料的平均干燥时间归纳如表 5-3 所示，供使用参考。

中涂漆涂料平均干燥时间　　　　　　　　　　　　　　　表 5-3

中涂漆涂料种类	自然干燥（20℃）	强制干燥（60℃）
硝基类	30min 以上	10～15min
聚氨酯	6h 以上	20～30min
合成树脂	3h 以上	20min 以上

气温寒冷的冬天，需采用红外线灯和热风加热器进行强制干燥。这不仅能加速干燥，提高作业效率，还能提高涂膜质量。但不能骤然提高温度，应逐渐加热到 60℃ 左右。如果旧涂膜有起皱现象时，加热到 50℃ 左右为宜。

二、刮填麻眼灰腻子

刮填麻眼灰腻子也称填麻眼，找毛病或找麻眼等。麻眼灰也叫填眼灰、精细灰、快干灰、毛病灰等，主要用于面漆前的涂层表面上的麻眼、针孔、砂痕等小毛病（小缺陷）的填平、刮平，所以操作时较省力、省料、省工。刮麻眼灰腻子是一种非常细致的工作，麻眼灰腻子刮涂的好坏，直接影响面漆的外观质量的好坏，因此一定要将麻眼灰腻子刮好，以确保面漆涂后的外观质量。修补工可用木刮刀或塑料刮刀薄薄地刮涂，如图 5-37 所示。切忌一次填得过厚，最多只能 0.2mm，若一次填不满，可间隔 5min 左右再填。

为了使表面更加平整，进一步减少细微缺陷，为打磨起指导性作用，可以使用标志涂料。通常可用炭粉涂抹于中涂漆的表面，通过观察中涂漆层研磨后留下的黑点来检测中涂漆层打磨时的均匀度和平整度。

汽车的档次不同，质量要求也不同，现分别介绍如下。

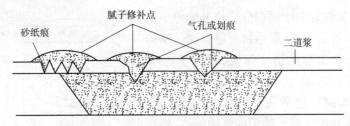

图 5-37 用麻眼灰腻子修补中涂漆表面缺陷

1. 普通汽车麻眼灰腻子刮涂法

普通汽车如一般的货车、客车、公交车等,它们的麻眼刮涂是在面漆前的涂层,如中涂漆或第一道面漆干燥水磨后进行一次细致找麻眼,以此将水磨后漆膜表面上的小麻坑、粗砂痕、桔纹坑等小毛病找净刮平,使表面达到质量要求的平度,为喷面漆做好准备,打好基础。

在普通汽车刮找麻眼的实际涂装操作中,漆工们喜欢在中涂漆喷好且干燥后进行一次全面找、刮麻眼,待找净刮光后,同中涂漆一起进行水磨,水磨合格后,洗净磨污并擦干水迹,待彻底晾干水分后,将局部(主要饰面)表面再找一次麻眼。其操作方法是:用快干的麻眼灰腻子将表面上的砂纹、针孔等麻眼毛病顺光线找净刮光。顺麻眼部位快速涂刮麻眼灰腻子 1~2 个来回,不能来回涂刮次数过多,因为麻眼灰腻子多为硝基类快干原子灰,在一个地方来回刮涂次数过多,易产生原子灰疤,故每处的麻眼刮平填实后,应随手立即收净四周的残渣,以防干燥结疤,且刮刀面应始终保持清洁。在刮涂中出现干结时,可用香蕉水将其溶解并充分调和均匀,以防干皮混入灰中形成疙瘩,影响刮涂质量。

在给货车驾驶室表面的麻眼刮灰时,要把其主要饰面的麻眼(车门的外部、前风挡的下部、车门的后部及上顶的四周部位)顺光线反复找刮干净,并把其他部位表面的明显的麻眼找光刮净即可。

在给普通客车刮涂麻眼灰腻子时,应把客车的前围面、车门外部、两侧大板面与后围的两角面作为重点,其他部位如车顶两侧的瓦棱铁(即两侧扁窗的上部)部位与两侧舱门面等。只要把明显的毛病找净刮平刮光即可。

2. 中档汽车麻眼刮涂法

常见的中档汽车有中档轿车、中高档客车、进口货车等。它们的麻眼常分 2~3 次来刮涂,才能把各种麻眼找净刮平。待中涂漆干燥后,先全面将漆膜表面的针孔、麻点坑、砂痕等毛病依次顺光线找净刮平,收净残渣,干燥 1~2h 后,全面水磨平滑并擦干水分,待彻底晾干水分后,再进行第二次找麻眼。第二次找麻眼时,因表面光滑而有些细小麻眼不易看出,故应边刮麻眼边用手拭检物面,遇有挡手感的细小毛病时,要随即刮平刮净。各车的主要饰面部位,要再进行一次麻眼部位的局部细水磨,待合格,擦干水迹、晾干水分后,再进行第三次找麻眼。其重点放在各车的主要饰面部位,要顺光线反复将各种细小毛病找净刮平,不得有遗漏现象。找刮轿车表面上的麻眼时,每面要从左到右,从上到下,反复顺光线仔细找刮,直到找净刮平为止。

3. 豪华汽车麻眼刮涂法

高档豪华汽车包括高档轿车、高档豪华客车等。通常需在最末道面漆喷涂之前,进行 3~4 次或 4~5 次的麻眼找平,才能达到质量要求的平滑度。

高档轿车中涂漆通常需喷涂两道,每喷涂一道就要找两次麻眼(即中涂漆干后找一次麻眼,在全面水磨后再找一次麻眼)喷两道就需要找四次麻眼,这样,基层的平度才能基本达到质量要求,再经过一道面漆两次麻眼的找平,就能完全达到要求的平度,这样就可喷涂末道面漆了。

高档豪华客车的麻眼刮涂,通常可分四次进行,也就是在中涂漆干后全面找刮一次。水磨后再细找刮一次;在第一道面漆后细找一次,水磨后再作一次更细致的全面找平即可。如涂金属漆(铝粉漆、珠光漆),可在灰色中涂漆干后找一次,水磨后再细找一次,而后待金属色漆喷好干后,找一次麻眼,水磨后再细找一次,再喷涂一次金属色浆,干燥后,即可用清漆罩光。

课题六 中涂漆的打磨

一、干打磨

若采用双动式打磨器进行打磨,所用砂纸粒度以 240~280 号为宜。若采用往复式打磨机,砂纸粒度以 280~320 号为宜。往复式打磨机打磨,比双动式速度慢,但操作比较简单。

不论使用哪种打磨机打磨,都不应用太大的力压在涂膜上,只能稍用点力沿车身表面移动。用力过大,砂纸磨痕就会过深。

打磨时应注意不能只打磨喷涂了中涂漆料的部位,旧涂膜与中涂漆的交界区域也应进行打磨。

用手工打磨板干打磨时,也应使用软磨头或橡胶块,砂纸粒度为 280~400 号,均匀地横向打磨,如图 5-38 所示。

干打磨结束后,拆去遮盖,用吹风机进行清洁。也可用黏性抹布擦拭打磨表面。黏性抹布是粗棉布经某种不干的黏性清漆处理而成的。最通常的尺寸为 30cm × 30cm。这种黏性抹布能有效地从金属、塑料、旧涂层表面清除掉尘埃、污垢、锈渣、打磨时产生的粉尘以及过喷流在表面的漆渣等。在喷漆前用黏性抹布擦拭表面速度要

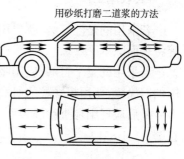

图 5-38 中涂漆的打磨方向

快,力量要轻,否则就有可能将黏性抹布上的清漆遗留在待涂装表面,造成如缩孔、针孔以及附着力、耐介质性下降等缺陷。

二、湿打磨

湿打磨一般采用 320~600 号耐水砂纸。当面漆为金属闪光涂料时,可以用 400 号砂纸。如果面漆是硝基涂料,要用 600 号砂纸,若用 400 号砂纸,涂膜表面往往会有砂纸磨痕。

当面漆为单色时,可以用 320 号砂纸,但如果是单色的硝基涂料,应用 400 号以上砂纸打磨。

打磨方向如图 5-38 所示,按照此方向打磨,砂纸磨痕和表面不平不易显现到涂膜表面。打磨时用的垫块应柔软。手工打磨应避免手指接触被打磨表面。打磨要仔细,不能有遗漏。

打磨结束后,对玻璃滑槽缝、门把手、玻璃四周等边缘部位,要用刷子沾上研磨膏进行打磨,清除残余的污物。也可以使用脱脂剂代替研磨膏,但不能省去此项作业。

三、麻眼灰腻子修补部位的打磨

对于用麻眼灰腻子修补的部位,中涂漆层的表面打磨要特别注意。如图 5-39 所示,先以修补部位为中心,用 320~400 号耐水砂纸,将凸出部分磨平,然后用 400 号或 600 号耐水砂纸将整个表面打磨平整。

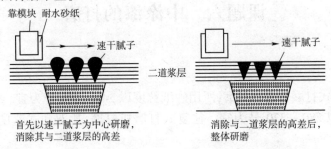

图 5-39 麻眼灰修补部位的打磨

使用往复式打磨机干打磨时,先用 240 号砂纸将凸起部位打磨平,随后用 320 号砂纸整体打磨。

四、收尾工作

若采用的是湿打磨,就要用清水冲洗干净打磨部位,然后用红外线灯泡和热风加热器等将表面除湿干燥。

若采用的是干打磨,应用吸尘器将打磨粉尘彻底清除干净。如果是局部补修涂装,周围的旧涂膜,要用粗颗粒的研磨膏进行研磨,以彻底清除污物和油分。

最后应仔细检查涂膜表面,不能遗漏未经打磨的部位,如果有,再用 400~600 号砂纸打磨。

项目六　面漆调色

学习目标

完成本项目学习后,你应当能:
1. 知道颜色的基本概念,颜色的三个属性,颜色的定位系统;
2. 知道调色的材料,工具和设备的使用方法;
3. 了解电脑调色的流程,初步学会素色漆、金属漆的调色方法与工艺;
4. 分析影响颜色的因素及色差控制的方法;
5. 掌握涂料配色技术及局部面漆喷涂时、减少喷涂色差的技巧。

建议课时:20 课时

对汽车车身涂装的调色而言,就是涂料(油漆)的调色,就是调配各种色漆(面漆)的色彩,故又称为配色。

面漆调色是涂装面漆前准备工作的一项专门技术,是一种精心细致的工作。面漆调色是采用几种色漆按照标准样板、色卡或标准色漆来配制出另一种新色漆的方法。

由于人们对颜色的喜爱不同,工人可根据不同的要求来进行调色。色漆的颜色调配是否正确、不但会影响汽车涂装的装饰效果,还会影响到人们的感觉。面漆色彩调得好,会给人以鲜艳、清晰、明快、且有舒适和安全感。反之会使人感到俗气、暗淡、沉闷、刺眼。

掌握调色技术,需要学习并掌握关于颜色理论和调色理论方面的知识,熟悉调色的材料、工具和设备,知道调色程序。通过素色漆和金属漆的调制练习来达到初步掌握的目的,通过学习知道控制色差的技巧。要想熟练的掌握调色技术则需要从大量的工作实践中去得以提高。

课题一　颜色的三个属性和定位系统

一、颜色的概念

颜色是光刺激人们的眼睛产生的一种感觉,颜色不能离开光单独存在,没有光线,就没有颜色。色彩的的概念主要指光和颜色、标准色、色调、光度、纯度、原色、间色、复色与补色等几个方面的知识。

1. 光和颜色之间的关系

光和颜色之间的关系是指光与颜色、天然光的颜色、光波波长与物体颜色三个方面的关系。

(1)光与颜色。人的肉眼能对自然界的物体有颜色的感觉,是因为各种物体对落在它上面的光线进行了选择性的吸收、是反射和折射的结果。如果某物体吸收了绿光而反射出红光,则此物体显示红色,如果吸收了蓝光而反射出黄光,则此物体显示黄色。

(2)天然光的颜色。五种颜色的天然光在通过玻璃三棱镜时,会被分解为红、橙、黄、绿、青、蓝、紫七种颜色的可见光波,就象看见夏天雨后的彩虹一样。其中的红色光波最长,紫色光波最短。长于红光的光波叫红外光(红外线),短于紫色光的光波叫紫外光(紫外线),红外光和紫外光两种光波是人的肉眼看不见的,所以称为不可见光。

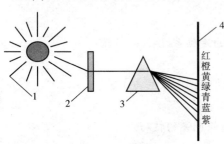

图6-1 天然光散射原理
1-太阳光光线;2-透光缝隙;3-三棱镜;4-屏幕

1666年,牛顿首次用三棱镜将白光分解成红、橙、黄、绿、青、蓝、紫七种单色光,然后又将七种单色光聚在一起,还原成白色光。从而使人们逐步认识到光的本质:"是由不同波长的电磁波构成了光"。天然光散射原理,如图6-1所示。

(3)光波波长与物体颜色(表6-1):白光照在物体上,如果所有波长的可见光全部被反射(实际上反射中有80%~90%),物体呈白色;如果所有波长的可见光全部被吸收(实际上反射率在4%以下就可以),物体呈黑色;如果照到物体上的可见光均匀地被吸收一部分,也均匀地反射一部分,则物体呈灰色;被吸收的光量越多,灰色越深;被反射的光量越多,灰色越浅;这样由白色—浅灰色—中灰色—深灰色—黑色的一系列颜色构成物体的一类颜色为非彩色。

光波波长与物体颜色　　　　表6-1

光波的颜色	光波的波长(A)	光波的颜色	光波的波长(A)
紫	3800~4360	红	6270至7800
蓝	4360~4950	黑	天然光照射到物面上全被吸收
绿	4950~5660	白	天然光照射在物面上全被反射
黄	5660~5890	灰	对各种光波的吸收程度相差不多
橙	5890~6270	五色透明	将各种光波全面透过

注:其中的红、橙、黄、绿、青、蓝、紫等光波颜色称为彩色,而黑、白和灰色称为消色。

2.颜色的术语

(1)标准色是指红、橙、黄、绿、青、蓝、紫这七种颜色,它们是任何人造颜色都不可相比的,所以将这七种颜色称之为标准色。

(2)色调是指各种色彩的种类或色彩的名称。按色彩种类的数量来讲的话,用七种标准色就可以调制出成千上万种的颜色。

(3)光度是指明亮的程度,一方面指色彩本身因为受到光线照射强弱的不同而产生的明暗度;另一方面是指色彩之间相互比较的明暗度。例如七种标准色明暗强弱的排列依次为:红、橙、黄、绿、青、蓝、紫。各种色漆的明暗度强弱也是如此。

(4)纯度指的是色彩的饱和程度,是用来说明色彩浓度的。比如:某种色漆的颜色纯度越高,就说明越接近标准色,其鲜艳感也就越强,调配起来也就越出色(显色)。

(5) 原色也叫基本色或基色,红、黄、蓝三种色都是原色,称之为三原色。用三原色可以混合调配成其他不同的颜色,而其他色彩却永远也调不出三原色来。例如:调配色漆,可以用红、黄、蓝三种色漆作为三原色,就可调配出各种颜色的色漆来作为轿车面漆,以满足轿车表面各种色彩装饰的需要。(三原色是用其他任何颜色都无法调配出的颜色。)

(6) 间色也叫二次色,是用两种原色混合的结果,例如:红+黄=橙;红+蓝=紫;蓝+黄=绿。

(7) 复色是用两种间色混合(或用一种原色与一种间色混合)的结果,通常漆工所说的混合漆指的就是复色漆。采用黑色漆或白色漆与一种原色漆或间色漆相混合的色漆也叫复色漆。

(8) 补色也叫余色,指的是在调色过程中,原色中的一种与其他两原色的混合色(间色)相对照而形成的色彩关系,如红与绿、黄与紫、蓝与橙等。用补色调色后的色彩效果很强烈,调色时应特别注意。

(9) 复色漆与各种原色漆混合后的色相变化情况举例:

① 红色漆与其他色漆相混合产生的色相变化:红+蓝=紫、蓝紫、红紫等;红+白=粉红和一系列的红白色;红+黄=橙、桔黄等;红+绿=黑。

② 蓝色漆与其他色漆混合后的变化:蓝+深黄=深绿色;蓝+中黄=中绿色;蓝+白=浅蓝、天蓝等一系列蓝白色;蓝+黄+红+白+黑=一系列混合绿色,例如国防绿、解放绿、等。翠蓝+柠檬黄=翠绿色;蓝+黄+白=青、青绿、浅绿、豆绿、黑绿等;蓝+橙=黑。

③ 黑色漆与其他色漆相混合产生的相色变化:黑+红=紫棕色(点黄)、枣红色、粟色等;黑+白=浅灰、中灰等灰色;黑+黄=黑绿色;黑+蓝=黑蓝色等。

注意:各种原色漆相互混合,由于加白或加黑等色漆比例的不同,又可以变化出成千上万种复色漆来。

二、颜色的三个属性

1. 孟塞尔颜色定位系统

1905年美国画家孟塞尔研究颜色定量表示方法,创立了孟塞尔颜色系统,用三维空间的类似球体模型把物体表面颜色用(色调、明度、饱和度)3种基本属性表示出来。如图6-2所示,说明颜色的三属性(色调、明度、饱和度)。

(1) 色调是表示物体反射不同波长的可见光,按波长顺序排列在圆周上,不同波长有不同的颜色,这是物体颜色在本质方面的属性。

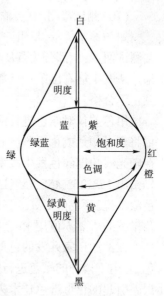

图6-2 孟塞尔颜色立体示意图

例如:红、黄、绿、蓝、紫及其交替部分的中间颜色,都是物体颜色在本质方面的属性。

(2) 明度是物体反射光的数量方面的一种特性。物体对色彩光反射率越高,人们眼睛感觉到这种色彩越明亮,它们的明度值越高,所以明度是颜色在数量方面的属性。

(3) 饱和度又称为彩度,是物体对可见光选择反射的程度。如果物体对可见光谱中某一很窄的波段有很高反射率,而对其他波段有很强的吸收率,这种物体颜色饱和程度高,也就是说饱和度是衡量物体对光谱选择反射的程度,是衡量物体颜色纯度的一种属性。

在颜色三属性图中用圆心与圆周距离来描述,越靠近圆周饱和度越高,越靠近圆心,饱和度越低。如图6-2所示,用来来说明颜色的三属性(色调、明度、饱和度)。

2. Rite色差仪的使用

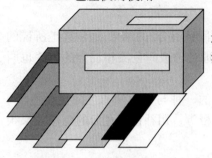

图6-3 色差仪示意图

实验工具:Rite色差仪、黑、白校正板(如图6-3),连接接口电缆线、充电电池、同样颜色采用不同施工方法的油漆样板三块。

操作步骤:

(1)用黑白两块标准板校正色差仪。

(2)选择测试标准光源,一般采用D65光源。

(3)确定显示角度。

(4)确定用压入触点测试方式。

(5)确定每组测量点数(一般测试6个点)。

(6)仪器轻拿轻放,不能开着盖面朝上,防止落灰。

(7)选择标准颜色进行测试;压入仪器双触点,等待测量汽3s完毕,仪器提示一声后,才能拿起仪器进行下一个测量。

(8)全部测试合格后,盖上测量端盖。

(9)确定标准颜色在不同测试角度下的L、a、b值,并输入计算,作为标准值。

(10)测试待测颜色,输入计算根,得到与标准颜色的偏差。

如图6-4所示,是用一台Audi亮银颜色(颜色号5B),修补后测试出来的色差结果。共测试两点,上部分为$\triangle E$显示范区域,下部分为在五个角度下的$\triangle L$、$\triangle a$和$\triangle b$图示结果。从图中能看出第一点数据$\triangle E=1.4$以下,颜色为合格的,第二点在$\triangle E=1.4$以上,为颜色不合格。

用色差仪对颜色进行测试,能直接将颜色量化的反应出来。利用美国X-Rite色差仪可将车身颜色或色板测试后,通过计算机连接进行颜色量化处理,由于银粉漆或珍珠漆存在随光线角度颜色发生改变的问题,所以,对银粉漆或珍珠漆颜色进行5个角度测试,分别给出15°、25°、45°、75°、110°5个角度的颜色数据。数据值用L、a、b值来表示。对于素色漆来说,颜色由L、a、b三个数值确定,而对银粉漆或珍珠漆颜色来说,一个颜色在五个角度下的L、a、b值用15个数据来表示。

在油漆厂家开发的色差控制系统中,现已推出颜色控制软件;将车身颜色做为基准颜色,对用于修补的颜色进行测试评价。这样可以准确的选择颜色微调的方向,避免视角的误差引起的色母选色技术失误,在色差仪进行使用中,将车身颜色L、a、b值作为基准,确定出修补颜色与基准颜色的差值$\triangle L$、$\triangle a$、和$\triangle b$值。然后再由$\triangle L$、$\triangle a$、和$\triangle b$值,用计算机算出颜色差值$\triangle E$。

$$\triangle E = \sqrt{(\triangle L^2 + \triangle a^2 + \triangle b^2)}$$

一般规定$\triangle E$值小于1.4为颜色合格,修补后,经目视无法辨认颜色差异。L为亮度值、A为红绿项、B为黄蓝项。

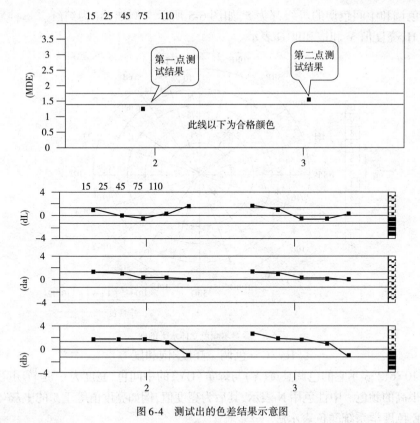

图6-4　测试出的色差结果示意图

3．颜色的表示方法

（1）标准色板表示法。汽车制造涂装中，每个品种的油漆颜色均有标准色板，用来对比控制车身涂装颜色的偏差，保证配套协作件和部件修补的颜色一致。

（2）标准色卡表示法。汽车修补供应商根据标准色板，经过几十年的积累制作和储存了上万种汽车用漆标准色卡，只要维修车辆的面漆色彩和标准色卡一致，就能查到使用该公司色母配置该标准色卡的配方。目前市场上的电脑调漆中心多数采用此方法进行调制修补涂装用的油漆。

色卡目前还是人们表达和交流颜色的主要方法。因为人们虽然有较强的颜色分辨能力，但不能准确记忆上千种颜色。所以记忆颜色主要依靠色卡。

4．孟塞尔颜色系统

孟塞尔最早用三维空间表达颜色。孟塞尔色坐标，中间轴代表中性色的亮度，白色在顶部黑色在底部，孟塞尔亮度值为0、-1、10共11个感觉上等距离的等级，但在实际应用中，一般只用到1~9级的9个等级。

颜色样品离开中央轴的水平距离代表饱和度的变化，饱和度表示具有相同明度值的（立体坐标同一平面上）离开中心灰色的程度。饱和度也分成许多视觉上相等的等级，中性色彩度为0，离开中央轴越远，饱和度越大。孟塞尔颜色立体水平剖面，为一个圆，圆周上代表10种色调，它包括5种主色调红（R）、黄（Y）、绿（G）、蓝（B）、紫（P）和5种中间色调黄红（YR）、绿黄（GY）、蓝绿（BG）、紫蓝（PB）、红紫（RP）。每个色调又分为10个等级。

每个主要色调和中间色调的等级都为5,如图6-5所示。例如5R为纯红。每种颜色都可以用色调H,亮度值V和饱和度C表示:

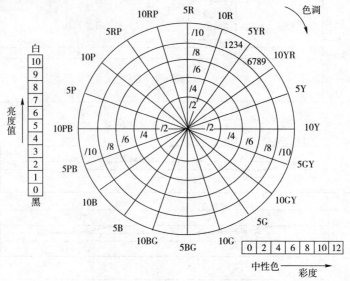

图6-5 孟赛尔颜色立体水平剖面

$$HV/C = 色调·亮度/饱和度$$

例如10Y612表示它的色调是黄(Y)与绿黄(GY)的中间色,亮度为6,是较明亮的,并具有饱和度很高的颜色。中性色用N表示,其后为亮度值,例如亮度值等于5的中灰写为N5。

5. CIE色度学系统颜色表示法

这种颜色表示法采用国际色坐标,是由CIE(国际照明委员会)规定的一套颜色测量原理、数据处理和计算方法。它依靠分光光度计,测量涂层的光谱曲线,再经过数学处理得到一组量化数据,准确的表达各种各样的颜色。它不采用色度和彩度概念,保留亮度概念。

6. 光谱反射率曲线

当可见光照射在涂层上时,涂层表面选择吸收特定波长的可见光,反射另一部分可见光,看到涂层的颜色是反射光的颜色。借助于可见光光度计,可以把涂层反射的可见光谱进行分解就能得到可见光各种波长反射百分数,称为光谱反射率分布曲线,一条反射曲线代表一种颜色。如果两块涂层样板具有完全相同的光谱反射率分布曲线,就无须进行色度计称可以肯定它们无论在何种光源照射下都会有相同的颜色,这种颜色称为同色同谱色。如果两块样板的涂层光谱反射分布曲线虽不同,但在某种光源下却有相同的颜色,也就是说通过色度计算两者具有相同的三个刺激值,这种颜色称为同色异谱色,也称有条件等色。在实际生产过程中只有颜色的品种、结晶、表面处理法完全相同,生产涂料的基料、助剂、设备和分散工艺完全相同,才能得到完全相同的光谱反射率分布曲线。同色同谱色很少见,在汽车油漆修补中,最常见的都是同色异谱色。

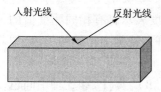

图6-6 物体表面呈天蓝色

7. 颜色的主要影响因素

色彩是光源、物体和观察者三个方面的结合,这三个因素中的任何一个发生了改变,就会使颜色发生改变。如图6-6所示,光线照在物体上,经过物体反射后进入眼睛,通过神经系统传输给大脑,然后人就感觉到了这个物体的颜色。

课题二　调色理论及调色材料

一、调色的理论

1. 颜色调配的基本规律

1)颜色拼色图和颜色图

(1)颜色拼色图。如图 6-7 所示,黄加蓝成绿、黄加红成橙、红加蓝成紫、红加蓝加黄成黑。

(2)颜色图。如图 6-8 所示,可知更多的拼色关系。由两种原色可拼为一个间色,但根据其用量的不同也会调出不同的颜色。如果用三种原色按不同比例的用量相互混合,会调出更多的颜色。

2)Ostwald 色环

颜色的分类与规律很多,其中最适合调色工作需要的是以光谱的颜色排成一个圆环。此环被命名为 Ostwald 色环,这个分成 8 部分的色环来调整色调非常重要。如图 6-9 所示为 Ostwald 色环。

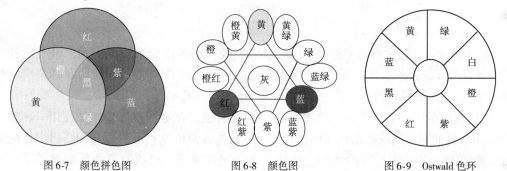

图 6-7　颜色拼色图　　　图 6-8　颜色图　　　图 6-9　Ostwald 色环

(1)互补色(对比色或对头色)。在这个色环中,互相对面的一对颜色称为互补色,它们不适合于调色。那是因为它们互使对方折射而导致"肮脏"。用确切的术语来说,那就是互补色适合用于消色彩。

例如,分别取出 25g 红绿色油漆混合后,变成了灰色油漆。分别取出 25g 黄紫色油漆混合后,也变成了灰色油漆。分别取出 25g 蓝橙色油漆混合后,也变成了灰色油漆。

(2)邻近色在色环中相邻的颜色,称为邻近色。两邻近色混合产生消纯的色调,所以适合用来调色。

例如,分别取出 25g 红黄油漆混合后,变成了橙色油漆。分别取出 25g 黄蓝油漆混合后,变成了绿色油漆。分别取出 25g 蓝红油漆混合后,变成了紫色油漆。协调颜色的例子如,A 和 D—对消色;A、B、C—协调色;D、C、B—协调色。

3)金属漆颜色的特性

金属颜料在涂层中的作用是,铝粉表面很光滑,每个铝粉表面像镜子一样,光线射在其表面会呈现定向反射,在反射角处观察涂层最明亮,其他角度明度降低,逆向观察明亮度最低。珠光颜料在涂层中的作用是,珠光颜料是通过包覆云母片的二氧化钛薄膜产生光干涉效应,就会产生种种颜色。随膜厚的增加,颜色为白、金、红、蓝、绿的折射色颜色干涉色,以及由它所产生的随角度变化的异色效应。

2. 调配涂料

调配涂料(油漆)是涂装施工前的重要工作准备之一,它影响到施工操作方式、涂层质量和涂层外观的装饰性能。对涂料的调配,应根据施工要求和色彩要求、涂料种类和用途的不同等因素做综合考虑,然后对涂料进行合理的调配,以满足涂装质量和涂装要求的需要。

1) 调漆工具

(1) 钢錾子。它主要配合木榔头用来打开铁皮包装桶的盖子;顺桶盖的边沿,依次将顶盖打开,使搅漆棒能顺利进入,并进行搅拌工作,如图6-10a)所示。

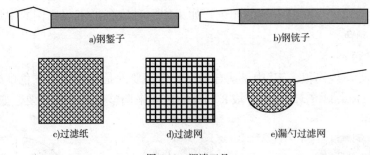

图6-10 调漆工具

(2) 钢铳子。它主要用于稀料、各种色漆、清漆等的铁皮包装桶的上顶部开孔。使用时先将包装桶的密封小盖打开,然后用木榔头配合钢铳子在与密封小盖的对称边沿部位打一小孔,作为倒料时的回气孔,使涂料能顺畅倒出,如图6-10b)所示。

(3) 过滤筛网。它主要用于过滤涂料,无论哪种涂料都必须过滤后才能使用。一般用100~180目的铜丝网或不锈钢丝网作为网筛。装饰性高的涂料品种应用180目以上的筛网过滤,也可采用先粗后细的两次过滤法来提高过滤速度。过滤时不能使用硬质工具在筛网内搅拌,以免损坏筛网,如图6-10c)、d)、e)所示。

(4) 调料仪器。在涂装施工前将油漆(即涂料)稀释到合适的施工黏度要用到的仪器为调料仪器。即福特杯和扎恩杯的两种黏度计。福特杯适合大批量涂料的黏度测试,扎恩杯适合修补或小批量涂料的黏度测试。福特杯是一个底部成圆锥形的圆柱形容器。圆锥的顶部开有测量孔,按孔径不同又分为两种规格,即福特3号杯和4号杯。常用的是4号杯简称涂-4黏度计。也叫4号黏度杯,它分台式和手提式两种。常用美国福特4号杯,计量单位为秒,用字母"s"表示。涂-4黏度计容量杯为100mL,有铜制、不锈钢制、铝合金制、塑料制等多种,杯底有一标准的小流量圆孔。使用手提式黏度计,如图6-11a)所示,可直接将黏度杯进入油漆中进行测试。使用台式黏度计,如图6-11b)所示,需配有一个容量为250mL(其他容器也可)的玻璃烧杯和一根玻璃棒或刮漆小刀。使用台式或手提式黏度计测试黏度时,都须配备秒表计时。杯中漆料断流时立刻按下秒表,如图6-12所示,显示黏度18s。

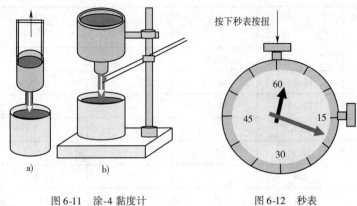

图6-11 涂-4黏度计　　图6-12 秒表

2) 调料方法

(1) 单组分涂料调配方法。应根据涂料的种类和施工方式,用配套的稀料按比例进行混合调配。

例如调配底漆、中涂漆或素色面漆和金属色底色浆,可先将漆充分搅拌均匀,然后按工艺制订的黏度标准加稀料调整规定的施工黏度范围内。

(2) 调配双组分涂料。应先将主漆料与固化剂按产品规定的比例混合均匀,然后加入稀料调配至规定的黏度范围。

(3) 黏度的测试方法。使用台式黏度计测试黏度时,可先利用黏度计台面下的四个螺栓将黏度计调放平稳,并用左手的中指堵严黏度杯底部的流孔,然后在杯中加入充分搅拌均匀的漆料和稀料,并倒满黏度杯,用玻璃棒将液面刮平之后,松开堵孔的中指,并同时开动秒表,待杯中的漆料流完(断流)时,立即关闭秒表,其秒表上的秒数就是该漆的黏度。一般需测试三次,取其平均值,并作好记录。测试条件一般在室温(25 ± 1)℃条件下进行。

使用手提式黏度计测试时,可在施工现场将黏度计直接浸入漆料中灌满漆液,提起黏度计,待仪器脱离漆液面的同时开动秒表,观察黏度计底部的流孔,待漆料快流完且出现断流时,快速关闭秒表,其秒表上的秒数为测试的黏度。

二、调色的材料

调配面漆的色彩时,首先要确认需修补的汽车的原车漆的品种和类型,然后选用配套性好的涂料(油漆),再根据原车漆色确定主色漆(用量最多的色漆)、次色(间色)漆、补色漆。一般应准备有五种标准色漆:红漆、黄漆、蓝漆、白漆、黑漆,作为色母供手工调色用。可调配出与原车漆色彩一致的色漆。还要选用配套性好的稀释剂(稀料),调稀至喷涂施工的所需黏度范围,如调金属漆则还应准备有金属颜料(铝粉)和珠光颜料(云母片)。

注意:有很多汽车制造厂都为特约维修站提供有该车的原车漆,这种漆经调稀至喷涂施工所需的施工黏度就可以进行涂装。但这些原车漆并不是都可作为色母来用的。

1. 色母用量的比例

素色面漆调色要选用的红、黄、蓝、白、黑标准色漆作为色母。现将部分色漆的颜色用量比例列表说明如下(表6-2)。

部分色漆的颜色用量比例供参考　　　　　　　　　表6-2

色种＼原漆配比%	红漆	黄漆	蓝漆	白漆	黑漆
橘红	8.2	91.8			
橘黄	15.08	84.92			
枣红	70.75	24.57			
紫红	93.6		6.4		
铁红	72.4	16.4			11.2
粉红	2.4			97.6	
国防绿	8.4	60.1	8.5	13	10
解放绿	28	22.9	31.5	8.0	9.6
褐绿		66.1	1.9		32
菜绿	55.1	20.39			24.51
浅灰绿		5	2	91	2
豆绿		10	3	87	
浅豆绿		7.9	2.1	90	
淡青绿		19.6	9.6	70.8	
葱心绿		91.97	8.03		
杏绿		4.55	3.03	92.42	
杏黄绿		11.20	1.47	87.33	
天蓝			4.6	95.4	
湖蓝		6.06	3.04	90.9	
海蓝		11.59	41.63	46.78	
浅蓝			16.9	83.1	
深蓝			86.11	8.33	5.56
孔雀蓝		2.11	17.64	80.26	
乳黄		9		91	
珍珠白		1.41		98.59	
银灰		3.25	1.3	90.73	4.72
浅灰		2.78	2.29	91.34	3.59
淡棕	20	69.8			10.20
淡紫	1.94		0.96	97.1	
深棕	66.66				33.34
鸡蛋色	0.9	8.7		90.4	

常见国产汽车的漆膜颜色列表如下（表6-3）。

常见国产汽车的漆膜颜色　　　　　　　　　　　　　　　表6-3

车型	漆膜颜色	专用漆产地
北京130	艳蓝、葱绿、天蓝、酞青蓝、乳白色等	北京、天津、张家口
北京212	军绿无光、军绿有光等	西安
北京2020	草绿无光、酞青绿、酞青蓝	北京
沈阳金杯	亮海蓝、金属色、乳白、灰蓝	河北、天津、上海
东风三轮	宝石蓝等	北京
跃进131	浅酞青蓝、海蓝、天蓝	北京
东风140	淡黄、湖蓝、灰蓝、浅砂色、浅驼灰、海蓝、孔雀蓝、酞青蓝	北京、天津、西安、武汉
解放141	珍珠白、象牙白、浅驼灰、浅驼红、橘黄、蛋青	北京、天津、上海、郑州
桑塔纳2000	冈比亚红、紫红、银灰、纯白、黑色	德国
红旗	大红、紫红、金属色、黑色	德国、英国
富康	红色较多	天津
夏利	红色或黑色、金属色	北京、天津
宇通大客	金属色较多	德国、英国
少林公交	金属色较多	常州、广州
安凯大客	金属色较多	德国
亚星客车	金属色、乳白	常州
中通客车	金属色较多	德国、美国

常见进口汽车漆色号列表如下（见表6-4）。

常见进口汽车漆色号（以日本汽车漆为例）　　　　　　　　　表6-4

车漆色号	车漆色号	车漆色号	车漆色号	车漆色号	车漆色号
丰田031	丰田148	丰田464	日产216	马自达U8	三菱10725
丰田033	丰田150	丰田497	日产326	马自达V8	三菱10670
丰田035	丰田160	丰田4E9	日产688	日产805	三菱1064
丰田038	丰田202	丰田532	大发D441	日产960	三菱10542
丰田045	丰田309	丰田541	大发887	五十铃0075—PI	三菱10554
丰田101	丰田344	丰田557	马自达DC	五十铃0142—PI	
丰田125	丰田373	丰田681	马自达AM	五十铃4107—PI	
丰田3D7	丰田379	丰田6A9	马自达U6	五十铃4040—PI	
丰田137	丰田4A4	日产210	马自达V6	五十铃4099—PI	

2. 标准漆膜颜色的编号与名称

标准漆膜颜色卡片采用标准漆膜颜色的编号与名称来表示标准漆膜的标准颜色及配制方法。中国化工部监制并规定的51个标准漆膜颜色卡片，它不仅是油漆生产厂家和使用油漆的各厂家（包括汽车制造厂和汽车维修厂涂装车身表面时，在调制色漆和选择色漆的颜色时都会参考使用颜色卡片），同时也是漆工的比色对照的重要依据。现将这51种标准漆膜颜色的编号与名称列表(表6-5);表中所列出的51种漆膜颜色是由油漆生产厂家和油漆使用单位共同对照参考标准样板,责成有关部门将其制成51种标准色卡片,供调色漆参考对照。对于各油漆生产厂自行设制的各种色卡,必须经使用单位确认后方可作为颜色样板参考使用,但其色种的编号与名称不能与标准颜色的编号与名称相同。以免使标准色卡片与非标准色卡片混乱。

标准漆膜颜色的编号与名称　　　　　　　　表6-5

编号	颜色名称	编号	颜色名称	编号	颜色名称	编号	颜色名称
P01	淡紫色	B03	淡灰色	GY01	豆绿色	YR03	紫棕色
PB01	深铁蓝色	B04	银灰色	GY02	纺绿色	YR04	橘黄色
PB02	深酞蓝色	B05	海灰色	GY03	橄榄灰色	YR05	棕色
PB03	中铁蓝色	BG01	中绿灰色	GY04	草绿色	R01	铁红色
PB04	中酞蓝色	BG02	湖绿色	GY05	褐绿色	R02	朱红色
PB05	海蓝色	BG03	宝绿色	Y01	驼灰色	R03	大红色
PB06	淡酞蓝色	BG04	鲜绿色	Y02	珍珠色	R04	紫红色
PB07	淡铁蓝色	G01	苹果绿色	Y03	奶油色	RP01	粉红色
PB08	蓝灰色	G02	淡绿色	Y04	象牙色	Y06	淡黄色
PB09	天酞蓝色	G03	艳绿色	Y05	柠黄色	Y07	中黄色
PB10	天铁蓝色	G04	中绿色	Y10	军黄色	Y08	深黄色
B01	深灰色	G05	深绿色	YR01	淡棕色	Y09	铁黄色
B02	中灰色	G06	橄榄绿色	YR02	褐黄色		

三、手工调色的方法

手工调色是一项很精细的工作,不能操之过急,要按一定的顺序进行操作,并要遵循各种颜色的成色规律,和少加而多次的调色原则进行。过去色漆调配颜色一般是由具有丰富经验的调漆师或技术人员来进行的,对调色经验不足的人员,应先调试小样。调试小样时,应按先加主色后加次色的顺序加入,由浅到深先调好基本接近标准色卡或标准色板的颜色,再边对比边调整已配成色的色调、明度和纯度。对比调整时要试探性地分次加入少量的补色或消色,待调配的颜色很接近标准色时涂在样板上,等溶剂挥发后,观察与标准色卡或样板色的差别,再进行边调边对比,至色差甚微时涂大样板,干燥对比,并准确记录调试小样时所用的各种色漆的用量比例。等小样颜色调准后,再按用量全部调配,以免出现差错。

1. 调色的顺序

在调色过程中,应根据各种色漆的颜色,先确定主色(基色或原色)、次色(间色)与补色,然后,按此顺序先放主色,后加次色,最后加补色。

注意:在汽车涂装现场调色过程中,施工人员往往将调色用量最多的那种色漆称为主色,用量少的称为次色,用量极少的称为补色。

例如:调豆绿色,则以白色漆为主色,黄色漆为次色,蓝色漆为补色。其调色顺序是:先加白色漆,再加黄色漆,最后加蓝色漆。根据这种习惯顺序,可在每次涂装前调色时,先将用量最大的色漆,加入调色容器中,然后估探出其他色漆种类的大致用量,逐次加至调出与标准色卡一致且用户满意的颜色为止。

为确保调色顺序,避免一次性调量过多或颜色过深,操作时可先将用量最多的某种色漆留出一部分,而后在逐次加次色、补色。调加次色与补色时,要少而多次的调加,不能一次性加得过了,以防颜色过头(过深)。

在调色中,每次加色后要充分搅拌均匀,并边加色搅拌边对照样板。若调配的颜色接近样板颜色或用户要求的颜色时,应先喷涂或刷涂小样板,待样板上漆膜达到表干时与标准样板对照,根据对照的色差情况,再确定是加主色、次色或补色,直至与标准样板颜色一致或达到用户满意的颜色为止。

2. 调色的比例

针对各种色漆的调配比例,由于漆种不同和各种色漆的颜料用量的不同,其颜色也各有差异。先将部分色漆的颜料用量比例列入表6-2中供调色时参考。

在实际调色时,除参考表6-2中各种色漆的颜料种类和用量比例外,也可根据该汽车(指修补漆调色)的原装漆膜颜色,凭自己调色经验进行调色,操作时以原装漆膜颜色作为样板的对照依据。如国产汽车的修补漆调色,可用该色漆对照原车漆膜颜色,在现场进行调色。对国产汽车涂装进口漆的补漆调色,可先查出该车漆的颜色型号、编号或代号(包括国产汽车漆),而后采用该漆设置的调色中心,用电脑调色,确保调色的一致性。这里先将国产汽车,常见的漆膜颜色与部分进口汽车的专用漆的色号,分别列入表6-3和表6-4中供调色参考。

3. 调色应注意的事项

(1)每次调色时,调配量应比该车涂装的实际用量多3%~5%,以备该车涂装完毕收尾用。

(2)调色对照样板时,应在自然阳光下进行,不宜在室内灯光下对比色彩,不然会产生色差。最简单的比色方法是将调试的样板与标准色板,或与用户要求的色板并列放置,并使两块色板重叠一部分面积,观察两块样板的颜色是否一致,观察时视线与样板表面应接近垂直,并将两块色板的位置相互调换,使两块色板的颜色达到一致。

(3)调色时所用的漆色种类、性能必须相同,以保证混溶性。例如醇酸磁漆要与醇酸漆调配,双组分色漆要与同性的双组分色漆相互调配,不能用错漆种,以防漆料变质。又如醇酸漆料不能同硝基漆料混合,不然会导致树脂析出、浮色、沉淀甚至报废。

(4)针对普通汽车局部补漆前的调色,应先判断出需用的主色、次色及补色等色漆种类,各种色漆备齐后,再对照该车的原漆颜色,逐次细心地进行调色。

(5)对各种轿车修补漆的调色,如原车漆为进口漆,应先查出该漆的色号(编号或代码),按色号到电脑调色中心进行电脑调色,不要盲目自行调色,以防色差过大。如调色设备不全时,可将该漆的色号(编号、代号或色母)输入装有调漆软件的计算机,查询用量,然后根据查出的数据,用电子秤或天平,按用量比例进行称量调色。

(6)调色过程中所用的工具和盛具,必须保持干燥清洁,不能带有杂漆、水分、风尘等杂质。

(7)调配双组分色漆,应根据涂装用量、现用现配,用多少配多少,调色后的漆料必须在规定的时间内用完,以防胶化报废。

(8)调配双组分色漆时严禁接触水分、酸碱、油污等物质。

课题三 调色工具及设备的使用

一、调色的工具

调色的工具主要有钳子、钢錾子、钢铣子、木榔头、搅漆棒、过滤筛网(滤纸、纸制滤网、漏勺型滤网)、涂-4黏度计、秒表、玻璃量杯、玻璃搅拌棒和调漆的搅拌桶等调漆工具。

二、调色的设备

调色用到的设备主要有:配色天平(电子秤)、比色卡(标准漆膜颜色卡片)、比例尺、阅读机、调色机、配方微缩胶片等。

(1)配色天平(电子秤)是一种专门用来称涂料的设备,帮助计算适当的混合比。它是由托盘秤、电子显示器和集成电路三部分组成的。

(2)因查阅油漆配方的工具不同,所以目前国内有两种调色方式,胶片调色和微机调色两种方式。其中的胶片调色方式成本低,操作简单,所以是目前采用最多的方式。微机调色是通过阅读机阅读菲林片、查配方的,微机调色也叫电脑调色。

(3)各涂装公司都有调漆机及其配套产品,还配有发动机,搅拌浆等。因为涂料在使用前需要充分搅拌混合,利用这种调漆工具很容易将混合后的涂料倒出。调漆机有电动型和手动型两种。

(4)配方微缩胶片也称菲林片,按其大小可分为两种:18cm×24cm 和 10.5cm×14.7cm。胶片中列有汽车生产厂商及生产厂的颜色编号、颜色、配方等,用户可根据它找到相应的配方,查找和使用很方便。

三、电脑调色设备的使用方法

1. 调漆机

为了确保色母的稳定性,每天早上要用调漆机搅拌30min,午后搅拌15min,色母在使用和调配混合后需要充分搅拌均匀。世界上主要有几个汽车修补漆制造厂商,如ICI、Du-Pont、Akzo、BASF等均有一套色母和调色系统,它们一般为调色中心提供相应的调漆设备和资料。

2. 色卡和电脑调色配方软件

色母生产厂研制的世界各大汽车品牌的颜色标色卡片上面标有汽车生产厂的颜色名称和颜色号,使用的油漆品牌系列号和色母厂家的内部编号。在电脑调色软件中汇集着色卡的参考配方,输入色卡编号后,立刻可以测出所需要的配方,若调漆中心无电脑,可以使用色卡上的参考配方或微缩卡片等查询系统。

如果在没有颜色号和车型色卡情况下,可使用颜色色系系统查询颜色配方。在颜色色系中找到与你所需要调配的颜色进行对照。色卡种会有一个颜色与你的车的颜色能对应,颜色卡背面有颜色编号,通过颜色编号在电脑配方光盘中能查出配方。

举一实例:修一台捷达车的阿尔卑斯白车门

(1)将捷达轿车左前门清洗干净。

(2)用施必快系列的白色油漆色卡进行颜色对比,选出一个与车身颜色最接近的颜色卡,确认颜色号为L90E(假设),从而确定施必快内部编码为JT-2000-30;颜色名为阿尔卑斯白。

(3)用所查到的编码输入到计算机内查找该白色的颜色配方。

(4)查到颜色配方(表6-6)。

(5)根据配方进行油漆调配、就看不出有色差。

表6-6 标 准 色 配 方

原厂色号:L90E

颜色名称:阿尔卑斯白

油漆系列:257

施必快内部编号:JT-2000-30

色母	0.5L	1L
AG201	526.67	1053.34
AL125	575.18	1150.36
AG205	583.495	1166.99

3.样板喷漆间结构

如图6-13所示为样板喷漆间结构。顶部安装排风风机,水幕前放置喷漆样板架,底部设有水槽,内部的水泵将水吸入顶部,流下来形成水幕,水中加有漆雾絮凝剂,可以吸收处理喷出的漆雾。室体顶部安装空气过滤棉,过滤流入室体内的空气,室体下部安装喷淋头,絮凝喷出的漆雾。一直以来水洗式就是最普遍被使用的一种喷漆喷房、由泵抽上来的水蓄留在喷房顶部水槽内,从该处流到不锈钢水流板形成水流膜层。涂料颗粒直接与水流膜冲突而被带走。其次,在此未被收集到的涂料颗粒通过水流板背后的宏角淋喷嘴进行收集。

优点:(1)与干式相比收集效率更高。

(2)防火安全性更高。

(3)对于大量涂料的使用可以连续使用。

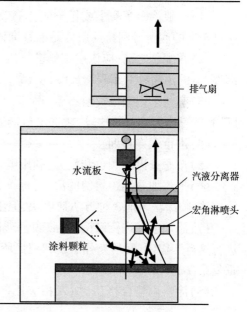

图6-13 样板喷漆间结构

缺点：(1)需进行排水处理。

(2)在水槽中蓄集的油漆需要进行处理。

(3)需要对水循环系统进行保养管理,花费动力、循环水的维持费用。

4.色轮海报

在色轮海报中,色彩环的中心圆圈为白色或银粉色母。外围的圆环是按照Ostwaid色彩环排列为8个颜色部分。

越接近外围边缘的色母越暗,越接近中心的色母越明亮。应用色彩环作微调时的重要规则是在微调时,绝对不能从跨域的颜色区域中选择色母。永远只能从主色旁边的颜色区域中选择色母,该颜色区域称为伙伴色。

例如,色彩环中的蓝色,其伙伴色为紫色和蓝绿色。调色时只能从紫色或蓝绿色的颜色区域内选择色母。因此,若有一蓝色漆不够红,不能直接从红色区域中选择色母,而应该从紫色区域中选择,因为紫色区域才是蓝色的伙伴色。

另外,如果要调出较为明亮的颜色,应该从接近白色中心的色母中选择,反之,如果需要调出较暗的颜色,应该从色环最外边缘的色母中选择。

色轮海报中的色母系列展示了一个品牌的大部分色母,每个色母有1~3个颜色贴排列在一起。

如果色母本身是银粉漆,便不会有中间位置颜色贴。而第三个颜色贴是以1:1混合蓝色色母后的颜色。这些颜色贴可以使你知道当色母在调配油漆时出现的颜色。

四、调色的程序

1.操作步骤

(1)一般汽车车身上或行车证上都带有车身颜色编号的信息标签或颜色名称,也可以通过车上的底盘号到特约服务站上查询该车的颜色代码。

(2)在配色之前,应该用细蜡进行清洁处理,避免配色标准板上(例如:油箱盖上、车身部件上)的污染物对车身造成颜色差异。

(3)有些车型颜色资料不全,例如车身改过色或无颜色号,可以利用色卡,从色相、明度、彩度三个方面进行比较,挑选出最接近的颜色。

(4)进行配方查询。

(5)按照查出的颜色和配方,利用电子秤计量相关色母进行调配。

(6)把添加并搅拌均匀的漆,与标准色进行对比。对比方法有4种,比较法、点漆法、涂抹法、喷涂法。前3种方法速度快,但不够准确,第4种速度慢但准确度高。

(7)添加色母进行微调,依照颜色理论,添加相应的色母对现有的颜色进行微调。在进行这行工作中,必须充分了解和记忆所使用品牌的色母特性。色母添加结束后,应再次重复第(6)步工作。

(8)涂料调整合格后,加入相应比例的固化剂、稀释剂按照正确施工比例进行涂装施工。

2.颜色微调流程

如图6-14所示为颜色微调流程图。

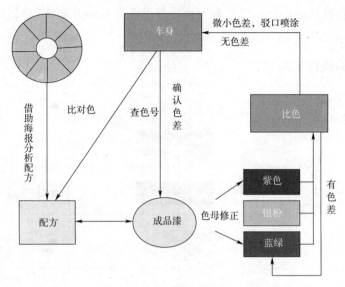

图 6-14 颜色微调流程图

课题四 素色漆和金属漆的调色方法

一、素色漆的调色方法

1. 确定素色漆的颜色

调素色漆前首先要由原车面漆的颜色(色卡)来确定主色(基色或原色)、次色(间色)与补色。

2. 确定用量多少与调色比例

由修补面漆的面积大小来确定素色面漆用量总量的多少和调色的色母(红漆、黄漆、蓝漆、白漆、黑漆)的用量和比例见表6-2。

3. 调色的规律和原则与顺序

调色中应该遵循各种颜色的成色规律,遵循少加而多次的调色原则,按先放主色,后加次色,最后加补色的调色顺序来进行调色。

4. 素色漆调色的方法举例

例:调国防绿色漆:

按表6-2中找到国防绿调色的色母用量比例。红漆占8.4%、黄漆占60.1%、蓝漆占8.5%、白漆占13%、黑漆占10%。

其调色顺序是先加黄色漆(主色漆),再加白色漆(次色漆),再加黑色漆(次色漆),再加蓝色漆,最后加红色漆(补色漆)。添加的各种色母用量,均按国防绿色面漆修补面积大小所需的总量来计算所占百分比。每次加入一种色母后,都要在调漆搅拌桶中,充分搅拌均匀后,再加第二种色母,再搅拌均匀后加入第三种色母,依次类推。调好素色漆后,加入配套的稀释剂香蕉水,调整到所需施工黏度后,再喷涂小样板,等小样板干燥后,用标准颜色卡(或车身原始漆)对比,看有无色差,有色差应继续微调。偏深调浅加少许白色,偏浅调深加少许黑色,直到对比看不出色差为止。方可在车身修补面漆(已做好基础层)部位进行喷涂。

二、金属漆的调色方法

1. 银粉漆的调色程序

蓝银粉色为例,调色程序如图6-15所示。

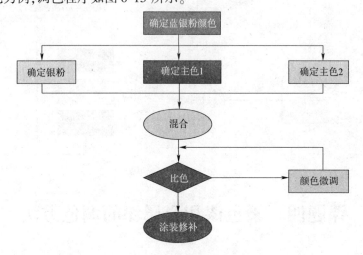

图6-15 蓝银粉漆调色程序

1)银粉漆微调技巧

(1)微调时减少银粉色母的量可以使银粉漆更深更暗;如果要降低某种颜色效果,首先应减少配方中这种颜色色母的使用量,如果用对比色的颜色色母减低这种颜色效果的话,则颜色会逐渐变浑浊,同时彩度会降低;要降低银粉漆的彩度时,添加黑、白或黑、银色混合色母。微调时使用透明性色母能使侧面变深变暗,使正面变亮、变鲜艳,微调时使用不透明性色母能使侧面变浅变白,能使正面降低鲜艳度。

(2)侧面出现颜色差异,观察配方内银粉色母的种类,观察是否需要添加白色色母或减少白色色母。以施必快色母为例,添加MB799可以改变铝粉在漆膜中的排列方式。使得铝粉颗粒在漆膜中站立。添加MB501使得侧面更白更浅,漆加MB542使得侧面带浅蓝,添加MB505使得侧面更浅更黄,添加MB535使得侧面更浅更橙。

2)微调银粉漆的注意事项

(1)应在白天的自然光线下判断色调,但要避开阳光。

(2)微调时按照配方中已有的色母进行调配,使用透明色母可以使色调更明亮。

(3)要应用色环中对比色和邻近色的原则来进行微调。

(4)微调时,银粉越粗则色彩越明亮。

3)银粉漆的特点

光线在银粉漆中传播时,其特别效果是靠铝粉粒子与透明颜料的配合而达成的。不透明(即有遮盖力)的颜料会阻碍铝粉粒子反射光线。调配透明颜料才能体现出彩色的变幻效果,如图6-16所示。

当光线照射到银粉漆上时,铝粒子便会如同镜子一样将光线反射。从直角上看去,反射效果最大。若从斜角看去,光线反射会降低,使得色调看起来较暗。变幻效果是根据铝粒子的大小而定。铝粒子越大变幻效果越明显。因为粒子越大,反射光线越多。铝粒子越小,变幻效果就越不显著,并且使色调大多数显得灰暗。彩色变幻效果的色调依靠透明颜料来实现,不透明的颜料会阻碍铝粒子反射光线。所以,调配特定的透明颜料才能显示出彩色的变幻效果。例如,蓝色的银粉漆,从直角看上去,会显得更蓝更绿,从斜角看上去,就会显得比较蓝和比较红。

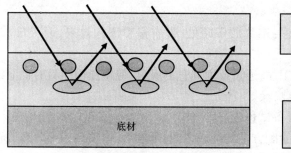 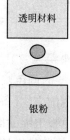

图 6-16　银粉漆的彩色变幻效果图

2. 珠光漆的调色方法

1) 珠光漆的概念

珠光漆也叫珍珠漆,与其他漆相比,它能够产生更艳丽的色彩,它不但可以像银粉漆那样产生闪光效果,而且因为珠光颜料对光线的干涉作用,由不同角度去观察漆面,能看到有不同的鲜艳色彩,具有高档的装饰效果。珠光漆能产生珠光效果的原因,是由于在漆中加入了珠光颜料。

2) 珠光颜料的构造及其产生颜色的原理

珠光颜料是通过包覆云母的二氧化钛薄膜发生光干涉效应,而产生各种颜色。当二氧化钛(或氧化铁)包覆得很薄时产生白色珠光,如增加包覆厚度,就会依次得到金色、红色、蓝色和绿色的折射光,如表 6-7 所示。

珠光漆光干涉效应　　　　　　　　　　表 6-7

二氧化钛云母颜料的种类	二氧化钛厚度	颜色效果	正面	侧面
二氧化钛　　云母	100～150nm	白珍珠	银	
	210nm	干扰型珍珠	黄	蓝
	250nm		红	绿
	310nm		蓝	黄
	360nm		绿	红
二氧化钛　氧化钛　云母	0～100nm	染色型珍珠	红	红

3) 珠光色母按照遮盖力分类

(1) 低遮盖力：可以透光的珍珠色母。

(2) 高遮盖力：不能透光的珍珠色母。

4) 珠光漆中颜料的组成

如图6-17为珠光漆中颜色的组成。

(1) 珠光漆——两工序；颜色有深度感，具有透明性和闪烁性。在室内或较暗的地方有素色漆的感觉。

(2) 珍珠漆——两工序；铝片放于暗处，带有银粉漆的效果，而云母放在强光下有闪烁感。

(3) 彩虹珍珠——三工序；通过反射底色的颜色，使得漆面更具有艳丽的彩虹效果。

5) 三层珍珠漆的调色步骤

(1) 查找颜色配方，准备试色板。

(2) 在试验色板上喷涂配方上的纯底色漆，干燥后，再喷涂一道珍珠底色漆。

(3) 干燥后，用胶带纸遮蔽试验色板超越1/5的面积。然后，再喷涂上一道珍珠漆。

(4) 干燥后，再用胶带纸遮盖试色板另外1/5的面积，然后再喷涂上一道珍珠漆。

(5) 重复第四步，直到试验板上贴上四层胶带纸，并喷涂上最后一道珍珠漆。

(6) 把所有试验板上的胶带纸撕掉，便可以得到一块喷有1~5层珍珠漆的色板。

(7) 在试验板上喷涂上清漆干燥后，把试验板放在车身修补部位，确定哪一个喷涂层数的珍珠漆色调与车身最吻合。

(8) 决定某一个层数后，给需要修补的车身喷涂相同层数的珍珠漆。

6) 珍珠色调的微调方法

(1) 底材对三层珍珠颜色的影响。

调合两层珍珠色漆与调和银粉漆的过程相同，但调和三层珍珠漆就不一样了。三层珍珠漆因底材的颜色而异，色调可能同时受到底材的颜色和喷涂的厚度所影响。

以黄珍珠为例，来说明底材对三层珍珠漆颜色的影响；三层珍珠漆喷涂道数及底色不同对颜色都会产生较大影响；

如图6-18a)、b)所示，为采用不同颜色的底材对珍珠漆的影响情况。

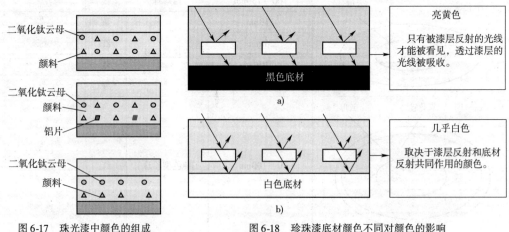

图6-17　珠光漆中颜色的组成　　　图6-18　珍珠漆底材颜色不同对颜色的影响

(2)修补三层珍珠漆的注意事项。

①珍珠色漆的颜色会由于底色相同,而有所不改变,因此,同色底必须与原车色相同,而且同色底漆涂装部位两侧必须做好驳口后,方可喷涂施工。

②珍珠漆层也会由于涂装厚度的不同而使得颜色有所改变,所以,喷涂珍珠漆时,请依照试验,在珍珠漆试验色板上做试验,尽可能的重复原漆层数已达到相同的效果和所需的色调。最后一遍喷涂色漆必须先做好驳口,再进行喷涂施工。

③珍珠漆的色调只有在强烈、直接照射的光线下才会很好地显示出来。

三、技能训练(面漆调色)

1. 准备工作(表6-8);做好设备,工具及材料的准备工作。

面漆调色使用的设备,工具,材料 表6-8

名称	规格	数量	备注
1. 设备、器具、工具等			
(1)气压喷漆装置	空气压缩机等	1台	
(2)气压喷漆枪	自重式	1个	
(3)容器	200ml、500ml	各5个	合用
(4)搅拌棒		4根	
2. 材料:			
(1)涂层纸	135kg、300mm×450mm	20张	
(2)整面油漆		各200ml	合用
白、黑、黄、红、青	颜色比例	1	
(3)配色卡	简易型	1套	
3. 测量仪器:			
(1)黏度计	数字式0.01g	1个	
(2)比色用遮窗		1个	
(3)称量器	小型直带式	1台	
4. 保护用品:			
防毒口罩		1只	5人合用
5. 消耗品:			
(1)纱头		10	
(2)废料罐		1个	

2. 操作要求

(1)比色要在有扩散日光照射的地方进行,不能在直射阳光下进行比色。

(2)油漆应该充分搅拌均匀。

(3)调色时应按原包的使用量倒入,顺序应按从多到少,逐步倒够规定用量。

(4)称量各种颜料的使用量必须要准确。

(5)因为漆料干后,其颜色会变深,所以要等漆料干燥以后再进行比色,看有无色差。

(6)注意调整漆料的黏度,才能使漆料喷涂得比较平滑。

(7)注意安全生产、卫生、防火加防中毒。

3. 操作步骤

1) 色彩样板的判定(图6-19)

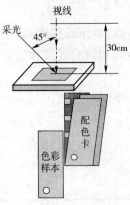

图6-19 色彩样本的判定

(1)利用遮盖窗进行判定。
(2)主体色、添加色的判定。
(3)色母调配量的判定。
(4)参照配色卡判定。

2) 原色(色母的准备)
(1)充分将漆料搅拌均匀。
(2)将各种颜料提取一定量放入容器里,称其质量。
注意:搅拌时各种颜料不可用同一根搅拌棒来搅拌漆料。

3) 调色
(1)将主色倒入容器中,然后一点一点地加入添加色。
(2)边观察色彩效果边添加,使颜色慢慢靠近样本色。

4) 先在样板上试喷涂调好的色漆
(1)将涂料搅拌均匀后,在试验样板上喷涂色漆。
(2)让油漆快速干燥。

5) 比色
判定颜色有没有不足之处,有无色差,注意不要看得太久。

6) 如有色差或不足应继续调色
(1)加入微量的不足颜料补色。
(2)充分搅拌涂料,观察颜色变化,重复4)和5)的步骤。调色到与样本色相同为止。

7) 确认颜色
(1)调整黏度,在试验颜色的样板上喷涂色漆。
(2)让涂料干燥后再进行比色。
(3)直到与样本色一致相同为止。

8) 进行实际调色计算喷漆量
取出所需的8成进行调色。步骤与4)、5)、6)、7)步的工序一致。

9) 在喷漆板上喷涂(即:车身修补部位的表面喷涂面层色漆)。

10) 完工后,应该打扫卫生,清洁工具和仪器。

项目七　面漆的喷涂与修整

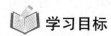
学习目标

完成本项目学习后,你应能:
1. 了解面漆层的作用与地位;
2. 知道面漆层喷涂前应做的各项准备工作;
3. 掌握面漆涂料的调配方法;
4. 掌握不同面漆的喷涂方法,特别是要掌握湿碰湿喷涂操作技巧;
5. 在实习教师或师傅的指导下、完成金属底色漆与罩光清漆的喷涂作业;
6. 独立完成素色面漆的喷涂作业;
7. 掌握面漆缺陷的修整方法;
8. 能在面漆完工后、进行打蜡和抛光、装饰保护面漆的作业。

建议课时:32课时

面漆层的作用是为汽车车身表面的涂层(各个保护层)提供良好的防腐性、抗污染性以及鲜映性、装饰性、耐久性、易清洁性等。

因为汽车车身涂装工作质量的好坏,都是由面漆层质量的好坏来体现的。面漆层质量不过关的话,前面所有的工作干得再好、再出色,也被面漆层的质量不过关给否定了。所以说面漆层的喷涂是整个涂装工作最关键的工序。一旦面漆层出现不可弥补的缺陷时,就必须要将整个面漆层打磨,经清洁干燥后,重新喷涂面漆,这就造成了人工和材料的浪费,又延长了修车时间。面漆层的涂装质量不仅影响涂装工作的装饰性,还将进一步影响企业的声誉。所以面漆层的质量在整个涂装工艺中占至关重要地位,而对面漆喷涂而言,又是面漆层最关键的工序。

课题一　面漆喷涂前的底涂层表面准备工作

底涂层表面的准备工作,是为了给面漆喷涂提供良好的基础条件。底涂层,要有对基材的隔离保护涂层(防锈层和刮涂原子灰层),为保证原子灰层无缺陷(气泡、裂纹、针孔等),还要薄喷一两道底色浆,经打磨平顺光滑,提高面漆的遮盖力才会使面漆喷涂后,能保证色泽的鲜映性和丰满度,再喷清漆罩光使面漆层有很高的装饰性和保护性、防腐性、耐污性、耐久性、耐候性等质量要求。

一、涂层表面状况良好情况下的处理

在表面状况良好的旧涂层上重新喷涂面漆是很简单的,只要旧涂层是稳定的,而且与新喷涂的溶剂不会发生不良反应。其准备工作可按下述步骤进行:

1. 清洗车身

主要针对全车的车身表面清洗。

将车辆开进喷涂车间之前的洗车台,用高压水枪将车身表面冲洗干净,洗去车身表面的污泥、灰尘以及其他可溶于水的脏东西。冲洗后再用蘸有洗涤剂和水的海绵擦洗,然后进行彻底的冲洗漂洗。先清洗车顶及前后端,再清洗侧面,最后让其干燥。

2. 清洗蜡和油脂及其他污渍

主要针对需修补部位的清洗。

在喷涂操作前必须保证旧涂层表面没有蜡、油脂或其他脏东西。不能用汽油,因为汽油不但十分危险,而且溶解蜡的能力也不强,另外汽油本身也会在车身表面产生沉积污染。最好使用合成稀释剂进行清洗,特别是针对丙烯酸清漆涂层,因为丙烯酸涂料可以吸收稀释剂,而使涂层出现小泡或变形。

打磨之前应使用特殊的混合除蜡和除油剂或清洗液彻底清洗涂装部位的工作表面,然后进行打磨,打磨完后还需清洗一遍。确保易产生积蜡的部位彻底清洗干净,如边框周围、倒角、门把手及保险杠后部等,喷涂的表面有蜡和油水污渍都会影响涂料的附着力。

使用清除蜡和油脂的清洗剂(有时也称为清除硅酮和蜡的清洗剂)时,可以把一块清洁干燥的抹布叠好,在溶剂料泡湿后,再在旧涂层的表面上涂抹。在涂层表面仍然湿的时候,再叠一块抹布把它擦干。每一次清洗面积要小(一次最好清洗 2~3 in^2 的小面积,$1in^2 = 6.4516 \times 10^{-4} m^2$),保持表面充分湿润,否则溶剂在被擦拭之前就已经干燥了。在清洗剂依然湿的时候擦干可获得最佳效果。应始终使干净的抹布,因为脏抹布可能不能擦掉所有的油或硅酮的残留物。

可用低压压缩空气吹掉接缝、倒角处的水分和脏东西。蜡和硅酮会渗到表面涂层的下面,这种情况不易发现,最好假设这种情况已发生了,因此记住在打磨水中加入一些清除蜡和油脂的清洁剂或洗涤液。

还要特别注意沥青、汽油、电池酸液、防冻剂以及制动液的污迹,这些东西也能渗到表面涂层(旧漆膜面漆层)的下面,所以在打磨时,一定要清除干净这些残留物。

由于面漆的喷涂是关键工序,所以在清洗完车身后要鉴别漆膜损伤程度,拟订出修复各涂层的工序和操作方法。喷涂前要认真检查底涂层(面涂层以下各涂层)不能带有任何的瑕疵,因为这些微小瑕疵,在喷涂完面漆后,在光泽度的影响下,变得非常明显。

3. 底漆层或中涂层的处理

(1)用 400 号或更细的干磨砂纸将底漆或中涂漆打磨到表面平整光滑的程度,不留有橘皮和干喷造成的漆雾等,并尽量不要留有砂纸的打磨痕迹,这些将会影响面漆的流平效果。底漆或中涂漆打磨得越光滑,面漆涂层的平整和光亮程度就越好。

(2)若底涂层上有划痕、小的凹坑等必须用原子灰进行刮涂填补的区域,应选用原子灰或极细的麻眼灰调和的腻子来进行填补,干燥后打磨。若用原子灰填补的面积较大,为防止原子灰对面漆的吸收,就必须薄喷一层中涂漆进行封闭。

(3) 如果在打磨时不小心将底层磨穿而露出了金属底,因为金属底是平整的,所以不必刮涂原子灰。但需对裸露金属进行磷化处理和薄喷一层环氧底漆以保证底材的附着力和防腐能力。如果底漆层为底漆加中涂漆的双涂层,则应在底漆干燥之后还要喷涂一层中涂漆进行封闭,以防止底涂层对面漆的吸收。等修补的部位完全干燥之后,用细砂纸进行磨平,必须使打磨部位与未修补部分完全平顺地结合,否则会在面漆上出现地图纹。

(4) 对不需要喷涂的部位要进行适当的遮盖,防止面漆的漆雾落到不需喷涂的部位。

(5) 在将要喷涂面漆之前,要用清洁剂清洁喷涂表面上可能留有的油渍、汗渍和蜡点等。为保证干净,最好连续清洁两遍。然后用黏尘布擦拭干净,使喷涂表面不留有灰尘颗粒。此时清洁工作应在喷漆房内进行,清洁工作完毕,最好立即进行面漆喷涂工作,避免使喷涂表面二次污染。

二、涂层表面状况不佳情况下的处理

大多数的涂层损坏是逐步进行。任何形式的修理都无法使这些状况的发展停止,事实上,每次修理通常甚至会加速表面涂程的恶化,如果旧的表面涂层严重老化结疤,就不适合修补涂装了。一旦出现这种情况,就应该将旧涂层彻底清除干净。可使用下述三种方法将旧涂层从金属表面清除干净:打磨或研磨清除、喷砂清除、化学清除。

1. 打磨或研磨清除旧漆法

采用机械打磨或研磨,适合清除小平面或曲率不大的曲面上的旧漆涂层。先用24号开式砂轮开始打磨,保持砂轮表面与打磨表面成一小角度,匀速地前后运动把旧涂层打掉直到露出金属表层,然后用50号或80号闭式砂轮打磨整个部位及周围附近的表面,清除粗砂轮产生的磨痕。要小心使用研磨机以免擦伤或刮伤金属表面。当用研磨机和粗砂轮清除所有的涂层以后,再用轨道式或双动式打磨机和100号砂纸重新打磨,以清除金属划痕。然后再用180号砂纸对板壳件进行细打磨。就可清除掉大多数的磨痕。金属表面所有的砂痕和磨痕都应该经清洁、磷化处理、喷一层环氧底漆、干燥、刮涂原子灰填平,再经湿打磨平整光滑、干燥后,再经清洁表面、喷一层中涂漆封闭、再经精细打磨,面漆喷涂的准备工作才算完成。由此可见前面的所有工作都在为面漆层的喷涂做奠定基础层的工作,基础层质量好才能使面漆层质量得到根本的保证。

2. 喷砂清除旧漆法

这种清除旧漆层的方法几乎可以应用于所有类型的车身结构,如果小心操作的话,甚至连铝合金薄板车身材料的旧漆层的清除也可用此方法。经过喷砂清除旧漆层的表面既清洁又干燥,是进行涂装的理想状态;喷砂处理是一种非常快的清除旧漆方法。其优点是:能将隐藏着的锈蚀区域暴露出来,避免涂装后涂层起鳞或脱层的现象发生,同时还可节省时间。

使用喷砂机需要准备好压缩空气和砂粒的压力和流速。车间里使用的一般是比较小的型号(40～300in 的型号),使用时可以改变其喷砂量,用手调节喷砂的形状集中喷打某一点,而不进行大面积的喷打。(注:1in≈25.4mm)

一般可购买到的喷砂机有两种:压力式喷砂机和虹吸式喷砂机。压力式喷砂机是装满磨料(如硅砂)的压力容器,一条软管输送砂粒,一条软管输送高速气流,两条管道在另一条管道内汇集后,使砂粒以极高的速度和压力冲击到加工表面上。

虹吸式喷砂机则是,用压缩空气通过虹吸作用从容器中吸出磨料,磨料加速后从喷嘴喷射到工作表面上。小型的瓶装式喷砂机可用于局部喷砂清除旧漆工作。

操作喷砂机可按下述基本程序进行:

(1)进行局部修理时,应当遮盖住不需要喷砂的部位;例如,对车门槛板进行局部修理时,应遮盖住轮罩和车顶。

(2)喷砂操作时应注意劳动保护,最好戴好手套、戴上防砂尘的眼镜、防护帽和呼吸保护器(或防尘口罩);否则砂粒粉尘有可能会因呼吸而进入肺部,长期有砂粒或粉尘停留在肺部的话,最终会导致吸肺病。

(3)进行喷砂前,应仔细阅读生产厂家提供的使用说明书,来核准正确的喷砂压力,砂粒的装载操作以及设备的布置安装等;准备好后,对准在需要的部位喷射磨料。这些部位就会变成灰色或白色。喷砂可以打开喷涂部位的金属孔隙,使其表面结构发生变化。

这种结构有利于加强底涂层的附着力。如果该部位没有显示出褐色锈蚀的痕迹,即可卸掉压力。注意遵循操作程序,以避免受热变形。

先把软管调整到距离修理部位20~25cm的地方,然后再施加压力。砂流与表面夹角应保持在20°~30°之间。这样,就可避免砂粒反弹到操作喷砂机的工人身上。

注意: 喷砂时应特别注意观查喷射表面,喷射薄金属板时,高压气体与粗糙的喷射物容易使金属薄板翘曲变形。

(4)仔细观察喷砂表面,喷砂可以暴露出隐藏在金属薄板上的锈蚀小孔,在出现这种情况时,应该尽可能把所有的小孔部暴露出来,喷砂本身的主要目的就是为了要使薄金属板的修理部位暴露出这些弱点,在锈蚀表面喷涂底涂层之前,应将所有的小孔都焊好磨平。

(5)清除干净涂层之后,要用喷气枪把车身表面其他部位的砂粒吹掉,特别是玻璃上的砂粒应吹干净,不然,这些砂粒或磨料最终会使风窗玻璃上的刮水器被砂粒卡住,从而划伤玻璃表面。

(6)最好在清除干净旧涂层之后,尽快地涂上底涂层。因为经喷砂处理的表面新金属完金裸露后,很容易产生锈蚀。

3. 化学方法清除旧漆法

(1)清除大面积涂层旧漆时最好使用化学除漆剂,对于使用动力打磨机无法够着的部位,使用化学除漆剂是非常有效的,而且不会造成金属薄板变形。使用除漆剂之前,要先遮盖其他不需要清除涂层的部位,以保证除漆剂不会影响这些部位。必须用2层或3层遮盖才能获得足够的遮盖保护作用,遮盖好所有的缝隙,防止除漆剂渗入板件底层。轻轻地划开要清除的涂层表面,有助于除漆剂渗透得更快。

(2)使用除漆剂应按生产厂家的说明,必须注意有关通风、灰尘以及穿戴诸如PVC或橡胶手套,长袖工作服和眼部保护装置或护目镜之类的保护装置的警告。如果除漆剂接触到皮肤或眼睛,就会造成皮烧伤或疼痛。

(3)使用除漆剂时,要用刷子沿一个方向在需要处理的整个部位上涂上一层。使用一个软鬃刷子,但不要把除漆剂刷掉,让除漆剂保留到使涂层表面变软。虽然除漆剂在大多数汽车的外涂层上会很快发生作用,但有些汽车的底涂层却很难处理。(例如:丙稀酸清漆硬化后,就很难清除掉。)除漆剂的活性强度必须被控制在一个安全水平上,防止对操作者的皮肤和眼睛造成严重伤害,必要时可以多涂几次。

(4)清除松散的涂层时应当小心操作;有些除漆剂可以用水中和,其他的则可以很容易地用刮板或刮刀清除掉;然后必须用清洁剂和钢丝绒洗刷掉剩余的除漆剂,再用干净抹布擦干。这一步清洗操作必不可少,因为许多除漆剂含有蜡,如果残留在薄金属板表面上,就会影响涂层最终的附着力、干燥以及漆膜硬化的过程。

注意:不要在玻璃纤维或其他的塑料件上使用除漆剂。

用化学方法除旧漆会使金属迅速产生锈蚀。实际上,对裸露的金属底层必须立刻进行处理;但在选择化学处理之前,必须首先认清锈蚀的类型。第一种类型是微观锈蚀,这种锈蚀肉眼无法看见,但它对表面喷涂的质量会产生影响。第二种锈蚀是快速锈蚀,它一般会在潮湿的地方扩展开来。其他类型的锈蚀是可见的,像伤疤一样明显。

三、金属薄板表面裸露的基层预处理

对裸露的金属薄板表面进行适当的处理,是车身表面喷涂工作成功与否的关键一步。然而,这一步却往往被忽视或以不正确的方式来进行处理,这样只会造成涂层附着力欠佳,车身被腐蚀,最终造成整个涂层质量不好,使用户不满意。车身表面修理部位的旧漆层虽然已被清除干净,裸露的金属表层并不引人注意,但它却是决定涂层寿命的唯一重要因素。正是由于意识到这一点,汽车生产厂家对裸露金属的处理要比底涂层和外涂层的处理还要重视得多,往往都采用7阶段磷酸锌液浸泡金属处理(磷化处理而使金属表面获得磷化膜)来确保金属基层和底涂层的良好附着力。

虽然汽车制造时磷化处理使用的技术和设备不适合于车身维修喷涂,但现今市场上能购买到一些适合裸露金属表面的处理剂产品,使车身表面维修可以模拟原厂设备的金属表面处理方式来对裸露的金属表面进行磷化处理,来提高涂层的附着力。

传统的转换组合涂层一般能获得最佳的效果,它需要进行以下三步金属表面处理工序:

(1)清洗干净金属表面污染物。在裸露金属表面上涂抹清除蜡和油脂清洗剂。在表面仍湿润的时候,用一块两层的干净抹布把它擦干。每次只清洗 $2\sim 3in^2$($1in^2=6.4516\times 10^{-4}m^2$)的小面积,注意使工作表面充分湿润的条件下,一小部分一小部分的擦干。

(2)使用金属磷化剂进行清洗(磷化处理)。按照标签上的说明将适量的水和磷化剂混合好。然后用抹布、海绵进行涂抹或用喷雾器进行喷涂,如有锈蚀现象,就用硬刷或塑料磨板来将锈渍清除掉,然后在表面仍湿润时,用干净的抹布擦干。

(3)涂抹转换涂料。把适量的转换涂料倒进塑料桶内,用刷子、磨板或喷雾器把涂料涂抹或喷涂到金属表面,然后,让转换涂料在表面上自然干燥 $2\sim 5min$。每次只涂抹可以保证在溶液干燥前完成涂抹和清洗的面积。如果表面在清洗之前已经干燥,就需要重新喷涂或涂抹。用冷水冲洗干净表面的涂料,然后用干净的抹布擦干,让它彻底干燥。

另一种金属处理涂料也可以用于增强涂层的附着力,确保其防腐的能力。洗涤底漆

是一种可喷涂的表面处理涂料,使用它可以取消使用转换涂料。洗涤底漆的乙烯树脂可以起到防腐的作用,而稀释剂中的磷酸则可以增强涂层的附着力。

使用含有磷酸稀释剂的洗涤底漆不仅可以清洁表面,还能通过侵蚀金属表面增强涂层的附着力,它有助于防止锈蚀的出现和减少打磨的痕迹,使用洗涤底漆应按下述程序来进行:

(1) 仔细阅读并严格遵守生产厂家特殊的使用说明和指导。

(2) 把洗涤底漆倒在容器内,加进特殊的洗涤底漆稀释剂,搅拌调合到适合喷涂所需的黏度,不要使用金属容器,因为洗涤底漆会和金属发生化学反应。如果使用的是双组分洗涤底漆,必须在主剂和副剂混合后的 8h 内使用完。

(3) 把混合好的溶液或稀释好的溶液倒入喷枪储料杯内,并立即开始喷涂,不要让洗涤底漆接触任何不需要重新喷涂的车身部分,喷枪的气压和喷厨的压力应保持低值,另外应使喷枪接近处理表面。遮盖好其他部位,以免遮盖好的不涂部位与洗涤底漆相接触。

(4) 涂层的厚度应该均匀一致,应该薄一些,涂层过厚将会导致涂层脱层和起泡。

(5) 不要让洗涤底漆在金属表面干燥,如果发生了干燥就需要喷涂第二次,使干燥变硬的涂层得到软化,并溶解已经干燥的残余物。喷涂完洗涤底漆之后,用大量干净的水冲洗干净,然后再让它彻底干燥。

(6) 喷涂完洗涤底漆之后,应该马上清洗干净喷枪,洗涤底漆留在喷枪或容器内会使金属表面产生一层化学薄膜,最后使喷枪堵塞而不能使用。因此,某些生产厂家建议用防酸的刷子或海绵来清洗干净洗涤底漆。

注意: 虽然磷酸金属处理材料(磷化液)不是危险的化学物品,但它确实存在着能使皮肤干燥的作用,虽相对无害,却可能会导致皮肤开裂,并使皮肤对刺激敏感。因此,操作时应戴上橡胶手套或 PVC 手套,为保护衣服不受损,最好再使用橡胶或 PVC 靴子及围裙。

虽然金属表面调理和喷涂底涂层(填平底涂层)都是表面预处理中两个相对独立的工序,然而,一些新产品实际上可以使两道工序一块完成。使用"侵蚀性底层涂料",除了可以起到一般由底层填平涂料的填补作用,还可以通过侵蚀金属表面提高涂层的附着力和防腐能力。侵蚀性底层填平涂料最好用于只需用少量或中等数量的轻打磨表面。使用时必须严格按生产厂家的指导说明来进行。

四、特殊金属的表面预处理

汽车所用的金属材料不同,进行表面预处理的程序也稍有不同,常见的几种金属表面预处理程序如下:

1. 钢结构金属(包括蓝色退火钢件)的表面预处理:

(1) 彻底打磨金属表面,清除所有可见的鳞片和锈蚀。

(2) 使用清除蜡和油脂的清洁剂清洗处理表面并擦干。

(3) 按前面介绍的方法,使用以下任何一种金属表面处理材料:转换涂料、洗涤底漆、腐蚀性底层填平涂料。

(4) 喷涂底涂层(底层涂料或底层填平涂料);如果使用的是腐蚀性填平涂料,这一步工序就没有必要了。

(5)等底涂层表面干燥后,进行打磨,并用黏性抹布擦干净,然后,就可以喷涂颜色涂料了。

2.镀锌金属表面的预处理:

(1)按照钢结构金属表面预处理的第(1)步和第(2)步工序进行。

(2)使用转换涂料或特殊镀锌金属表调剂;使用后者时应按照生产厂家的说明指导来进行,决不能使用洗涤底漆(磷化底漆),因为它会破坏镀锌层。

(3)喷涂双厚湿涂层环氧底层涂料,如果需要进行填补表面,先让环氧底涂层干燥至少1h,然后再喷涂底层填平涂料。

(4)干燥30min之后,打磨填平底涂层,准备好底涂层之后,就可以喷涂外涂层了。

3.新阳极化处理的或未经处理的以及氧化了的铝金属表面预处理:

(1)按照钢结构金属表面预处理的第(1)、(2)、(3)步工序进行。

(2)喷涂双厚湿涂层环氧底层涂料,或铬酸锌。如果需要填补,先让这些材料干燥至少1h,然后再喷涂底层填实涂料。

(3)干燥30min之后,打磨填实底涂层。准备好底涂层之后,就可以喷涂外涂层(面漆及罩光清漆)。

4.镀铬金属的预处理:

镀络金属表面存在难解决的问题是涂层的最佳附着力效果无法持久。需要喷涂时,可以在进行完表面清洗和打磨之后,再按以下程序来进行处理:

(1)使用清除蜡和油脂的清洁剂彻底清洗干净镀铬表面。

(2)使用320号砂纸对镀铬表面进行彻底的湿打磨或干打磨。

(3)使用清除蜡和油脂的清洁剂重新清洗表面。

(4)使用前面介绍的任意一种金属处理涂料。

(5)喷涂两层底层填实涂料,干燥2~3h后进行干打磨。

(6)吹干净缝隙内的脏东西,再用黏性抹布擦拭整个处理表面,就可以喷涂面漆了。

课题二 内涂层的系统精修

一、底涂层组成情况的确定

确定是单独使用的底层涂料、底层密封涂料或是底层填实涂料,还是与二道浆、或二道浆与原子灰配合使用,主要取决于如下三种因素:

(1)基层的情况是光滑的还是粗糙的,是裸露的还是已喷涂过的。

(2)基层涂层的类型。

(3)需要喷涂的外涂层的类型。

底层涂料或底层填实涂料对裸露金属的保护状况,如图7-1所示。

使用任何底层涂料之前,一定要先用

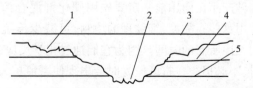

图7-1 底层涂料或底层填实涂料对裸露金属的保护状况
1-填补磨痕和凹陷;2-需保护的裸露金属;3-面漆表面;4-底涂层表面;5-未受损的金属表面

金属磷化底漆处理所有裸露的金属表面。处理时应根据生产厂家的使用说明来选用稀释产品材料,根据天气情况小心地选用合适的溶剂,并彻底混合所有需要用到的材料。

喷涂第一层底层填实涂料,应让该涂层闪干(闪干时间以产名标签上推荐的最佳时间为好)。然后喷涂2~3层中等厚度的湿涂层以增加涂层的厚度,在每一涂层之间都应留上一定的闪干时间。点喷涂时,底层涂料(底层填实涂料)的喷涂面积应比第一层扩大几英寸。

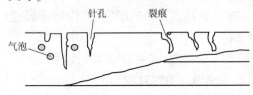

图7-2 底层填实涂料一次喷涂过厚出现的质量问题

让底涂层彻底干燥,喷涂时不能一次喷涂过厚,以提高操作速度。用操作过厚的这种操作方式,喷涂出来的涂层需用更多的时间干燥,并且容易导致裂缝、龟裂、针孔及其他缺陷,如图7-2所示。

一些刮涂的原子灰层经湿打磨干燥后,还要使用较稀的二道浆来进行填补。这种二道浆通常用于进一步填补小的划痕和针孔,如图7-3所示,但不宜使用过多。把少量的二道浆从软管内挤到刮板的边缘上如图7-4所示。然后把二道浆刮涂到修补的缺陷部位如图7-5所示,并且抹平它。刮涂时应使用合适的压力以确保二道浆能完全填补好各个缺陷处。如果有必要,可以再快速地刮涂一遍。保证将车身壳体表面修补部位的底涂层缺陷充分填实,再等干燥后湿打磨(细打磨)平顺光滑,等充分干燥后,再在打磨好的二道浆部位,薄喷1~2遍与面漆颜色相近的底涂漆层(底涂漆中加入适量与面漆类似的颜色)来增加喷涂面漆的遮盖力(特别是对浅色漆面漆喷涂更应如此),避免底色露出来,同时可减少面色漆的使用量。这样就做完了喷涂素色面漆的底涂层准备工作。

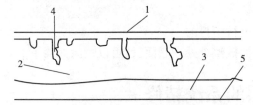

图7-3 较稀的上光二道浆进一步填补各个缺陷处
1-填补磨痕和针孔的二道浆薄涂层表面;2-新的腻子底涂层;3-防锈保护层;4-新的腻子底涂层缺陷;5-低碳钢薄钢板表面

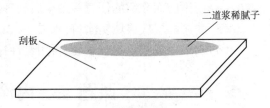

图7-4 二道浆从软管中挤到刮板边缘上

注意:清漆基上光二道浆,可使用聚酯二道浆和聚脂底层涂料的原子灰部分代替。这两种产品在使用前一定要先用硬化剂混合,它们可用于填补原子灰层,金属层或旧涂层。使用这些高黏度、细纹理的填料,可减少传统的喷涂底涂层、刮抹二道浆或再喷涂底涂层的工序所需的时间。因为它们通过化学反应,可以迅速硬化,从而在喷涂底涂层和外涂层时,不必担心在打磨抛光时会出现使磨痕扩大的状况。

二、不喷涂表面的遮盖

在面漆喷涂的准备工作中,遮盖是很重要的一个环节,可以防止喷涂的漆雾接触到其他不需重新喷涂的部位,如图7-6所示。

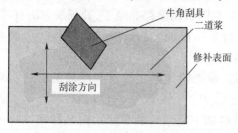

图7-5 把二道浆刮涂到修补表面

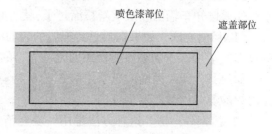

图7-6 胶带粘贴遮盖材料将需遮盖部位遮盖住

在广泛使用丙烯酸氨基甲酸乙酯以及双组分涂料以后,遮盖工作变得更加重要了。因为这些类型的涂料喷到车身表面上,干燥后就无法使用稀释剂或其他溶剂清除干净,除非进行砂纸打磨或抛光等耗时费力的办法方可除净。

(1)遮盖材料。用于遮盖的基本材料是遮盖纸和胶粘带。汽车专用遮盖纸有3～6in(1in=0.0254m)的不同宽度规格;遮盖纸具有耐热性,能安全地用于烤漆间。另外它还具有良好的湿强度、防止纤维疏松和防溶剂渗透性。汽车遮盖专用胶粘带也有不同宽度,有0.25～2in的不同宽度规格。喷涂用遮盖物还有塑料轮胎罩、车身罩、车框罩、灯罩。

(2)遮盖方法。使用任何遮盖材料前,都必须彻底洗干净车身表面,而且应吹净车身表面上的所有灰尘。如果表面不干净或不干燥,罩带就无法粘住。将罩带压紧在车身表面上,使其粘牢是很重要的,否则涂料、溶剂就会在罩带下流动。起不到很好的罩盖作用。遮盖前首先应检查一遍,查看所有的前期工序是否已经全部完成。喷涂完后也应检查一遍,因为不干净的汽车表面上进行不正确的遮盖也会导致喷涂效果不佳。在玻璃或镀铬表面上不易使罩带、胶粘带粘贴紧时,说明表面存有因冷湿空气结成的水分,应擦干后才可粘牢。

三、涂料的选择与配套性

喷涂面漆前应考虑选用的涂料性能是否与原旧车漆的底涂层表面涂料的性能吻合,是否有配套产品。可以通过漆膜鉴定获得资料,确定面漆涂料的种类,能用配套性好的涂料产品为好。决定要使用哪种涂料类型作为面漆涂料的条件是看要覆盖部位面积的大小,原有漆膜破坏的程度,以及车辆是不是已被修复重新喷涂过。根据这些条件来决定使用的涂料类型和操作过程,对提高工作效率和工作速度是很重要的。

1. 判断轿车车辆是否重新喷涂过

有两种方法可判定车辆过去是否被重新喷涂过,方法是:

(1)打磨方法。在需要重新喷涂地方的边缘进行打磨,直到打磨到露出金属为止,通过涂层的结构,就能判断出车辆是否已被重新喷涂过了。

(2)测量漆膜厚度法。只要漆膜的厚度大于新车的标准厚度,就说明该车以前是重新喷涂过的了。美国、欧洲、日本轿车车辆新轿车的漆膜标准厚度均为75～125nm。国产轿车的漆膜标准厚度为100～130nm。一般都是使用电磁厚度测量仪或机械厚度测量仪来测定漆膜厚度的。

2. 原始涂层类型的测定

如果车辆没有重新喷涂过,面漆仍然是原来的,判断涂料类型就很容易,利用车间生产手册或俗称的"颜色大全",就能鉴别出外涂层的涂料类型。

如果已知车辆已经被重新喷涂过了,就有必要判断所用涂料类型了,其判断方法有:

(1)目测方法。如果在接近特征线的表面纹理是粗糙的,或者在摩擦时出现了"磨光的纹理",表明在重新喷涂时使用的是抛光型的涂料。

如果其光泽是丙烯酸氨基甲酸乙酯所特有的,那么就能断定出重新喷涂的涂料类型是丙烯酸氨基甲酸乙酯。

(2)溶剂处理法。这种方法是用一块在清漆溶剂中浸泡过的车间用白色抹布摩擦漆膜,通过原有漆膜溶解的程度来进行判断,如果漆膜被溶解并在抹布上留下痕迹,可以判断上一次喷涂所用的涂料是空气干燥型的。如果漆膜不溶解,则它可能是烘烤型涂料或双组分反应型涂料。丙节酸氨基甲酸乙酯清漆的漆膜不像空气干燥型涂料那么容易被溶解,但是有时稀释剂会穿透漆膜,降低漆膜的光泽。

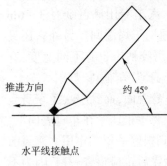

图 7-7 铅笔法测量漆膜硬度判断旧涂层涂料类型的方法

(3)加热处理法。先用 800~1000 号细砂纸对漆膜表面进行湿打磨,降低漆膜的光泽,再用红外线灯进行加热,如果光泽返回暗淡的漆膜表面,则说明涂料是丙烯酸清漆型的。

(4)测量漆膜硬度法。因为不同类型的涂料干燥后的硬度不会相同,一般情况下,双组分反应型涂料和烘烤型涂料干燥后的漆膜硬度要比空气干燥型的更硬。判断漆膜硬度最常用的是方便可行的铅笔划痕法,铅笔头应削成,如图 7-7 所示的形状,保持铅笔与水平面成 45°角,然后向前推,如果铅笔芯穿透了漆膜,则说明涂料的硬度要比铅笔的硬度低一号。铅笔一般用中华绘图铅笔,铅笔型号有:6H、5H、4H、3H、2H、H、HB、B、2B、3B、4B、5B、6B;共 13 枝不同硬度的铅笔来测试漆膜硬度,其中 6H 为最硬,HB 为中软,6B 为最软。

采用铅笔测试漆膜硬度的方法见表 7-1;预喷涂的传统标准见表 7-2。

用铅笔测试涂料漆膜硬度(仅供参考) 表 7-1

测试样本号码	铅 笔 牌 号				
	A	B	C	D	E
1	5B	6B	5B	4B	3B
2	3B	4B	5B	4B	3B
3	2B	2B	2B	2B	HB
4	HB	F	HB	HB	HB
5	HB	F	HB	HB	H
6	F	H	H	H	2H
7	F	F	H	H	2H
8	H	H	H	H	2H
9	2H	2H	2H	4H	3H
10	3H	3H	3H	4H	4H

项目七　面漆的喷涂与修整

预喷涂的传统标准　　　　　　　　　　　　　　　　　　　　　　　　　　表 7-2

预喷涂	传统方法			
	视觉检查	解决办法	热处理方法	硬度方法(铅笔硬度)
醇酸树脂瓷漆	表面呈沉淀状	不能解决	有些软化	F—H
丙烯酸清漆	—	不能解决	软化	B—H
丙烯酸硝基瓷漆	—	—	有些软化	F—H
聚氨基甲酸乙酯	外表有光泽	—	—	—
丙烯酸氨基甲酸乙酯清漆	外表有光泽	难以解决	有些软化	—
丙烯酸氨基浅酸乙酯瓷漆	有橙色珍珠光泽	—	—	—

3. 颜色和纹理的匹配

颜色搭配是车辆维修涂装行业中最常见的一个问题,在试想调配金属色涂料时,经常会遇到颜色协调的问题,尽管也会碰到一些单色的问题,但它对一般的油漆工而言是很容易解决的。重新喷涂的涂料与原车喷涂的涂料的适应性见表 7-3。

颜色调配的第一步是从车身识别号码中的涂料代码中查出其原车漆的颜色,使用车身识别号码中的涂料代码。就可知道其颜色的调配方式方法。

重新喷涂的涂料与原车喷涂的涂料的适应性　　　　　　　　　　　　　　表 7-3

外涂层	原来喷涂的涂料					
	醇酸树脂瓷漆	丙烯酸清漆	丙烯酸瓷漆	聚氨基甲酸乙酯瓷漆	丙烯酸氨基甲酸乙酯清漆	丙烯酸氨基甲酸乙酯瓷漆
醇酸树脂瓷漆	A	B	A	A	B	A
丙烯酸清漆	A	B	B	A	A	A
丙烯酸硝基瓷漆	A	A	A	A	A	A
聚氨基甲酸乙酯	B	B	B	A	A	A
丙烯酸氨基甲酸乙酯清漆	B	B	B	A	A	A
丙烯酸氨基甲酸乙酯瓷漆	A	A	A	A	A	A

大多数汽车维修部门都有一本关于颜色方面的书,这本书能包括几乎全世界所有生产厂家和各种车型的颜色信息,这些信息名是用颜色块表达的。首先找到车辆生产厂家的代码,这样就使油漆工可以鉴别其所属的颜色块。因为在重新喷涂过程时,很可能把车辆喷涂成与原来不相同的颜色,所以最好检查两遍,仔细比较颜色块和车辆的颜色。

如果颜色搭配正确的话,就能从颜色涂料库代码向当地销售单位订购面层涂料。涂料的销售单位有两种方式供应颜色涂料:

(1)如是最新车型或流行的颜色,厂家会提前混合好,并装罐。罐装的已混合好的涂料俗称原装涂料。

（2）如果是过时的颜色，可以采用定制混合的颜色涂料。涂料生产厂家会通过大量工作研制出各种可获得最佳品质的 OEM 颜色配方。定制混合的颜色涂料就是指涂料经销单位按照定单自行配制的。定制混合的颜色很容易认出来，因为配制涂料的经销单位都必须把涂料的成分写在标签上。

近年来，各大主要车用涂料生产厂家都为车身修理单位提供了颜色调配系统。利用这样的混合系统，可以调制出成千上万种颜色涂料，并比原装的可节省35%的费用。

通过这项服务可减少库存量，只需存储最畅销的颜色。颜色调配系统占据空间位置小，可以快又容易地配制出符合车辆厂家标准的颜色涂料。采用颜色调配系统的特点：

（1）涂料的配方由实验室通过基色微调科学研制而成，并经工厂化工专家严格把关控制，就保证了各批涂料产品质量的一致性。

（2）配方可以通过颜色卡片完全检索出来，在上面指明了配制时的精确用量。

（3）通过质量而不要通过体积来测量，才能完全保证测量的精确性。

（4）使用倒料器可以精确得控制涂料的流动。

颜色代码所指的颜色和实际的颜色可能不完全相同，原因是车辆表面涂层暴露在太阳光之下都会逐步变色，有的变浅，有的变深。比方说黄色会变得快，如果黄色从乳白色中褪去，则会变浅或变白。如果黄色是由黄色和蓝色组成的绿色中褪去，则颜色将会变得更蓝或更深。因为每种颜色和其他颜色由于所含色素成分的不同，其老化的程度会出现细小的差别。各车颜色的老化程度也会因保养情况和使用区域的不同而产生细小差别。一般，车辆存放时间长变化程度小，经常磨光和抛光的车辆颜色变化的程度也就较大。由于南方强光的紫外线较多，颜色老化也变快。在化工业区的空气中含有自然化学物质，如在碱、盐、酸较重地区使用的车辆会受这些化学物质的侵蚀，颜色老化也变快。颜色的老化在前几个月最快，以后老化速度会减慢。正因如此，新喷涂的面漆必须及时进行局部修整。

为了在顾客取车时使颜色搭配协调，大多数都将涂料调配成老化后的颜色。使用测试卡可使调配过程简单化。首先必须对原来的涂层进行打磨，使其露出原来的光泽，然后把一块贴有旧报纸或其他保护性背垫的薄纸板（不要弄皱）垂直地贴好。往硬纸板上喷涂面漆涂料，然后把硬纸板与车辆相比较，看颜色是否协调一致。要使涂料的颜色发生微小变化，需要做大量的工作。为获取最佳调色效果，需要准备好几张测试卡。尽管配色主要是经验问题，然而仍然可以提出和听取许多有益的建议。

4. 染色以达到完美的协调

需要进行染色的三个基本原因：

（1）将车辆上同一种颜色的明暗度调节成与原厂生产的一样。

（2）由于长期阳光暴晒，造成表面褪色而有必要进行的颜色调整。

（3）染成不知配方的颜色，一般指喷涂成斑纹式（无固定配方的颜色，或无固定代码的颜色）的小轿车。

配制颜色时，油漆工必须能正确认识颜色的实际效果。重要的是不仅要认清当时的颜色，并且还有折光后的颜色，包括明暗度的对比以及颜色的浓度或深度，见表7-4。

项目七 面漆的喷涂与修整

怎么观察颜色   表7-4

明暗度(又叫深度)	1. 直接看(面对面) 2. 侧面看(面对面)
不同颜色	1. 红 2. 蓝 3. 绿 4. 黄
清晰度	1. 灰(直接或较模糊) 2. 亮(表现得更清楚)

只有必要时才能进行染色操作,如果重新喷涂所用的涂料的颜色与车辆表面颜色不同,那么在决定进行染色之前应先检查下列可能造成颜色不协调的原因:

(1)原来的颜色可能已经褪掉了,检查没有暴露的涂层,如车门的侧壁、车身底部或发动机罩盖来判断顶涂层是否已褪色,如果褪色了,可以对修复部位的旧涂层进行磨光来恢复原有光泽。

(2)核对车辆生产厂家的代码和涂料生产厂家的库存品号码,保证使用的颜色是对的。检查车辆生产厂家的代码时,有必要知道 VIN 号码和涂料的代码。

(3)色素(或金属色片)是否彻底混合。沉到罐底的色素、金属色片或颗粒可能导致颜色不协调,故配制色料时必须要充分搅拌。

(4)如果过度稀释,会使颜色变浅或被冲淡。切记稀释剂很容易使用过量,但却无法提取出来。

(5)为保证旧涂层已被清理干净和抛光,应在无粉尘和氧化皮的情况下对颜色进行比较。

(6)修理车间的照明灯光类型会改变面涂层的视觉效果。在不同的光线下看到的颜色会不相同。所以在工间灯光下配制出的颜色在自然光下会显得不够协调就是这个原因。在白炽灯下配的色会偏红,荧光灯下配的色会偏黄或偏蓝,据荧光灯所用荧光剂类型不同而不同。冷白光和软白光都能改变涂料颜色的视觉效果,它们从面涂层反射的情况随涂料颜色的不同而不同。所以一般应在自然阳光下调配比较颜色最好。

(7)在使用测试板时,应让涂料有足够的时间干燥。每一层涂层都要保证有正确的闪干和不干燥的时间,因为涂料的颜色会随干燥而变暗。如果喷涂的是清漆透明涂层,切记对透明涂层抛光将会使涂料显得更暗。如果对基层或透明层组合的面涂层进行测试,在基层上喷涂透明层之前是无法判断整个面涂层的颜色的。

(8)喷涂操作技术不同也将产生不同的颜色配制效果。如图7-8所示的是用同一杯涂料喷涂出的不同深浅的三种效果。左边的是喷枪离得相当远时干喷的效果;中间是喷枪距离喷涂板件正常时的效果;右边的是喷枪距离很近时湿喷的效果。

 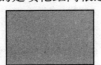

a)比正常颜色浅——干喷　　b)正常颜色——标准喷涂操作　　c)比正常颜色深——湿喷

图7-8 用喷枪进行调色

5. 调整颜色深浅效果的一些方法

较深的调整方法：
(1)把喷料阀开大一些
(2)缩小喷雾锥形
(3)缩小喷涂距离
(4)减慢喷枪移动的速度
(5)减少闪干的时间

较浅的调整方法：
(1)把喷料阀开小一些
(2)增大喷雾锥形
(3)增大喷涂距离
(4)加快喷枪移动的速度
(5)增加闪干的时间

有一种较奇怪的现象,板面修复中颜色的不协调比点修复中颜色的不协调更为明显(就算点修复的面积很小)。那是因为板面(例如车门)有明显的边缘,而修复的喷涂面显然要被边缘线割离。而颜色的任何一点不协调(例如在前门和后门)都会在与相连的地方形成鲜明的对比。

在点修复方面,必须把修复部位与周边区域混合到一块;首先直接在修复过的部位喷涂第一层,接着喷涂的涂层应逐渐向外扩展,最后在颜色涂层上扩展一层混合涂层。因此,如果有轻微的不协调,混合涂层和最后的颜色涂层可以从旧的表面涂层充分显现出来,这样使得颜色的差异是逐渐过渡变化的。

6. 分析颜色的方法

通过各种喷涂技巧,可以对明暗度,光线反射和亮度进行调整,使得漆工可以获得良好的协调效果。首先应该对颜色进行分析,判断颜色是不是太深或太浅,应从各种角度和垂直的方向观察表面涂层。然后油漆工必须检查涂层的反光情况以判断喷涂的颜色是否比原来的涂层偏红、偏蓝、偏绿或偏黄。在开始调整之前,一定要检查刚喷涂的表面涂层是否比原来的涂层偏亮或偏暗。在做任何调整之前,必须让喷涂区域先干燥。

明暗度的调整主要依赖于喷涂车间的喷涂技术和溶剂的使用(见表7-5);其他可调节的因素还包括涂料的用量,喷枪的空气压力,以及加到混合涂料中各种颜色的多少。

表 7-5 明暗度的分析

可调节的因素	调色的方法	
	偏亮	偏暗
车间的情况 1.温度 2.湿度 3.通风情况	1.增加 2.减少 3.增加	1.减少 2.增加 3.减少
喷涂的操作 1.喷枪的距离 2.喷枪移动的速度 3.涂层之间闪干的时间 4.雾状涂层	1.加大距离 2.加快速度 3.增加闪干的时间 4.无法使颜色发亮	1.缩短距离 2.放慢速度 3.缩短闪干的时间 4.增加雾状涂层的湿度
溶剂的使用 1.溶剂的类型 2.颜色的稀释 3.缓凝剂的使用	1.使用蒸发速度较快的溶剂 2.增加溶剂的用量 3.不要使用缓凝剂	1.使用蒸发速度较慢的溶剂 2.减少溶剂的用量 3.在溶剂中加缓凝剂

一旦调整好了明暗度,就需要进行染色来获得正确的光线反射。每种颜色的反射都有两种情况。

反射时显得偏绿或偏红的颜色包括:蓝色、紫色、黄色、浅褐色、金黄色和棕色。

反射时显得偏黄或偏蓝的颜色包括:绿色、黑色、栗色、灰色或银白色,以及白色。

反射时显得偏黄或偏红的颜色包括:铜色、红色和橘黄色。

反射时显得偏蓝或偏绿的颜色包括:海蓝色和绿蓝色。

生产厂家提供的图表和手册可以帮助漆工确定相应的系统应使用哪种颜色。一旦确定了调整反光情况必须的颜色(见表7-6),就必须计算颜色的用量,利用最少的量有效地改变颜色。颜色必须充分搅拌均匀,扣动喷枪的扳机先将枪膛清洗干净,然后对一小块测试板进行喷涂,待涂层干燥后,与原来的颜色对比。

改变反光颜色的方法　　　　　　　　　　　　　　表7-6

颜色	增加		反光	颜色	增加		反光
蓝色	绿色	消去	红色	橙色	黄色	消去	红色
蓝色	红色	消去	绿色	橙色	红色	消去	黄色
绿色	黄色	消去	蓝色	黄色	绿色	消去	红色
绿色	蓝色	消去	黄色	黄色	红色	消去	绿色
红色	黄色	消去	蓝色	白色	白色	消去	蓝色
红色	蓝色	消去	黄色	白色	白色	消去	黄色
金色	黄色	消去	红色	浅褐色	绿色	消去	红色
金色	红色	消去	黄色	浅褐色	红色	消去	绿色
栗色	黄色	消去	蓝色	紫色	蓝色	消去	红色
栗色	蓝色	消去	黄色	紫色	红色	消去	蓝色
铜色	黄色	消去	红色	海蓝色	蓝色	消去	绿色
铜色	红色	消去	黄色	海蓝色	绿色	消去	蓝色

将涂料颜色的明暗度和反光情况都调整合适之后,可能还会变灰变脏。如果试图把该点颜色调亮,就会使已调整好的两项工作都前功尽弃。要想使表面变灰,可以将少量白色颜料与少量黑色颜料混合后,在已喷涂好的涂层上再喷涂一层湿涂层,喷涂时将喷枪的距离稍微拉开一些,扳机只扣到一半的位置。

漆工在判断是否需要对颜色进行调整时,必须从下面3个角度来观察车身的表面涂层:

(1)从垂直于车身表面的角度观察修理的部位。

(2)靠近光源,从恰好通过光源反射的角度观察修理的部位。

(3)在侧面从小于45°的角度观察修理的部位。

修理部位的颜色应该与车身表面其他部位的颜色相同。只要有一点差别,就应该对涂层颜色进行调整,直到从所有角度看到的颜色都相同为止。

7. 染色的一些建议

如下的建议能帮助你获得更好的染色效果:

(1)比较颜色既要在日光下也要在人造光下进行。在两种光线下观察到的颜色可能不相同,如果表面涂层在一种光线下显得协调,而在另一种光线下显得不协调,说明重新喷涂所使用的色素与原车表面涂层所使用的不同。原厂设备的承制单位一般都非常小心,得在重新喷涂的材料中使用与原厂表面涂层相同的色素。为了控制颜色的一致性,每批产品都要在3种不同的光线、黄、蓝、及日光下进行严格的检查。

(2)判断颜色出问题的原因,以及选择合适的调色颜料。不使用混合的颜料,因为可能会显得太暗。调整颜色以使色彩更红、更绿、更蓝或更黄。

(3)要了解什么是调色过暗现象。

可把几滴涂料滴在松脱的盖子上,同时再滴上几滴白色的颜料,然后将这两种涂料混合后,用手指把它们涂抹在盖子上。这样漆工就可以判断出什么是调色中的过暗现象。

(4)系统地进行所有的调色工作。使用前面介绍过的测量装置。并记下调色所用的颜料和用量。改变颜料和用量后,再调色对比直到与原车漆颜色一致为止。

(5)使用颜色的配方有助于调色的顺利进行。因为配方给出了原来的底色并能指出喷涂材料中哪种颜色已经褪掉或变淡了。

(6)使用涂料前一定将所有颜料充分搅拌均匀,每次添加颜料时也要充分搅拌均匀。

(7)添加调色颜料时应做到少量的添加,分多次调整至合适。因为一次添加过多容易使色调过深。要记住,颜料加多了,不能从中提出来的道理。

(8)不要一次就调一罐子颜料。调颜料时应使用小样本进行逐步的试验,且至颜色协调为止,再按用量比例调制,不可浪费。

(9)调色接近需要颜色的范围限度时必须要小心。首先要纠正最明显的差别,然后逐步减小差别,直到适合为止。

(10)在往金属色或珍珠色中添加白色时必须要小心,并且定要使用低强度的白色颜料。

(11)要使用与配方相同的珍珠色和金属色薄片。

(12)在喷涂窄条时不要使用稀释过的涂料。

(13)喷涂金属漆和珍珠漆时最好使用搅拌杯,充分搅拌均匀后再进行喷涂。

(14)在颜色涂层进行调整之前应让涂层先干燥。要想减少干燥时间,可以使用加热烘烤灯,热风枪,或其他烘烤方法,必须保证所选用的方法适合于车身修复与喷涂车间的使用。

(15)要想检查颜色的真实效果,可以先喷涂一小块,然后让其干燥。用它和要想匹配的部位相比较。如有可能,最好和要配色的车身上的旧板条相比较,因为这样可以遮盖住中心部位,从而进行充分的比较。

(16)要将颜色保持为浅色的,直到最后需要调配的效果。由于颜色在完全干燥之前仍将变色,所以在涂料还是湿的或发潮的情况下不要对涂料颜色作最后判断。

(17)一旦颜色被调到很接近最后所需的效果时,就该结束修复工作。经常都是因为最后还想使调色效果再接近一点理想效果,而破坏了整个工作,只好又重新调整。

调色可分为粗调和微调两类。粗调包括配制没有现成配方的颜色。要找到尽可能接近所需颜色的色条,并研究其配方。把颜色配方分解成百分率。例如,金色的金属色是由45%粗糙的金属颗粒、20%闪光的金属颗粒、15%金色调色剂、10%黄金、3%软白颜料、2%软黑颜料构成的。按这些百分率,先只配制半罐,然后搅拌并调到与所需颜色相协调的效果。

微调是用于指定修复状况下为达到和谐的颜色匹配对颜色进行的调整工作。为获得这样的效果,各个主要涂料生产厂家都为喷涂车间和漆工提供有一套基本的调色工具、一组仪器和调色指南。任何漆工一旦对所获得的调色信息和成组工具熟悉后,就应该能够对颜色进行微调,从而获得最佳的颜色匹配效果。要想获得更多的调色信息或带真色条的调色指南,可以向当地涂料经销单位或涂料生产厂家的销售与服务代理单位咨询。

课题三　金属面漆的修整

一、金属面漆的匹配

在大多数情况下,单色的表面涂层,只要经过正确的预处理,就能获得良好的颜色匹配效果。可是金属(多色的)面漆的匹配却很可能是漆工必须实践的,也是最需要技巧的操作。现今使用的汽车中,使用金属面漆的要比使用单色表面涂料的多,也就意味着有更多使用金属面漆的汽车需要进行修复。

调配金属色比较困难的原因是因为金属面漆是由黏结到一块的色素和铝片构成的,它能让光线透过漆膜的表面。当从直角或与表面垂直的角度观察金属面漆时,看到的是正面的颜色。当从45°或者更小的角度观看时,看到的是侧面的颜色。

当金属或色素微粒在颜色漆膜内的位置发生变化时,金属面漆颜色的色调也相应的发生变化。每一个金属小颗粒就像每一面小镜子,这就是为什么从不同角度观察金属颜料的视觉效果并不相同的原因。在不同光线下观察,例如日光阴影、太阳直射或人造灯光,金属颜料的视觉效果也不相同。金属漆结构表现出的正面及侧面反光现象,如图7-9所示。

在标准颜色的色调条件下,铝粉和色素颗粒应均匀地延展在漆膜上。还需注意的是金属颗粒是自由指向各方向的,没有起支配作用的方向。这种在漆膜内的小镜子是随机组合的,导致光线向各个方向反射。而色素颗粒的均匀分布则是产生标准的颜色色调的原因。

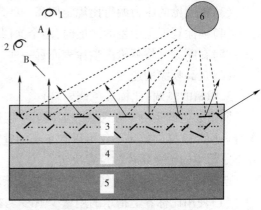

图7-9　正面及侧面反光现象
1-眼睛；2-眼睛；3-颜色；4-底涂层；5-金属层；6-光源

金属色的标准色度如图7-10所示。

二、金属面漆的颜色效果

1. 标准的色调

要想获得标准的颜色效果可以按下述程序来进行操作:
(1)按照标签上的说明来对颜料进行稀释。
(2)使温度控制在18.3～26.7℃的范围内使用慢性挥发溶剂。

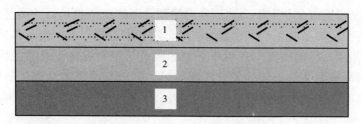

图7-10 金属色的标准色度
1-颜色;2-底涂层;3-金属层

(3)喷涂清漆时将喷枪的压力调到0.24~0.28MPa的气压;而喷涂瓷漆时则将喷枪的压力调到0.34~0.38MPa的气压。

(4)在喷涂中等湿润的涂层时,应在两个涂层之间留有适当的闪干时间。

(5)切记,喷涂的涂料一定要充分搅拌均匀(或放到涂料振荡器上)。

2. 明亮的色调(比标准色调要亮)

明亮的色调通常是由于金属铝颗粒水平靠近漆膜的表面,挡住了大多数它们下面的色素颗粒造成的。小金属镜子的水平位置反射的光线比普通情况下的要多,这就使得金属面漆的色调要比标准的亮一些。要想获得这类色调效果,可以按照下列一种或组合程序进行操作:

(1)使用比标签说明上要求更多的溶剂。

(2)稀释丙烯酸清漆时应使用中性或快速蒸发的稀释剂。而稀释丙烯酸瓷漆时只能使用快速干燥溶剂。

(3)将喷枪的压力调得比规定值高一些。

(4)喷涂轻型至中型的涂层时,两个涂层之间应留有适当的闪干时间。

(5)在喷涂时将喷枪离喷涂表面远一些。

(6)提高喷涂的速度。

3. 阴暗的色调(比标准色调要暗)

阴暗的色调是由于在漆膜表面附着一层厚厚的色素颗粒。铝片的位置几乎都垂直于车身表面。这样的效果不仅可以在车辆的垂直面获得,而且也可以在水平的板件上实现,并不是简单的由金属片的位置决定。

阴暗的色调可以通过使用挥发非常慢涂料进行操作:

(1)使用比标签上指示的用量少10%~25%的溶剂进行稀释。

(2)在18.3℃的温水使用9份的溶剂和喷涂特别湿的涂层获得。要想获得阴暗的色调效果,可以按照组合程序挥发最慢的溶剂勾兑1份缓凝剂来稀释颜料。通常对于金属色清漆按100%的比例进行稀释,而对于丙烯酸瓷漆按25%的比例进行稀释。

(3)使用低于正常提供的空气压力。对于清漆按照0.24~0.28MPa的气压是正常的,对于瓷漆按照0.38~0.41MPa的气压是正常的。

4. 颜色的不稳定状态

不稳定是金属色特有的状态,它与金属铝颗粒的位置,以及光线反射到观察者的方式有关。产生这种效果的原因是在于铝颗粒指向特定方向的百分率以及它们在漆膜中的深度。透过漆膜被反射回来光线的不同方向和强度即是产生观察到的不稳定现象。

要想纠正这个问题,第一个方法是调节喷涂的操作技巧来进行弥补。把翼子板喷得湿一些可以使直视对观察到的效果显得稍微暗一些。如果换一个角度观察时,涂层的颜色又会显得稍微亮一些。出现这种现象的原因是铝片在漆膜内布置得较平与较深。

对板件进行喷涂时,用调得稍微干一些的涂料会改变视觉效果,可以使直视时观察到的板件显得稍亮一些。这是因为铝片离涂层表面较近。这就使得当换一个角度进行观察时涂层会显得有些暗,因为光线分散得比较少。这两种方法都是折衷的方案,只能用于纠正小面积的不稳定现象,因为在一个方向上配套不能改变太大。

如果改变喷涂的操作仍不能纠正这种状况的话,在涂料中添加少量的白色可以消除从各个角度观察到深浅对比不一致的现象。白色颜料可起到降低透明度的作用,使得涂层的视觉效果更加统一。减弱漆膜光线的反射强度,因为加白色颜料会导致颜色变化很快,所以操作时一定要小心。一旦加入了太多的白色颜料,就不能恢复原有的颜色协调的效果了。

当在遇到十分难处理的颜色不稳定的情况时,最好的办法是添加白色,把白色溶进邻近板件的颜色中去。混合颜色的时候,应该分阶段地进行。例如,对于丙烯酸清漆,可以使用生产厂家推荐的混合用透明涂料将合适的颜料稀释后,喷涂到周围板件较远的一些区域这些混合成分可以起到保护金属漆边缘,消除混合处的光晕和亮边的作用。

一个好的涂装漆工必须清楚如何处理金属色涂料。应对稀释所用的溶剂和喷涂时所用的空气压力值感觉灵敏。影响金属漆的颜色还有其他的一些因素,其中一个因素就是喷涂情况的一部分。

想获得良好的颜色匹配效果,理解各种涂料的因素是怎么影响金属漆色调是很重要的。

三、影响金属漆色调的因素

影响金属漆色调的因素包括正面因素和反面因素。正面的影响因素是指那些可以使漆工复制出能够反过来产生良好的颜色协调效果的原始涂料的因素。它包括以下几方面:

(1)溶剂的缓慢挥发可使漆工重新调配出原厂涂料。

(2)颜料的使用湿度。

(3)正确的喷涂操作技巧和正确的空气压力。

负面的影响因素是指那些导致颜料的色调偏离标准的因素。常见的负面影响因素包括以下几点:

(1)不正确的稀释。

(2)不正确的搅拌。

(3)不正确的操作,主要指空气压力的过高或过低。

总的来看,金属颜料的色调主要受到下面五个因素的控制:

(1)溶剂的选择。

(2)颜料的稀释。

(3)喷枪喷涂时的空气压力。
(4)喷涂时的湿度。
(5)漆工喷涂时的操作技巧。

四、测试板的制作

在大多数重新喷涂工作中最好使用带有珍珠漆色泽和三层组合涂层的喷涂效果的测试板,这是十分重要的。要想获得精确的颜色匹配,决定中涂层的用量时必须使用三层组合涂层测试卡。修复三层组合漆层时,中间涂层的颜色是至关重要的。因为喷枪的压力,稀释剂的用量以及喷涂的操作技巧都会影响某一工作中喷涂的颜料量,只要满足顾客的要求,保证不返工,喷涂一个或多个测试卡所用的额外时间是值得的。

制作三层组合涂层的测试板的具体步骤如下:

(1)准备好一块底层涂料颜色与修复部位一样的测试板。如果修复部位需要使用密封涂料,也就应该在测试板上喷涂密封涂料。一般而言,修复三层组合涂层最好使用浅色的底层涂料(或密封涂料)。

(2)喷涂基层着色涂料盖住底涂层,注意应使用与实际除工作中相同的空气压力和喷雾锥形。在制作测试板时,使用与实际工作中相同的操作技巧是十分重要的,因为这项工作只是一块小板上的喷涂而不是全车修复,所以应保证不改变操作的程序。

(3)等到测试板干燥以后,将其分为 4 等份,如图 7-11 所示。然后,遮盖住测试板下面的 3/4,只将 1/4 露出来。

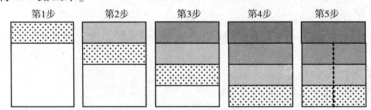

图 7-11 制作三层组合涂层测试板的步骤

(4)在测试板顶部 1/4 的区域上喷涂上一层云母中间涂料。

(5)等第一层云母涂层闪干之后,移开遮盖纸,把它移到测试板中间的位置上,露出上面的 1/2。

(6)在测试板露出的 1/2 的区域再喷涂一层云母中间涂料。

(7)等第二层闪干之后,移开遮盖纸,把它向下移露出测试板的 3/4。

(8)在测试板露出的 3/4 的区域再喷涂一层云母中间涂料。

(9)等闪干之后,将遮盖纸完全移开。

(10)喷涂第四层云母中间涂料,喷涂时应按实际修复的操作进行。

(11)等整块测试扳干燥后,把测试板上的遮盖纸全部移开。

(12)使用生产厂家推荐代号的透明涂料喷涂露出的表面。

注意:喷涂时最好使用测试板,而在进行三阶式喷涂时则是必须使用的,这样才能获得完美的颜色匹配效果。

制作好测试板后,应把它放在车身上,通过比较后,精确的判断颜色匹配的效果所需的云母中间涂层的数量。一定要在阳光下从不同的角度进行观察。另外在进行比较之前,必需把车身待修复的板件彻底清洗干净。

如漆工愿意使用分成为几个小块的测试板时,可以使用为修复较大部位而配备的独立测试板。使用独立测试板时,应一开始就在四块测试板上都喷涂着色中间涂料。移走其中一块,在剩余的三块上再喷涂第二层。在后两块上喷涂第三层,在最后一块上喷涂第四层。然后把四块测试板纵向编好号后,喷涂生产厂家推荐使用的透明涂料。

在制作好测试板之后,如果还没有得到合适的颜色匹配效果,重新核对生产厂家产品号码中的涂层信息。确保所用的是正确的基层着色涂料。基层着色涂料极小的变化都将会导致最终涂层颜色的不协调。另外,还应该确保遵循了每种产品标签上的生产厂家指示的使用说明。

不能混合使用不同品牌的产品。从底涂层到最终的透明层,都应使用同一个厂家的系列产品。使用的同一系列产品还包括溶剂和稀释剂。涂料生产厂家在实验室里调制颜色时使用的都是他们推荐的溶剂或稀释剂。切记各个厂家的产品在使用上都会有一些轻微的差别,使用时一定要小心。

当完成了测试板的制作工作后,就该准备进行修复工作了。下面介绍一些在进行点部修复时应注意的几点注意事项:

(1)在进行点部修复之前一定要先做好表面预处理工作。也就是说,先用水和中性去污肥皂将整个修复部位及周围的区域清洗干净。彻底清洗后晾干。然后用清除蜡和油脂的洗涤液清洗整块板件和周围的区域。修复好所有损坏的部位和金属裸露的地方。如果可能的话,喷涂浅色的底层填实涂料或底层密封涂料。必要时应打磨修复过的都位。可以使用400号(或更细的)砂纸进行湿打磨或用320号(或更细的)砂纸进行干打磨。接着,磨光板件上没有损坏的区域。使用更细粒的研磨膏。使用120号(或更细的)砂纸对磨光后的部位重新打磨。用清洗液清洗整个板件,将打磨和磨光时的残余物清理干净。使用吹风枪吹干净缝隙中和板件表面所有的脏东西。最后再用一块干净的黏性抹布将板件彻底擦一遍,即可结束预处理工作。

(2)严格按照涂料生产厂家规定的比例正确稀释基层涂料。

(3)只在修复过的部位喷涂基层涂料,并注重使用混合操作技巧。将喷枪的压力调到0.21~0.28MPa(或涂料生产厂家推荐的压力值)一层一层地进行喷涂,直到获得合适的覆盖效果。一般说来,喷涂2~3层,并注意在两层之间留上5min的闪干时间,就已经足够了。

(4)在基层着色涂层和云母中间层之间留上15min的闪干时间(没有必要把基层着色涂层干燥的多喷涂的涂料"融合",因为云母色中间涂料可以直接在它的上面进行喷涂)。

(5)用一张干净的黏性抹布将板件喷涂表面彻底擦一遍。

(6)严格按照涂料生产厂家规定的比例正确稀释云母色中间涂料。使用的稀释比例应该与准备测试板时一样。

(7)在基层着色涂层上喷涂云母色中间涂层,注意还需要运用混合操作技巧,一层一层地进行喷涂,直到获得与测试板一样的颜色匹配效果为止。将喷枪的压力调到0.21~0.28MPa(或涂料生产厂家推荐的压力值),并注意在两层之间留上5min的闪干时间。

（8）在中间涂层和透明涂层之间留上 15min 的闪干时间。（和基层一样，中间涂层也不需要把干燥的多喷涂的云母色中间涂料"融合"，因为透明涂料可以直接在它的上面进行喷涂）。

（9）和基层与中间涂层一样，小心地按照涂料生产厂家建议的混合程序进行操作。这在混合透明涂料和硬化剂时尤为重要。

（10）用干净的基层或透明层组合涂层黏性抹布将板件彻底擦一遍。

（11）在整个板件上喷涂透明涂层时，要注意将涂层的湿度控制在中等程度。和喷涂基层和中间涂层不一样，喷涂透明涂层时应将喷枪的压力调到 0.34~0.38MPa（或涂料生产厂家推荐的压力值）。在涂层之间应留上 5~10min 的闪干时间。透明涂层的层数根据所使用的透明涂料的类型和原来涂层的深度会有所变化。如果必须融合透明涂层，可以使用生产厂家推荐的稀释剂融合干燥的多喷涂的涂料。

如果修复包括柔性表面，使用的产品和操作的方法也就不一样了。一些喷涂产品需要在透明涂层中使用添加剂，而另一些产品则需要在基层、中间层和透明层中使用柔化剂。还有一些产品在三层涂层中都不需要使用添加剂。如果在任何一层涂层中使用了添加剂，就有必要用柔性涂料喷涂独立的测试板，因为加入添加剂可引起颜色轻微的改变。当需要在柔性表面喷涂三层组合涂层时应小心注意生产厂家的要求。

刮拉条是一种带有经过机加工的刀片的精密工具，使用它可以使漆膜均匀分布。使用时，把一块黑白测试板贴到一块很平整的表面上，例如铝板；先把涂料喷涂到测试板上，然后用刮拉条从涂料上拉过，使得涂料分布在测试板上的厚度都一致。拉完第一次，并等涂料闪干之后，重复进行，直到透过漆膜不再看得见测试板上的黑色和白色为止。然后比较测试板和车身表面的颜色效果。

喷涂基层或透明层组合涂层时，在透明层的漆膜上面进行拉刮（放上一块核对遮盖效果用的测试板，以使漆工清楚涂层是否已达到所需的遮盖效果）。刮拉过透明涂层的漆膜翻开之后，漆工就可以看到基层或透明层组合涂层的效果了。

如果需要另外调色，可在另一测试板上进行刮拉。这使得油漆工可以通过在两块板件之间进行比较而看见色调变化的方向。如果获得所需的颜色，就可以喷涂涂料和进行操作技巧的进一步调整。使用刮拉条可以减少调色时所需时间，以及涂料和精力等不必要的浪费。使用刮拉条是进行调色操作的一种独特技巧方式，对任何车间而言，当喷涂要求具有珍珠色泽的三层组合涂层时，它都是一件重要的工具。

（12）驳口喷涂技术。对于难修补的颜色，如银色，金色系列，含有铝粉和珠光粉，由于喷涂时，施工手法中产生的差异，会导致颜色的不一致，要使修补处与原车漆膜颜色 100% 的一样，几乎是不可能的事情。解决这种问题的方法是采用驳口喷涂技术，来弥补修补后新旧漆颜色之间的差异。

驳口喷涂的定义：利用人眼睛对颜色记忆上的不足，将修补区域和修补区域之间建立颜色过渡带，虽然修补部位与不修补的部位有色差，也就是说，两个颜色之间有一定距离，通过颜色深浅的过渡，将它们连接起来，人的肉眼就无法判别出修补的部位颜色与整车身颜色不一致的效果。这种喷涂手法就叫做驳口喷涂。以下修补捷达轿车车门为例来说明驳口喷涂的操作步骤：

（1）打磨——用1200号砂纸湿打磨需修补的部位后，再用2500号砂纸彻底打磨整个车门的喷涂表面，最后清洁整理整个打磨表面。

（2）用底色漆填补缺陷——用正常喷涂方式来覆盖打磨后的缺陷，通过调整喷涂涂层干湿程度，来控制颜色，再静置0~20min。采用驳口技术过渡喷涂修补缺陷，用正常喷涂方式来覆盖打磨后的缺陷，通过调整喷涂涂层干湿程度，来控制颜色，再静置15~20min。

（3）喷涂罩光漆——湿碰湿喷涂清漆两遍，第一遍正常黏度喷涂，覆盖金属底漆，第二遍，黏度降低覆盖修补部位及驳口区域。

（4）喷涂接口溶剂——将罩光漆喷涂边缘与旧漆交界处，喷涂接口溶剂。

课题四　彩色面涂层的喷涂

在底涂层和中涂层修复好后，也就是面涂的基底全部准备工作完成后，就要进行外涂层面漆的喷涂了。在外涂层面漆涂料能够喷涂前，面漆涂料必须要进行正确的调色、搅拌与混合，并要稀释到预期的适合喷涂最佳状况的施工黏度。

一、面漆喷涂的程序

1. 调色与搅拌涂料

按原车的面漆性能、颜料、溶剂比例、色彩和色调的要求来进行调色，保证色调一致。面漆涂料的问题，主要来源于不能正确的将所有沉积的颜料，搅拌到溶液中去。充分搅拌或混合可以由手工或机器来完成。

面漆涂料中沉积的部分是颜料，它给予涂料以色彩，阻光度以及特定的表现性质。这些颜料在比重上变化很大，一些常用的颜料是涂料中溶剂比重的7~8倍。由于它们的质量，质量重的颜料会缓慢的沉积下来，并且使它们保持悬浮也是可能的。一些颜料轻而松散，只有很小的沉积趋势。常用的颜料中，沉积很迅速的有白色、铬黄色、铬橙色、铬绿色以及红色和铁锈黄。

涂料中溶剂部分的黏度对沉积速率的影响很大，黏度越大沉积越慢。重的颜料在纯净的溶剂中会在几分钟内沉积下来，反之，油漆一辆车要花几星期或几个月，仔细判定在稀释中仅用去适当的材料去完成工作面，摒除少量的无用材料，这是一个有经验的油漆工的标志。

如果一种颜色中包含有一种或多种重的颜料，它被稀释到可被喷涂的浓度并能在不经搅拌下保持10~15min，那么在喷涂时，它在那段时间内的沉积程度会使其变色。

在一筒涂料被彻底搅拌后，将其全部倒入另一容器或喷枪中，用少量溶剂清洗漆筒，并将它倒入涂料中。

如果一筒涂料沉积得很严重，就必须将溶液部分倒出，并将残留物很好地弄碎，然后须将溶液部分缓慢倒回并用力搅拌均匀。

勿用尖刺或螺丝刀搅拌，要用干净的搅拌板或是钢制的油漆刀搅拌。

当喷涂混合系统时，最少要将所有基本的颜色混合在一起搅拌15min。

在将漆罐放到大平上称重之前，要在底部加入足够的缓凝剂，这能防止少量的色彩添加物凝结和不与其他的色彩混合。

2. 控制黏度

为了有助于延缓沉积速率,面漆涂料在实际能达到的尽可能高的黏度下运输,要喷涂这些涂料时,必须将面漆涂料稀释到适合喷涂雾化的黏度,便于使用喷枪雾化喷涂涂料。

与二元反应相比较,风干式面漆涂料有更高的树脂黏度,所以挥发不是那么迅速。因为,最初的风干速度越快,就需要越多的溶剂,以改善外涂层,而且这也需要增大喷涂气压。然而,增大气压会使溶剂挥发更快,这会导致更少的最初干燥剂间和有缺陷的漆面。作为预防性措施,有必要考虑减小喷枪与漆面间的距离,增大喷涂量,增加涂层数量,加快喷涂操作等。

二元反应(双组分)式涂料比风干式涂料能以更少的溶剂喷涂。然而,因为丙烯酸尿烷清漆比丙稀酸尿烷干得更快,需要加入更多的稀释剂来作为补偿。

为了防止不均匀现象,金属色比单色能以更低的黏度喷涂,喷枪与喷涂面之间的距离要更大,并且要更多模式的覆盖层。其喷涂方式与若干涂层相同。

透明涂层在喷涂方法上与单色涂层相同,但必须小心避免出现过厚的涂层,这会导致出现残留物的不均匀和出现其他缺陷。

二、重新喷涂面漆的方法

重新喷涂面漆的方法要根据以前最初始的(原车漆)涂层的状态,来重新修补喷涂面漆区域尺寸和位置来进行分类。这些方法分别是:"点式修补喷涂"和"板块式修补喷涂"与"整体喷涂"。

1. 点式和板块式的喷涂

当一个完整的板块式喷涂是不合理的,既不经济(修补的尺寸或所包含的遮蔽总和),也不可行(难于使修补时,着色得看不出来色差或色调变化,尤其是在金属外涂层的情况下)。

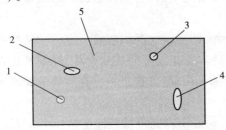

图 7-12 用喷枪进行点式喷涂的部位
1、2、3、4-点式喷涂的部位;5-不喷的面漆板部位

推荐使用点式修补重新喷涂,如图 7-12 所示。描画是必须的,点式修补喷涂可以使色彩和质地上的细小差别不那么显眼。

板块式修补喷涂是用于修补整个由特定的界限区分开的镶块的区域,如一个车门或一个挡泥板。通常是没有必要对涂料调色的,除非很难匹配或是金属色。然而,在某些区域如车身边角板和顶棚之间需要微调,但这被称为板块修补。

(1)单色点式修补喷涂。对于调色区域的等级或程度无法制定出明确的规则。点式修补的方法应用于挡泥板边缘的轻微伤痕。在这种情况下,有两种调色方法:挡泥板和遮板之间的分界线,在冲压线处。如果能在冲压件遮盖板的表面范围内进行喷涂调色,那么就没有必要喷涂挡泥板上面调色非常显眼的部分,借此可以避免在色彩和质地上的差异带来的问题。

当使用单色清漆点式再喷涂时,再喷涂前需要将调色区域进行抛光或用粒度 1000 号的砂纸打磨。

喷枪在工作时从中心向外作往复运动喷涂外涂层如图 7-13 所示,这样能使每个涂层轻微地叠加在前一个涂层上。另一个可选择的方法是,在喷涂漆面时从中心向外作往复运动,再者,扩展每一个涂层以使其轻微地叠加在前一个涂层上。但是,无论是哪种

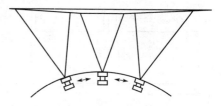

图 7-13　喷枪在工作时从中心向外作往复运动

方法,喷涂方式要窄,并且要通过调节喷涂控制阀,减小液体的输送量。为了降低过量喷涂,要减小气压,这取决于所喷涂的材料。喷涂方式决不能降低到完全的环状喷射;否则,涂料控制和叠加途径都会变得很困难。

(2)单色板块修补喷涂。对于完全的板块修补喷涂,如图 7-14 所示,最好是适当的遮蔽盖住不需喷涂的区域,如果一个模块上有两个不同的区域有损伤,如图 7-15 所示,要按照板块式修补。

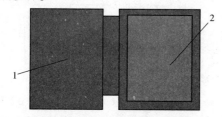

图 7-14　多个板块的喷涂应遮蔽不喷涂的部位
1-应遮蔽部位;2-应重新修补喷涂部位

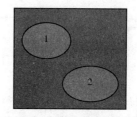

图 7-15　一个板块两个区域的喷涂

调色可在压模区域进行或是扩展到压模之外。对于车身边角板,通常需要将调色区域过渡到边柱。如果车辆在边柱上有一个通风孔,在那个区域的调色会不那么显眼。

(3)金属色点式再喷涂。如果在某个区域进行金属色的点式再喷涂,需要搭配色调和通过恰当的颜料分配,是使金属图像显现出来的技术。如果调色区域与冲压线偏离一个角度,会使其不那么显眼。

(4)金属色板块修补。透明而明亮的金属色的不均匀会使其变得非常的显眼,如果无法使颜料搭配得和以前的原车涂层完全相同的话,可以将调色区域扩展到更广的范围,以使其不易区别来使该部位的显现差别不那么明显。

假如一个板块上的两头都有损伤或者是整个板块都要重新喷涂,就应该让金属涂料的调色扩展到相邻的板块上。例如透明涂层应由挡泥板向上方扩展到紧相邻的车门板块和发动机盖的第二条冲压线的地方。

二、整体喷涂

在进行整体喷涂的时候,油漆工应在水平表面维持最小喷涂范围的同时,还应保留一个湿润的过渡边缘,这样就能防止喷涂的尘屑落在已干燥的区域。另外还应变化重叠的点,以避免重叠线的斜垂状况,如图 7-16 所示。

1.传统的整车喷涂流程

在传统的喷车房中,由一个油漆工进行喷涂时,按如图 7-17 所示作业流程进行喷涂,

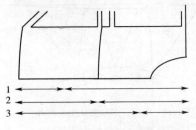

图7-16 变化叠加点的位置
1-第一行程；2-第二行程；3-第三行程

从轿车的顶部开始，进而到轿车后行李舱盖板、驾驶员侧面、轿车前部、乘客位置侧面等进行喷涂。

2. 传统的整车喷涂流程

在传统的喷漆房中，由两个油漆工进行喷涂时，按如图7-18所示作业流程进行喷涂：

一个油漆工从轿车的顶部开始，进而到轿车后行李舱盖板、驾驶员侧面等进行喷涂；另一油漆工从轿车的顶部开始，进而到轿车前部、乘客位侧面等进行喷涂。

这样油漆工可以在水平表面维持最少喷涂的同时，保留一个最佳的"湿润的边缘"。这样能防止喷涂的尘屑落在已经干燥的区域，导致产生细微颗粒或污浊的表面状况。

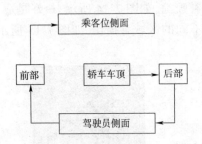

图7-17 一个油漆工完成整车喷涂的作业流程

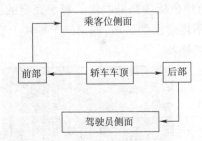

图7-18 两个油漆工完成整车喷涂的作业流程

注意： 在任何喷涂操作程序前，一定要将喷涂的涂料，通过一过滤器，再倒入喷枪涂料罐中，过滤掉涂料中的细小颗粒和细小异物。

三、彩色面涂层的喷涂实例

1. 醇酸树脂瓷漆的喷涂（用于板块修补和整体再喷涂）

醇酸树脂瓷漆喷涂的一般性程序：

（1）添加物的使用——如果想有保护性添加物，例如：添加白斑消除剂，可在1L未经稀释的表层涂料中加入0.15L的量。

（2）稀释剂的使用——应根据车间的温度使用适当的稀释剂；一般混合比例按：一份稀释剂勾兑四份表层涂料。

（3）黏度控制——涂料的黏度使用2号扎恩杯测量，应控制在20~23s的黏度。

（4）空气压力控制——使用空气压力应控制在222.41~266.89N之间。

（5）喷涂方法——对于喷涂单色，喷涂一层中间第一涂层，并让其变黏，跟着在1.5h之内喷涂全色的第二涂层。对于喷涂金属色，则应喷一层全色湿涂层，在其变黏之后再喷涂由中到浅的第二涂层。如果出现有条纹或出现斑点，则在第二层未干之前，整个区域上喷涂一层浅色涂层。

（6）融合及雾化涂层——不需要进行。

（7）喷涂完外涂层之后的操作：

①针对双色调的涂饰：应在6~8h之后才可以再次喷涂另一装饰色的涂层。

②干燥方式。应对1L外层涂料，加入30g强制干燥剂和防皱剂。深色和黑色的涂层

需要在65℃的温度下烘烤强制干燥2h或在74℃温度下烘烤强制干燥1.5h,浅色则在65℃温度下烘烤强制干燥2h。

③印条纹。印字和印花,要让其至少干燥6h。

④清理。在喷涂后立即用稀释剂或溶剂清洗所有工具。

⑤打蜡。如果希望打蜡抛光的话,应在喷涂完工的60天以后才进行。

对于特殊品牌的醇酸树脂瓷漆的喷涂特定细节,要遵循容器上标出的提示。

2. 丙稀酸清漆的喷涂(用于点式和板块式修补喷涂及整体的重新再喷涂)

同喷涂醇酸树脂瓷漆一样,一般应遵循特定品牌的推荐方法来使用。如下是针对丙稀酸清漆的喷涂的一般性建议:

1)添加剂的使用——在需要时,可使用白斑消除剂以减少低硅酮污物的影响。然而,针对裸露的金属进行点式和板块式修补时,铬丙稀酸盐要不时地用在裸露金属表面(填实底漆的下面)。

2)稀释剂的使用——在点式修补和板块式修补和整体再喷涂中,应根据温度状况使用适当的稀释剂。稀释剂的比例大约为1~1.5份稀释剂勾兑1份外层涂料。

3)黏度控制——在点式修补,板块式修补和整体再喷涂中,涂料的黏度使用2号扎恩杯测量,允许黏度为$18 \sim 22 m^2/s$。

4)空气压力控制——对于点式修补和板块式修补时,应控制在88.96~133.45N之间;对于整体再喷涂则应控制在177.93~222.41N之间。

5)喷涂方法——对于点式修补和板块式修补,喷涂三个湿涂层,每一层要略大于前一层,让每一层快速挥发4~5min。在完成第三层后,快速挥发为10~15min,然后再喷涂两个湿涂层,每层适当的扩展,以盖住最初的三个涂层。对于整体再喷涂,要喷涂5~6个湿涂层,并让各个涂层快速挥发。

6)融合涂层的操作——为了融合过量喷涂,进行最起码的抛光,加深色彩,并且让外涂层快速挥发之后,好均匀的喷涂面漆。将调料罐中均匀的面漆涂料全部倒入喷枪的盛漆罐中(不需要先清洗涂料罐)。将喷枪的空气压力调至88.96N,并在需要融合的区域之边缘喷涂两层中间面漆涂层。让其融合几分钟,然后在整个区域喷涂两层湿涂层。

7)喷涂完外涂层之后的操作:

(1)抛光。在最少21℃的温度下,对于板块修补让其至少有4h的干燥时间,而整体再喷涂则要整夜的干燥时间。对在采用74℃的烘考温度下强制干燥时,点式修补和板块式修补需要15min,整体再喷涂需要1h,才能得到满意的干燥效果。抛光既可以用手工抛光膏,也可以用机器抛光剂。

(2)打蜡。如果希望打蜡抛光的话,应在喷涂完工的60天以后才进行。

3. 丙烯酸瓷漆的喷涂(用于点式加板块式修补及整体再喷涂)

通常丙烯酸瓷漆的喷涂应按照每一种涂料制造者所提供的特定指示来进行操作,这里介绍的是一般性的喷涂程序:

1)添加剂的使用——如果要使用硬化剂,应在1L的面漆涂料中加入0.15L硬化剂。

2)缓凝剂的使用——只有在夏天炎热天气下才用,使用一份稀释剂勾兑两份外层涂料。

3)黏度控制——对于点式修补和板块式修补或整体再喷涂,涂料的黏度采用2号扎恩杯测量,应将黏度控制在 $18\sim20m^2/s$。

4)空气压力控制——对于点式修补和板块式修补对,空气压力应控制在 $133.45\sim177.93N$;对于整体再喷涂时应控制在 $244.65\sim289.13N$。

5)喷涂方法——对于点式修补和板块式修补,要喷涂数层中间涂层,直到将全部隐藏处的需修补的地方都被喷涂到,要扩展每一新的涂层盖往以前的涂层,以形成渐变的边缘(该边缘叫驳口,表面层的底层驳口边缘应先喷接口水,使面漆喷涂后和原车漆未修补部位的色差不明显,形成渐变的过渡区域)。对于整体再喷涂而言,应采用湿碰湿方式喷涂三层湿润的涂层,喷完后,必要时可以进行快速挥发的烘烤强制干燥。

6)融合涂层的操作——在最后一个涂层的喷涂中,应将喷枪的时间间隔增大到18min左右,以确定金属薄片的排列,就可以融合涂层的喷涂。

7)喷涂完外涂层后的操作:

(1)双色调的涂饰。在第一个涂层中使用硬化剂。一般在干燥状态下,在4h后可以进行再喷涂。最后一层涂层喷涂后,立刻去掉胶带以防止留下胶带痕迹。避免让遮盖纸接触到刚喷的磁漆。

(2)强制干燥。可以在71℃的温度下烘烤15min 干燥。

(3)印条纹。印字和印花的操作,在进行之前要让其干燥至少4h。

(4)清理。在喷涂后立即用稀释剂或经核准的溶剂清洗所有工具。

(5)打蜡。如果希望打蜡抛光,应在60天后再进行。

4. 聚氨基甲酸乙酯瓷漆的喷涂(用于板块式修补和整体再喷涂)

1)添加剂的使用——应按照制造者的指示确定使用活化剂(催化剂)的用量。

2)稀释剂的使用——应根据车间的温度使用稀释剂,混合相同份额的稀释剂和活化剂。

3)黏度控制——使用于喷涂的涂料的黏度采用2号扎恩杯测定,黏度应控制在 $18\sim22s$。每隔4h检测一次。

4)空气压力控制——对单色喷涂而言,空气压力应控制在222.41N 左右;对金属漆喷涂而言应将空气压力控制在289.13N 左右。

5)喷涂方法——对于单色漆先喷涂第一层中间涂料。待其变黏之后,接着喷涂第二层全涂层。对于金属漆,喷涂一层明亮的中间涂层作为黏性涂层。让其搁置20min,然后再喷涂第二层明亮的中间涂层。将剩余的涂料以15%的适当稀释剂稀释并喷涂第三层明亮的中间涂层。金属漆可遵循标签的指示来用透明涂层覆盖。

6)融合涂层——不需要融合涂层。

7)喷涂完外涂层之后的操作:

(1)双色调的涂饰,在25℃和湿度为50%下,双色调涂饰可在 $6\sim10h$ 内进行。如果使用了硬化剂,双色调涂饰可在 $2\sim4h$ 内进行。对于固化72h 的漆膜,要在再喷涂涂层印条纹,印字和喷涂印花前磨砂。

(2)强制干燥,可以在74℃下烘烤30min 强制干燥。

(3)印条纹,印字和印花,再喷涂涂层可在干燥的任意阶段进行。当纸带空闲时可以进行双色调涂饰,印条纹,印字或印花。对于固化72h的漆膜,要在再喷涂的涂层上,印条纹,印字和喷涂印花时,应在印条纹,印字和喷涂印花前磨砂。当清除整理面漆涂层时,不要对金属漆磨砂。

(4)清理,用稀释剂或溶剂清洗所有工具。不要在工具上残留混合涂料。

5. 丙烯酸氨基甲酸乙酯瓷漆的喷涂(用于板块式修补和整体再喷涂)

一般性的喷涂数据按下进行:

1)添加剂的使用——应混合相同份额的活化剂(催化剂)和面漆颜料。

2)稀释剂的使用——单色涂料一般以4份催化过的颜料勾兑一份适当的稀释剂的比例混合。大多数金属色涂料以4份催化过的颜料勾兑一份稀释剂的比例混合。

3)黏度控制——涂料的黏度采用2号扎恩杯测量,黏度值应控制在$20\sim22m^2/s$。

4)空气压力控制——对于单色喷涂空气压力应控制在222.41N左右;对于金属漆喷涂空气压力应控制在289.13N左右。

5)喷涂方法——对于单色漆,应喷涂二或三层湿润的双重涂层,每两层双重涂层之间有短暂的快速挥发时间。对于金属漆,喷涂一层明亮的中间涂层作为黏性涂层。让其搁置20min,然后喷涂第二层明亮的中间涂层。将剩余的涂料以15%的适当稀释剂稀释,并喷涂第三层明亮的中间涂层。金属漆可以遵循标签的指示用透明涂层覆盖。

6)融合涂层——不需要融合涂层。

7)喷涂完外涂层后的操作:

(1)双色调涂饰,在温度为25℃和湿度为50%条件下,双色调涂饰可在6~10h内进行。如果使用了硬化剂,双色调涂饰可在2~4h内进行。对于固化72h的漆膜,要在再喷涂涂层,印条纹,印字和喷涂印花之前磨砂。

(2)强制干燥,可以在74℃下烘烤强制干燥30min。

(3)印条纹与印字和印花,再喷涂涂层可在干燥的任意阶段进行。当纸带空闲时可以进行双色调涂饰,印条纹,印字或印花。对于固化72h的漆膜,要在再喷涂涂层,印条纹,印字和喷涂印花之前磨砂。当清除面漆涂层时,不要对金属漆磨砂。

(4)清理,用稀释剂或溶剂清洗所有工具。不要使工具上残留混合涂料。

6. 聚氧化树脂瓷漆的喷涂(用于点式和板块式修补以及整体再喷涂)

一般性喷涂数据如下:

1)添加剂的使用——在需要时,使用白斑消除剂以减低硅酮污物的影响。

2)助溶剂/稀释剂的使用——将1份助溶剂与8份单级瓷漆混合。然后添加2份(取决于温度)快速稀释剂,或中温稀释剂,或在炎热或潮湿的天气中用慢速稀释剂。

3)黏度控制——涂料的黏度采用2号扎恩杯测量,黏度值应控制在$17\sim19m^2/s$。

4)空气压力控制——对于点式修补喷涂,应使用111.20~155.69N;对于板块式修补喷涂和整体再喷涂应使用200.17~244.65N。

5)喷涂方法——对于点式修补喷涂,当完成所希望的搭配后喷涂二到三层涂层。对于板块式修补喷涂和整体再喷涂,喷涂三层涂层,如果需要搅拌均匀金属薄片,附加一层最后的交叉或混合涂层。在每个涂层之间应保证2~5min的快速挥发时间。保证15min内无灰尘。保证一整夜干燥空气干燥。

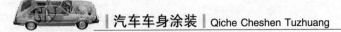

6）融合涂层——如果需要融合涂层，应使用均匀面漆，喷枪在66.72~88.96N的压力下喷涂2~3层涂层。

7）喷涂完外涂层后的操作：

（1）强制干燥，喷涂完面漆涂层后，让其快速挥发15min，然后在60℃的温度下强制干燥40min。

（2）清理，喷涂完外涂层后，应立即用丙烯酸清漆稀释剂清洗工具。不要在工具上残留混合涂料。

7. 基础涂层与透明涂层的喷涂

基础涂层与透明涂层系统很难匹配和修补。它们的修补恢复对油漆工和制造者而言，都提出了严峻的挑战。为帮助匹配和修补恢复基层或透明涂层系统，涂料制造者们为此提供了特殊的透明涂层以应用在彩色基层上面。这些系统是为了简化修补基层或透明涂层面漆的步骤而设计的。由于越来越多的国产车和各国进口车的车身都采用了基层或透明涂层面漆，专业油漆工或汽车车身涂装工，都必须对现有多种的基层或透明涂层系统的熟悉，越发显得重要。为此，我们已对丙烯酸瓷漆，丙烯酸清漆，丙烯酸氨基甲酸乙酯漆的喷涂程序，分别进行了介绍。

在估价一个基层或透明涂层的修补时，要仔细检查与损伤处相邻区域的面漆。如果它们有粉化、钝化，或是另外的损伤，匹配原有的面漆也许是不可能的。这类工作理想的解决方法是整体再喷涂。这种处理方式，可以取代而消除在基层或透明涂层的修补工作，或是消除任何严重露天老化的面漆的修补中的诸多问题。

在调配混合基层涂料时，有几点尤为重要：

（1）首先要反复看标签指示。

（2）只用制造者推荐使用的硬化剂和稀释剂（或基层稳定剂，如果推荐有）。

（3）根据车间的条件和工作的尺寸使用适当的稀释剂。

（4）只使用适当的混合比例。

稀释剂的选用是很重要的，使用时必须很小心的选用产品。要根据车间温度和湿度补助基层（以及后来的透明涂层）。大多数大的涂料生产者都提供了涂料的选择，来弥朴这些可能导致颜色改变的空气因素。如使用了不合适的稀释剂时，可能会产生诸如稀释剂挥发太慢或是稀释剂挥发太快的问题。

在一些新系统的情况下，基层稳定剂或是添加剂取代了标准的稀释剂。稳定剂中包含有设置好的基层树脂，为的是使再涂层时间更快和更好地来控制金属色。如果希望任何一种融合涂层时，这一点尤为重要，它可以防止修补边缘产生冲蚀和光晕效果。

1）基层与透明涂层的点式修补和板块式修补喷涂

修补的区域只要采用了抛光膏适当抛光至表面磨毛，就需要用蜡和油脂清洗剂再次清洗该区域，并将整个区域用粘性布擦拭干净，然后再按下步骤进行：

（1）在修补的区域（也就是在喷涂彩色基层和透明涂层的区域）上方15.2~30.5cm喷涂一层黏着或融合透明涂层（应根据涂料制造者的指示来进行喷涂）。

（2）接着应按照150%的比例稀释基层颜料，也就是说1份颜料勾兑1.5份最适合勾兑现场温度需要的溶剂。

(3)喷涂两层中间基层涂料(至到需修补的隐藏区域都被喷涂到为止),每个涂层之间保证 10~15min 的快速挥发时间。涂料的黏度采用 2 号扎恩杯测量,黏度值应控制在 18~22s,并用 111.21~177.93N 的空气压力喷涂(小心:在点式修补中别把彩色涂层扩展到打磨的区域之外)。

(4)在进行透明涂层喷涂之前,保证最后彩色涂层有 30~60min 的干燥时间。

(5)假如事先已通过测试调色板确定一层彩色融合层对于达到一个能接受的匹配是必须的,现在就是执行这一步骤的时间了。这可以通过混合相同份额的已被稀释的基层颜料和高性能的,被 200% 的恰当的稀释剂稀释的透明颜料。在油漆区域的边缘朝向新油漆的部分喷涂这种混合物。重复这一程序直到不匹配的现象消失为止,在每次喷涂前,应向混合物中添加被稀释的透明涂料。

(6)喷涂 3~4 层全部湿润的透明涂层,其涂料已被 200% 的最符合车间温度条件的稀释剂稀释,或者是 2 层全部湿润的聚氨基甲酸乙酯透明基层,其涂料已被适当的催化和稀释过。不论是哪一种情况,透明涂层都要保持在融合涂层已被喷涂的区域中。涂料的黏度采用 2 号扎恩杯测量,黏度值应控制在 $18~22m^2/s$,并用 222.41N 的空气压力喷涂。

(7)采用 24h 的空气干燥,或采用 82℃ 下 30min 的烘烤强制干燥。如果使用了丙烯酸氨基甲酸乙酯,要用强力抛光膏轻微地抛光。

2)整体板式修补喷涂

采用手工用(粒度为 400 号)的磨石或机器(打磨盘粒度为 320 号)打磨过整个车辆后,用蜡和油脂清洗剂清洁整个车身表面。

注意:在进行化学清洗之前,要确认已做了所有的金属或车体填充修补。如果用了聚酯类车体填充剂,通常建议在车体填充后,所有的裸露金属,首先用环氧铬酸盐底漆涂底漆(这样能保证防腐蚀的涂层表面能有更好的附着力,使防腐蚀的涂层表面能很好的附着在车体填充剂上)。

进行整体板式修补喷涂的程序如下:

(1)在全部表面喷涂一整层表面保护剂。一些涂料制造者建议:甚至在表面保护剂之前,在整个区域喷涂完成一层"附着增进剂"(透明涂层中颜料的缺乏使得表面不那么多孔,更加玻璃化,其表面附着力小使涂层难以附着)。因此这的确是一个好的建议,也就是在涂底漆之后,而在喷涂基层之前涂一层附着增进剂在"融合透明涂层"上,以保证 OEM 面漆有足够的附着力。

(2)喷涂两层基层颜料的中间涂层(直到隐藏处都被喷涂到)。涂料必须按照 150% 的比例稀释(1.5 份稀释剂勾兑 1 份颜料)。在涂层喷涂之间保证有 10~15min 的快速挥发时间。在最后的漆色涂层之后,在喷涂透明层之前,保证有 30~60min 的干燥时间。基层涂料的黏度采用 2 号扎恩杯测量,黏度值应在 $18~22m^2/s$,同时喷涂空气压力应控制在 200.17~244.65N。

(3)喷涂 3~4 层全部湿润的丙烯酸氨基甲酸乙酯透明涂层,或是两层全部湿润的聚基甲酸乙酯透明涂层。

(4)保证 24h 的干燥时间或在 82℃ 温度下烘烤 30min 的强制干燥。如果使用了高性能的透明涂层,再轻微的用抛光剂打磨或是用强力抛光膏抛光。

在喷涂时,两层之间结合的指导层构成的薄膜厚度最厚大约为0.05mm。基层不需要很光滑,只要喷涂到的部位能够遮盖底层的不足就行。然后必须喷涂两层到三层湿润的中间透明涂层,每层之间至少保证有15min的快速挥发时间。推荐透明涂层薄膜厚度为0.04~0.05mm,涂层总厚度为0.10~0.11mm。

为使能达到最佳效果,要避免基层的打磨。如果是因为第一透明涂层完成后表面有脏物或缺陷,而需要打磨,应在21℃温度下,50%的相对湿度下,保证足够的空气流通的情况下大约需3h后才能安全地进行,但要小心。加热情况下,受影响区域可在基层喷涂一小时后打磨。使用至少粒度为1200号的砂纸,采用湿打磨能使打磨擦痕最小。打磨区域必须接着被再喷涂基层。来将擦痕产生的条纹和斑点消除。丙烯酸瓷漆基层或透明涂层面漆的抛光,只有在已打磨过的时候才能进行。

8. 透明涂层的喷涂

透明涂层虽然主要用在两涂层到三涂层的喷涂中,还有另外的两个面漆再喷涂领域要用到透明涂层,或均匀面漆要用到透明涂层。它们是定制喷涂、丙烯酸瓷漆或丙烯酸清漆的点式修补喷涂。

1) 定制喷涂

透明涂层被用于定制车间中进行整体修补,以提供:

(1) 一个整体的基础均匀涂层。

(2) 在图案,壁画,花边,条纹,以及按用户要求定制的工艺之上加保护层。

2) 清漆和丙烯酸瓷漆的点式修补的喷涂通常称之为"融合透明涂层"或均匀面漆。这些已稀释的透明涂层用于过量喷涂的融合,并能提供一层薄的保护层以防止:"修补过程中的抛光"、"融合边缘的风化作用"。

3) 均匀面漆——雾状覆盖清漆

面漆是清漆和磁漆的车辆的漆面点式修补都可以将均匀面漆用作融合涂层。它不光是融合,并使修补光滑,而且还可改进色彩的深度和光泽度。它的喷涂常常不须混合,所以只需要快速抛光。

4) 透明面涂层的基本技艺

(1) 为了不使透明涂层饱和。因为这些面漆是透明的,为达到需要的效果,如果使用过多的透明涂料,其结果是反而"埋葬"了面涂层。

(2) 不要将透明涂层喷得太浓。透明涂料在不稀释时,并不能有更好的表现效果。应根据标签指示来正确地稀释透明涂料。

(3) 不用廉价的稀释剂来稀释调合喷涂的透明涂料。快速稀释剂易使溶剂封闭或损害流动性和平整性,从而削弱了透明涂层的表现力。

(4) 三种透明面涂层的材料及喷涂数据:

氨基甲酸乙酯瓷漆透明涂层、丙烯酸氨基甲酸乙酯透明涂层、融合透明涂层;这三种透明涂层用到的材料及喷涂数据如下:

① 氨基甲酸乙酯瓷漆透明涂层用到的材料及喷涂数据情况;

活化剂(催化剂):必须按1份催化剂勾兑4份透明涂料的比例来添加。

稀释剂:为了有更好的流动性和平整性,这种混合物可以进一步添加最多10%的稀释剂。如果有要求可以说使用缓凝剂。

黏度：涂料的黏度采用 2 号扎恩杯测量，黏度值应在 $18\sim 22m^2/s$。

空气压力：对于点式和应将喷涂时的空气压力控制在 $222.41\sim 244.65N$。

喷涂方法：板块式修补或整体再喷涂，在整个要喷涂的区域喷两层湿润的中间涂层。在第二层涂层喷涂之前，允许第一层做完全的快速挥发。允许隔夜固化。

清洗工具：在喷涂完后应立即用清漆稀释剂清洗工具。

②丙烯酸氨基甲酸乙酯透明涂层用到的材料及喷涂数据情况；

活化剂：应根据标签指示来添加活化剂或催化剂。

稀释剂：如果需要最多用10%的适当的稀释剂来稀释，应充分搅拌并需过滤。

黏度：涂料的黏度采用 2 号扎恩杯测量，黏度值应在 $18\sim 22m^2/s$。

空气压力：应将喷枪的空气压力控制在 $222.41N$，并喷涂两层中间涂层。

喷涂方法：在喷涂透明涂层之前保证底层涂料快速挥发 1h，喷涂两层透明中间涂层，每层之间保证 15min 的快速挥发时间。应该避免出现厚重的透明涂层。

清洗工具：在喷涂完后应立即用清漆稀释剂清洗工具。建议交付用户前有 24h 的固化时间。

③融合透明涂层用到的材料及喷涂数据情况；

活化剂/添加剂：必须用活化剂或催化剂进行活化。使用比例按：1 份活化剂勾兑 3 份面涂层涂料。充分搅拌混合。如果希望更快的免除纸带时间，可加入推荐的促凝剂，使用比例应按 30g 的促凝剂勾兑 1L 的面涂层涂料。

稀释剂/缓凝剂：如果需要的话，涂料的选用可以进一步的用涂料制造者推荐的稀释剂或缓凝剂。

黏度控制：使用 2 号扎恩杯测量涂料的黏度值应在 $18\sim 22m^2/s$。

空气压力控制：使用的喷涂空气压力应控制在 $222.41N$。

喷涂方法：在新喷涂的彩色涂层上喷涂一层中间融合涂层，等其变黏，接着喷涂仅一整层第二涂层。除开金属色，透明融合涂层可以用湿碰湿的喷涂方式和隔夜干燥后再喷涂的方式。

清洗工具：喷涂完后应立即用适当的溶剂或稀释剂清洗干净所用过的全部工具。避免工具残留混合涂料。

融合涂层：不是必须要融合涂层。

9. 溅射面漆

在行李舱的内部侧壁和底板通常都用一种特殊的乳剂面漆和清漆颜料喷涂。这种材料是水溶性的，并且可以喷涂一层厚涂层或两层中等厚度涂层。溅射面漆材料必须被搅拌到最细，用手柄搅拌通常是足够的，不要在涂料振荡器中去振荡，定购溅射涂料时，务必说明车辆的制造者和汽车的型号和年份。其喷涂程序如下：

（1）在所有的金属修补工作和底漆全部完成后，要用溶剂清洗行李舱表面。

（2）按要求遮盖行李舱部分。

（3）仔细阅读标签指示并逐字逐句遵循标签上的指示。作为规定，打开喷雾风扇喷嘴到只有满模式的 3/4，液体供给应当打开得宽一些。还有，使用能导致所期望的喷涂模式的最小空气压力。对较小的溅射,应增大空气压力。对于较大的溅射,应减小空气压力。

(4)喷涂覆盖层时,如果需要喷涂两个涂层,要保证数分钟的快速挥发时间。在将车辆返回给车主使用前,要让车身再喷涂的新涂层表面彻底干燥。

课题五 最后的检查与修饰

喷涂完面涂层,最后的检查与修饰或其他细节程序就可以开始进行了。它包括:胶带和覆盖纸的去除、表面抛光、表面小缺陷的修补。

一、覆盖材料的去除

表面涂层干燥之后,必须清除掉覆盖的纸和胶带。如果是强制干燥(烘烤),遮盖物应在面漆涂料还是温热时去除。如果面漆冷却的话,胶带会很难去除,且会在面漆涂料上留下黏结的斑点。

胶带要慢慢地去除,这样可以平整地剥离。将胶带从漆膜的边缘拿开,绝不要跨越它,应注意不接触任何漆膜表面,因为此刻漆膜可能还未完全干燥,一但表面被接触就会留下指纹或胶带印迹。绝不能在胶带去除前让清漆型漆面完全干燥,这样漆膜会沿着胶带被剥离。最好是在再喷涂之后立即去除胶带,但是这么做时别接触新喷涂的表面。

二、表面的抛光

清漆涂料通常需要轻微地抛光,使漆膜表面有希望的光泽,并能消除漆膜不平整。如果在新完成的瓷漆表面产生有微小的缺陷,不要对其进行抛光,要给面涂层留有一个准备修饰的机会。

1. 摩擦抛光剂及其工作方式

摩擦抛光剂(见表7-8)很像是汽车打蜡前使用的研磨剂或液体清洗剂。不论这些抛光剂是液状的还是膏状的,它们都含有如浮砂等可以平整面漆表层的研磨剂。摩擦抛光剂对手工和机器抛光都能提供多种切削强度(手工抛光剂是以油为基料提供润滑;机器抛光剂以水为基料,在使用抛光轮时将研磨剂分散)。

通常含所粗糙颗粒的抛光剂称为摩擦抛光剂,而含有细微浮砂颗粒的称为精细抛光剂。摩擦抛光剂以两种方式工作:

(1)在最初使用时,浮砂颗粒切削并平滑抛光面。

(2)这种运动将浮砂分解为小颗粒,所以接着它以抛光的方式工作。

摩擦抛光剂用于:

①消除在修补区域四周的细微砂磨擦痕迹。

②修复"油漆皱皮"或含砂表面。

③使喷涂的面涂层光滑并显现出光泽。

摩擦方式和抛光剂的使用(见表7-7)。

项目七 面漆的喷涂与修整

摩擦方式和抛光剂　　　　　　　　　　　　　　表 7-7

级别	液状	膏状	使用
粗糙	机器	机器	用于最后面涂层前的抛光
中细	机器或手工	膏状(用于机器时加水)	用于快速平整油漆皱皮。能用于修补其他的次要涂料缺陷
细	机器或手工	手工(用于机器时加水)	用于平整油漆皱皮。也能用于清洁,抛光,及修复没有留下轮状纹或涡卷纹的旧面漆
超细	机器或手工	—	用于去除面涂层上的涡卷纹。在开始抛光前用抛光轮垫将材料涂抹均匀

小区域或融合区域最好用手工抛光。大的区域使用机器抛光。要注意,不要切削超过造型的边缘。用条状胶带贴住边缘,以免切削超过造型的边缘。在抛光完成之后,要去除胶带并用手工抛光,只要作出光滑的面漆就足够了。注意:通常造型边缘较平坦的表面保持有更少的涂料,只能进行最低限度的抛光。

2. 抛光的工艺

抛光工艺和砂磨一样可以用手工抛光和机器抛光。

1) 手工抛光

用一无棉的柔软法兰绒布折叠为一个厚垫或球状团,并涂抹少量的抛光剂在上面。在要抛光区域直来直去地往复摩擦。用中等强度的压力,直到达期望的光滑度。

在融合或调色区域抛光时,须牢记以下点:

(1) 应按如图 7-19 所示方向摩擦,如方向反了就会又使调色组织表现出质量问题。

(2) 使用不是非常细颗粒的,就是特细颗粒的摩擦抛光剂。

(3) 要小心操作,因为假如调色组织显现出来,那就不可修复了,只有从新涂装调色涂层表面上的涂层。

手工抛光使用大量的油脂且费时间,为了使最后的清漆面涂层抛光减低到最低限度,使用优良品质的清漆稀释剂,尽可能湿碰湿地喷涂面漆(无垂滴)是很重要的。

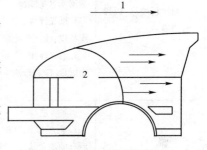

图 7-19　在调色区域的抛光方向
1-摩擦方向;2-再喷涂区域

2) 机器抛光

在小区域内使用中到粗毛的油添刷或是塑料挤瓶来涂抹机器抛光剂,然后用机器上的抛光垫抛光,不要试图一次抛光一块太大的区域,因为摩擦抛光剂有变干的趋势。不要施加太大的压力,并保持机器移动以防止切削透面涂层到下面的涂层。

注意:在抛光中,摩擦抛光剂中的研磨材料逐渐的碎裂,变为更小的颗粒。抛光效果在最初阶段更好的一些,而且随着产生的光泽效果逐渐变好,抛光效果逐渐减弱。这就是为什么在小区域内使用少量抛光剂而不用每块区域补充抛光剂的原因。

机器抛光的主要优点是:除了节省时间外,能完成正确的切削动作,并且不淤塞抛光垫,在抛光完成之后,将抛光垫替换好精致的抛光垫或羔羊毛帽并抛光,注意保持机器移动。

3. 小表面的修补

喷枪不能用于面涂层的小修补,虽然小表面缺陷如:灰尘毛刺、油漆皱皮、涂料垂滴、等可以用小刀和磨石修补,可是去除这些缺陷的最好途径是,按照如下四个程序来进行(见表7-8);包括湿式打磨、抛光、机器上光、手工上光。

更新的涂料修补程序　　　　　　表7-8

涂料型号	喷涂条件	程序			
		湿式打磨	抛光	机器上光	手工上光
面漆再喷涂:固化的瓷漆/氨基甲酸乙酯漆(空气干燥48h以上或烘烤)	1.小灰尘毛刺,配错的油漆皱皮(轻微打磨) 2.严重的油漆皱皮,灰尘毛刺,涂料垂滴	1.细1500 2.细1200	1.精密磨削抛光剂 2.精密磨削抛光剂	1.面漆材料 2.面漆材料	手工上光 手工上光
面漆再喷涂:新鲜的瓷漆/氨基甲酸乙酯漆(空气干燥24h到48h)	1.小灰尘毛刺,配错的油漆皱皮(轻微打磨) 2.严重的油漆皱皮,灰尘毛刺,涂料垂滴	1.细1500 2.细1200	1.精密磨削抛光剂 2.精密磨削抛光剂	1.精密磨削上光 2.精密磨削上光	手工上光 手工上光
面漆再喷涂:丙烯酸清漆	1.低光泽度或过量喷涂 2.低光泽度,小的油漆皱皮或过量喷涂 3.低光泽度,中等的油漆皱皮,或灰尘毛刺 4.低光泽度,严重的油漆皱皮,涂料垂滴	1.细1200 2.细1200 3.细1200 4.细1000	1.膏状或摩擦抛光剂 2.膏状或摩擦抛光剂(重切削) 3.精密磨削抛光剂(中度切削) 4.膏状或摩擦抛光剂(重切削)	1.机器上光 2.机器上光 3.机器上光 4.机器上光	1.手工上光 2.手工上光 3.手工上光 4.手工上光
所有涂料工厂生产用于喷涂的(OEM)	1.新车事先有的或事后有的细轮状纹 2.粗糙的涡轮纹,化学污点,或轻微的氧化 3.过量喷涂或中度氧化 4.严重的氧化或小的酸雨蚀坑 5.灰尘毛刺,小的擦痕,或大的酸雨蚀坑 6.油漆皱皮,涂料垂滴	1.细1500 2.细1500 3.细1500 4.细1500 5.细1500 6.细1200或细1500	1.精密磨削抛光剂(中度切削) 2.精密磨削抛光剂(中度切削) 3.精密磨削抛光剂 4.摩擦抛光剂(重切削) 5.摩擦抛光剂(重切削) 6.精密磨削抛光剂(中度切削)	1.面漆材料 2.面漆材料 3.面漆材料 4.面漆材料 5.面漆材料 6.面漆材料	1.手工上光液体抛光 2.手工上光 3.手工上光 4.手工上光 5.手工上光 6.手工上光

在使用新涂料并试图修补任何缺陷时,几个关键因素很突出,首先,让涂料专家鉴别他的工作所属的类别(涂料的型号和年代)是最重要的。基本上有4类主要的汽车涂料可供使用(为了精确地喷涂面漆,每一类都要求特殊设计的产品。)这4类涂料是:

项目七　面漆的喷涂与修整

(1) 固化的瓷漆/氨基甲酸乙酯漆(自然空气干燥 48h 以上或烘烤)。
(2) 新鲜的瓷漆/氨基甲酸乙酯漆(自然空气干燥 24~48h)。
(3) 丙烯酸清漆。
(4) 所有涂料生产厂生产喷涂的(OEM)涂料。

一旦选用确定了涂料的种类,下一步就是计量面漆出现问题的严重程度。喷涂系统通常包含几个步骤来应对所出现有的所有面漆问题,其范围由小到灰尘毛刺和表面擦痕,到大的问题如酸雨造成的蚀坑,严重的油漆皱皮,和涂料的垂滴(即流挂)等,在每种情况下,涂料专家都想以最少的和必须的步骤来解决问题,以同时节约时间和材料,例如:如果针对丙烯酸清漆表面的小的油漆皱皮问题,也许就不需用砂纸类打磨处理它。有可能更适当的是一开始就用摩擦抛光剂,或者有可能是更如加低侵蚀性的机器上光产品来解决问题。

系统地完成面漆处理过程所包含的四个基本步骤可以归纳为:以最具有侵蚀性(例如:面漆喷涂策略中最严格的)步骤开始:

1) 湿式打磨

第一步使用非常细(1000 号、1500 号、2000 号)等级的砂纸。湿式打磨尤其适用于所有涂料表面最开始针对重的或配错的油漆皱皮、涂料垂滴、灰尘毛刺、小的擦痕和重的酸雨蚀坑等。基本上是用于去除喷涂表面的缺陷。

2) 抛光

第二步抛光对于消除湿式打磨中所留下的砂痕印记和擦痕是必须的。油漆工可以在面漆处理过程中的第二步,抛光时应针对 OEM 喷涂表面的低光泽度,小的油漆皱皮或是在丙烯酸清漆表面的过量喷涂问题或针对重到中等氧化和酸雨蚀坑等问题时,在系统完成面漆喷涂的过程中,必须记住,在工作开始时所包含的缺陷种类和问题的严重程度,然后要以这些信息为基础,来确定所采用面漆喷涂方法和步骤是正确的。

3) 机器上光

第三步对于消除第二步所产生的抛光涡轮纹是很重要的。机器上光是面漆喷涂处理过程中的整体成功的决定性步骤。投入足够时间正确完成机器上光很重要。如果不能很好完成这一步工作的话,会在几星期或几个月后才会使有缺陷的工作暴露在车主眼前,再来要求返工会产生昂贵的返工成本和影响修车质量的声誉。

对机器上光产品和精细抛光垫的选择都是决定性的。由于取决于汽车面漆喷涂的类型,选择采用哪种涂料所推荐的机器上光产品是很重要的。使用非常高品质的精细抛光垫(专为机器上光设计)也很重要。使用抛光垫或粗纤维的抛光垫会在漆膜表面上留下上光步骤所不能去除的痕迹。在新鲜空气干燥的磁漆和氨基甲酸乙酯漆等特别柔软和容易擦伤的涂料上,这一点更为明显。机器上光产生出接近展示效果品质的面漆,只须在最后步骤要求按最低限度的抛光。

机器上光和手工上光仅能处理细小缺陷:例如喷涂表面的丙烯酸清漆的光泽度过低或粗糙的涡轮纹、化学污点、轻微氧化等问题的抛光,并要按步骤进行;

4) 手工上光

第四步的手工上光是完成坚固的高品质面漆获得高光泽度的最后步骤。手工上光的结果能使漆膜表面有杰出的高光泽度,无缺陷的面漆。在处理非常小的,表面的面漆问题时(比如新车在使用前就有的那些冲击痕迹,)手工上光很可能就是唯一要求的步骤。然而,大多数再喷涂面漆的情况则需要不止一个步骤,具体如下:

使用磨石和小刀修补

针对垂滴,污点等面涂层上的凸起式缺陷,首先要用磨石或小刀进行修整,然后再用抛光剂抛光。选择用磨石还是小刀来修整取决于小缺陷的形态,如图7-20所示。

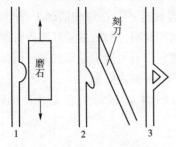

图7-20 小缺陷的形态及选用相应的修补工具

1-使用磨石;2-使用小刀;3-使用小刀

如果凸起不是很明显的话,按如下步骤使用1500～2000号的FBB磨石:

①首先准备一块磨石,用粒度1200号的砂纸将磨石的边缘打磨光滑并使磨石平整,再将磨石的棱角弄圆。

②将磨石打磨过的边缘,压在凸起上,并沿上下方向运动打磨凸起的小缺陷,如果需要,用一点油可有助于运动的平滑。

③在凸起几乎消失后,吹掉磨石颗粒并用很细或超细的抛光剂完成打磨工作。如果凸起很显眼,再用小刀或单面刀片进行修补清除。

④在使用小刀或刀片切除凸起时,要当心不要除去漆面所必须有的部分涂料,刀尖要稍微指向右方(离开涂膜表面的方向)。

⑤将残留的凸起用磨石或粒度1500～2000号的砂纸打磨去除。

⑥吹掉全部的颗粒,用超细度的抛光剂抛光完成工作。

用毛刷子修补

细毛刷可以向小凹陷缺陷中填充修整涂料,用于针对轻微起皮或擦痕的修补,下为其操作的基本程序:

①首先对有凹陷的小缺陷的区域用硅酮溶剂或相类似的材料进行脱脂。

②将削尖的细毛刷柄在整修的涂料中浸一下,并立刻让涂料滴进缺陷区域,如图7-21所示。

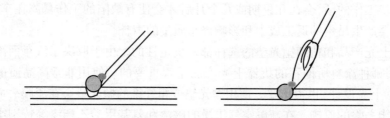

图7-21 用削尖的毛刷柄和毛刷进行表面修补

③将毛刷浸入清漆稀释剂中并将其涂在修整涂料边缘,这会使修整涂料平滑地散开而且使之不那么显眼,进一步使色差减少。

④静置待其完全干燥。

三、面漆再喷涂操作要点

面漆再喷涂时,可以参照表7-9的要点描述进行操作。

项目七　面漆的喷涂与修整

面漆再喷涂操作要点　　　　　　　　　　　　　　　　　　　　　表 7-9

处理过程	整体再喷涂;板块式再喷涂				点式再喷涂	注 意
	替代板块	以前涂层满足要求	以前涂层不满足要求	以前涂层起皮		
涂层剥离和基础打磨				A		
渐细等高线		A	A		A	
用溶剂清洁		A	A	A	A	
表面处理				A		
金属油漆原子灰的涂抹与打磨		B	B	B	B	取决于粗糙程度,只有聚合油漆原子灰可能是必需的
用溶剂清洗		B	B	B	B	
聚合油漆原子灰的涂抹与打磨		B	B	B	B	
原厂底漆的打磨	A					
填实底漆喷涂前的遮盖	A	A	A	A	A	
用溶剂清洗	A	A	A	A	A	
喷涂表面保护剂			B			如果以前涂层的恶化是明显的,喷涂防皱和防吸收的表面保护剂
喷涂填实底漆	A	A	A	A	A	
涂抹整修原子灰和打磨		B	B	B	B	覆盖区域未被填实底漆覆盖,聚合类原子灰中的针孔和砂纸的痕迹
基础打磨	A	A	A	B	B	
遮盖	A	A	A	A	A	
用溶剂清洗	A	A	A	A	A	
喷涂填实底漆		B	B	B	B	在涂抹整修原子灰后喷涂薄的表面涂层
面涂层	A	A	A	A	A	
抛光	B	B	B	B	B	如果使用了非抛光型涂料就不必需

注:A 为可应用的,B 是在某些条件下可应用的。

项目八　塑料件的喷涂修理

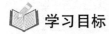 学习目标

完成本项目学习后,你应当能:
1. 正确描述汽车塑料件涂装的常用材料;
2. 知道汽车上塑料件的类型、使用部位;
3. 能够正确描述塑料件局部涂装的标准流程;
4. 能够对塑料件喷涂后进行必要的修正。

 建议课时:12 课时

在汽车制造中,除了使用金属材料外,还广泛使用了非金属材料。如常见的汽车灯罩、仪表板壳、转向盘、坐垫、风窗玻璃、轮胎、传动带、连接软管等,这些均为非金属材料制成。

汽车上的非金属材料很多,塑料就是其中之一。塑料来自于天然物质,包括从植物沉淀和分泌出来的树脂,以及来自于石油的人工合成树脂。汽车上塑料零部件制品的使用越来越广泛,目前塑料件占每辆轿车零部件的20%左右(平均每辆车约有750个塑料零部件)。塑料部件具有很高的强度质量比(部件所能达到的强度与其质量的比值),对于降低全车质量,提高车辆的动力性、经济性和节约成本具有重要意义。当前,绝大多数轿车在设计、制造时都把前后保险杠和车身融为一体,所以前后保险杠是汽车车身不可分割的组成部分。车辆行驶过程中发生碰擦也往往是前后保险杠。而绝大部分保险杠的外部材料都是塑料材质,所以对塑料件的修补涂装就显得尤为重要。

一般来说,塑料件表面涂膜受到损伤总要涉及零件本体,使之产生相应的损伤,如划痕、裂纹、擦伤、撕裂、刺穿等。修复损伤的表面涂膜,首先要将塑料件修复,使之达到可供喷涂面漆的要求。

课题一　塑料制品及塑料件涂装用的材料

一、塑料的类型和塑料零件

1. 塑料的组成

塑料是以合成树脂为基体,加入某些添加剂制成的高分子化合物材料。

1)合成树脂

合成树脂是塑料的主要成分,是从煤、石油、天然气中提炼的高分了化合物,常温下呈

固态或黏稠状液态。合成树脂的种类、性质及加入量对塑料的性能有很大的作用。大部分塑料是以所加树脂的名称来命名的。

2) 添加剂

加入添加剂的目的是为了改善塑料的性能，以扩大其使用范围。添加剂的品种主要包括填料、增塑剂、稳定剂、固化剂、着色剂等。

(1) 填料。主要起强化的作用，同时也能改善或提高塑料的某些性能，如加入云母、石棉粉能够改善塑料的电绝缘性和耐热性；加入氧化硅能够提高塑料的硬度和耐磨性等。

(2) 增塑剂。用于提高塑料的可塑性和柔软性。

(3) 稳定剂。能够提高塑料在光、热作用下的稳定性，以延缓"老化"。

(4) 固化剂。能够使塑料在加工过程中硬化。

2. 塑料的类型

塑料产品种类繁多，能应用于汽车制造业的大致可分为两类：热塑性塑料和热固性塑料。

(1) 热塑性塑料。这是最常见的类型，随着加热后会软化、流动，冷却后又恢复到原来的状态，可以反复被软化和硬化而不改变性质，但性能会有所下降。加热时，会变软，甚至熔化，因此是可熔的，可以重复使用。这类塑料加工成形方便、力学性能较好，但耐热性差、容易变形。

(2) 热固性塑料。这种塑料在汽车上比热塑性塑料用的少。在加热时不会软化，过度加热会发生化学反应，形成新的物质。故热固性塑料是不可熔的。这类塑料耐热性能好，受压不易变形，但力学性能较差。

汽车用塑料首先要具有足够的强度，其次要有一定的塑性，再次要有良好的耐涂装性能。塑料强度不够或太脆，容易碰坏，不耐涂装，影响修补涂装效果。

3. 塑料的特性

(1) 质量轻，一般塑料的密度在 0.83～2.2g/cm³，仅是钢铁密度的 1/8，铝密度的 1/2。

(2) 不导电，具有很好的绝缘性能。

(3) 传热困难，不积累热量。

(4) 在热量和压力下易成形。

(5) 防振动和隔噪声性能好。

(6) 透明和半透明，可以着想要的颜色。

(7) 一般在 50～70℃不受温度影响。如果温度超过 70～110℃，许多塑料会产生热变形。

(8) 弯曲性小(拉伸强度低于非铁金属的 1/2)。

(9) 受热伸长(金属的 2～20 倍)。

(10) 吸收水或溶剂时，其性能和尺寸会发生变化(易受水、油、氧和溶剂的影响)。

4. 塑料性质和汽车上的应用

汽车零部件常用塑料的性质及用途如图 8-1 所示。

5. 常用塑料的鉴别

在塑料件维修涂装时，必须弄清塑料件的种类，以便确定维修方法和使用的涂料。常

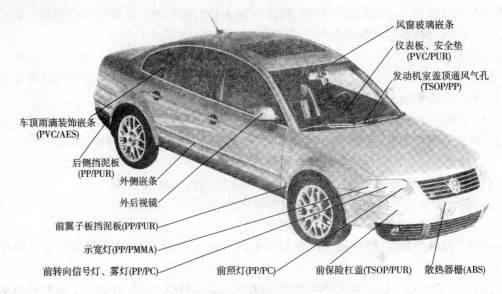

图 8-1 汽车上的塑料件

用的塑料件鉴别方法有以下几种：

1）查找塑料件的标识

采用 ISO 识别码确认。正规的塑料件制造厂一般在生产的塑料件上(一般在背面)用 ISO 国际鉴别符号标识塑料件的品种。

2）手册查找法

无 ISO 标识时，可查找车身维修手册，手册中可列出专用塑料的品种。手册资料要与车相符。

3）焊接确认法

一般塑料焊条有 6 种左右，每种焊条均标识有塑料品种。用试焊法，凡能与塑料件相焊接的那种焊条的塑料，就是该查找塑料件的品种。

4）浮力试验法

在部件的背面切一片塑料，确认该部件上没有油漆、脱模剂或任何其他涂料，将这一小片塑料放进一杯水中。沉入水底的多为硬质或重塑料，漂浮在水面的多为软质或轻塑料。

注意：对于硬质或重塑料，喷涂一般的塑料底漆即可；而对于软质或轻塑料，则需要喷涂 2K 型塑料底漆。有些轻塑料件甚至不能喷涂汽车用漆，所以最好是查看汽车使用维修手册来确定。

汽车涂料制商也针对不同的塑料的特点，生产出各类专用漆，如 PP 塑料专用底漆、PO 塑料底漆等。如果能够鉴别出塑料的种类，选择相对应的专用底漆，就不会有问题了。

5）燃烧鉴别法

不同的塑料有不同的燃烧特性，并且有的塑料会释放出独特的气味。燃烧法测试时，可以从未知塑料件上取下碎片，用镊子夹住其末端，用火柴或酒精喷灯小心地点燃它，观察其燃烧特性，根据其特性确定其类型。表 8-1 列出了几种塑料的燃烧特性。但是，对于复合材料制造的塑料件,不能用此法确定。

几种塑料的燃烧特性　　　　　　　　　表 8-1

塑料种类	燃 烧 特 性
聚丙烯(PP)	燃烧时无烟产生,即使火源移去,仍继续燃烧,产生类似蜡烛燃烧时的气味,焰芯呈蓝色,外焰呈黄色
聚乙烯(PE)	燃烧时无烟产生,即使火源移去,仍继续燃烧,产生类似蜡烛燃烧时的气味,焰芯呈蓝色,外焰呈黄色
ABS	燃烧时产生浓烟,即使火源移去,仍继续燃烧,产生类似蜡烛燃烧时的气味,火焰呈橘黄色
PVC	试图点燃时只是发黑而不燃烧,产生灰烟及酸味,火焰底部橙黄绿色
塑料性聚氨酯(TUPR)	燃烧时产生"啪啪"声,火焰呈橘黄色,并产生黑烟
热固性聚氨酯(UPR)	不会产生火焰

6)特殊简易鉴别法

(1)用手敲击保险杠内侧。PU 塑料发出较微弱的声音,PP 塑料则发出较清脆的声音。

(2)用白粉笔写在塑料件内侧,PU 塑料上的字迹 30s 后不掉色,PP 塑料件上的字迹 30s 后可擦掉。

(3)用砂纸打磨塑料件内侧,PU 塑料没有粉末,PP 塑料有粉末。

二、塑料件涂装用材料

1. 塑料表面清洁剂

它的作用是清除塑料件表面的脱膜剂,增强对油漆的附着力。使用方法是:先用打磨布彻底清洁塑料件的表面,再用以 1 份清洁剂与 2～4 份清水混合后的混合液清洁整件工件,然后用清水清洗干净,待工件完全干燥后才可喷涂塑料底漆。塑料表面清洁剂的溶解性适中,不会损伤塑料表面,而且抗静电,所以塑料工件不会因摩擦而产生静电,影响涂装。

2. 塑料平光剂

为消除汽车内部塑料件一定比例的光泽而使其半光泽或完全无光泽,一般都采用塑料平光剂。平光剂有聚氨酯用和非聚氨酯用两大类,选用时务必小心。其使用方法是:将喷涂面漆后塑料件的光泽与原车的光泽作比较,以决定是否需要用平光剂。如果需要的话,先在面漆中加入平光剂,然后搅拌均匀,并作喷涂样板对比试验,在认为光泽达到一致时可正式喷涂施工。单层涂装消光,直接将平光剂加入漆中即可,而双层涂装的消光,平光剂不要加在色漆内,要加在清漆内。

3. PVC 表面调整剂

它的作用是对 PVC 表面进行处理,使其有利于重涂。它由强溶剂配制而成,具有强烈的渗透性,而且能够软化 PVC 表面并产生轻微的溶胀。这样,涂装时修补涂料就能很容易地渗透进入塑料表面,这就是人们所说的"锚链效应"。它可以大大提高涂料对基材的附着力。

4. 汽车塑料件用底漆

软塑料件:大多数都要求在底漆中加入柔软剂(各生产厂均有与塑料面漆的配套产品),可使漆膜柔软、有韧性、不开裂。聚丙烯塑料件是一种难涂的材料,要使用专用底漆,以增加它的附着力,同时面漆中也要加入柔软剂,否则很容易脱皮。

硬塑料件:通常不需要底漆,因为油漆在塑料制品上的附着力很好。但有些油漆生产厂仍然建议在涂面漆前使用推荐的溶剂彻底清洗塑料件,并对要涂装部位用400号砂纸打磨,再喷涂合适的丙烯酸喷漆、丙烯酸瓷漆、聚氨酯漆或底色漆加透明清漆。喷涂模压塑料板材时,需要使用底漆和二道底漆。

5. 涂料

汽车外部零部件如保险杠、挡泥板以及车门的镶边等所选择的涂料的最突出的要求是耐候性,另外也要求能够有较好的耐介质性和耐磨性。这类涂料多为丙烯酸聚氨酯涂料、聚酯—聚氨酯涂料、热塑性丙烯酸涂料等;汽车内部用塑料如仪表盘、控制手柄、冷藏箱、各种把手、工具箱等,常用涂料为热塑性丙烯酸、改性环氧树脂、聚氨酯以及有机硅涂料等。

课题二　塑料件喷涂前的表面预处理

一、塑料件划痕和裂纹的处理

塑料件的划痕和裂纹通常采用化学黏结法进行修理。以保险杠为例,修理工艺如下:

1. 修正变形

(1)安装红外线烤灯,加热保险杠变形的部位和周围,如图8-2所示。

(2)打开红外线烤灯,调整灯光,使保险杠表面温度达到大约40℃,保持该温度10~20min,升高变形周围的温度。然后,将变形部位的表面温度升到60℃,保持5~10min。此时,大的变形部位将回复到原来的状态。

(3)用手修正其余的小的变形,如图8-3所示。

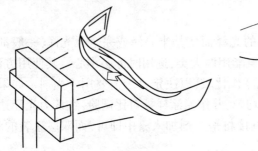
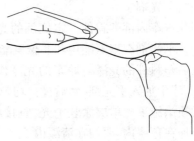

图8-2　加热塑料件保险杠　　　　图8-3　用手修正塑料件的小变形

(4)关掉红外线烤灯,冷却保险杠。

2. 防止裂纹进一步产生

(1)用水清洗需要修理的塑料件,然后晾干或用吹尘枪吹干。

(2)使用4mm直径钻头,在裂纹的末端钻一个孔,防止裂纹进一步发展(如图8-4)。

项目八 塑料件的喷涂修理

3. 做 V 形沟槽

用打磨机(配 120 号砂纸),在裂纹处打磨 V 形的沟槽,如图 8-5。

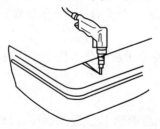

图 8-4 在裂纹的末端钻一个孔　　图 8-5 在裂纹处打磨 V 形的沟槽

4. 涂聚丙烯底漆

(1)清洗和除掉保险杠后面裂纹和周围区域的油脂。

(2)为保证保险杠光面和黏合剂之间的附着力,在塑料材料的表面涂特殊的聚丙烯底漆薄涂层,并干燥 5~10min。

5. 增强后面部位(如果有裂纹)

(1)将黏合剂的主要成分与固化剂完全混合,涂在保险杠的后面,直接涂在裂纹后面。

(2)遵守生产厂有关黏合剂使用方法和注意事项方面的说明。

(3)在开裂部位的末端,固定一块辅助材料(诸如薄铁板),用夹子压入其位。该工艺可以消除裂纹产生的高度差别。

(4)在涂黏合剂的部位,固定一块玻璃纤维布(不包括末端有加强材料的部位),压紧布,用刮刀将淌到纤维带外面的黏合剂刮到纤维布表面上,形成平的涂层。

(5)在裂纹上铺上 40mm 加强带(低于 40mm 会影响裂纹),如图 8-6。

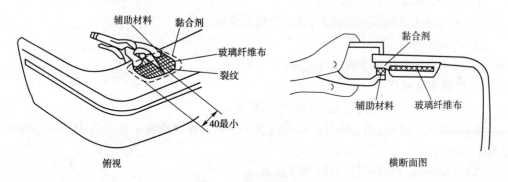

图 8-6 增强塑料件后面的处理

(6)使用红外线烤灯,加热修复部位到 60~70℃,使黏合剂固化,冷却后,拆下夹子。参照黏合剂生产厂提供的加热固化时间操作。

6. 打磨

往复式打磨机配合 P300~P400 砂纸在损坏的周边部位打磨出羽状边。

7. 涂聚丙烯底漆

(1)羽状边区域清洁与除油。使用溶剂型抗静电清洁剂。

(2)为保证保险杠光面的附着力,在塑料材料表面涂一层薄的特殊的聚丙烯底漆,并干燥5~10min。

8. 施涂原子灰

(1)将柔性原子灰黏合剂的主要成分和固化剂完全混合,并涂在要修补的部位(裂纹或刮痕)和周围(羽状边部位外边10~20mm)。

(2)使用红外线灯加热该部位到60~70℃,使原子灰固化。按生产厂提供的加热固化时间操作。

9. 打磨原子灰

(1)保险杠冷却后,将120号砂纸贴到往复式打磨机上打磨,成形原子灰的表面,最后用240号砂纸打磨,打磨时力度要合适(如图8-7)。

注意:打磨时用力过大会使保险杠压弯,因为保险杠是柔性的。

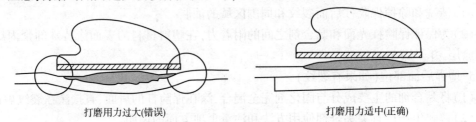

图8-7 打磨的力度对比

(2)使用320号砂纸,打磨区域适当向外扩展。

(3)打磨部位和周围清洁与除油。使用溶剂型抗静电清洁剂。

10. 涂聚丙烯底漆

在磨光表面裸露的部位涂特殊的聚丙烯底漆,以提高涂层附着力,并干燥5~10min。

11. 涂中涂底漆

(1)遮蔽损坏部位周围的地方,防止中涂底漆喷到其他地方。

(2)向损坏的部位涂中涂底漆。

(3)按生产厂的说明干燥中涂底漆。

12. 打磨中涂底漆

(1)在有针孔或砂纸刮痕的部位涂刮填眼灰。

(2)填眼灰干燥后,用320号的砂纸打磨中涂底漆做面漆施工前的打磨。局部修理使用500号砂纸。

(3)对损坏部位和周围进行清洁与除油。

二、塑料件的擦伤、撕裂和刺穿的修理

修理工艺如下:

(1)用清水和塑料清洁剂清洗待修部位,对该部位进行除蜡、除油处理。

(2)将擦伤穿孔的边缘6~10mm宽处磨削成斜面,以便于黏结。如果磨削部位出现滑腻现象,可涂黏结促进剂,以利黏结。

(3)用精细的砂轮把修理部位周围的油漆磨掉,使孔边附近30mm左右表面的油漆全部被清除掉,然后进行必要的清洁处理。

(4)对孔边进行火焰处理,改进黏结性能。用喷灯火焰在斜面处不断移动,直至斜面处略呈棕色为止。

(5)用清洁剂彻底清洗修理部位的背面,进行除蜡去油处理,然后贴上带有强黏结剂的铝箔和能防潮的胶带,把孔完全覆盖。

(6)按照说明准备黏结材料。大多数黏结剂都分别装在两支软管中。在一块金属板或玻璃板上分别挤出等量的黏结材料,将它们充分搅拌,混合均匀,待用。

(7)用刮板把混合好的黏结剂分两步填充到孔洞中。第一步填充孔底;第二步将孔洞填平。填充动作要快,因为这种黏结剂在2~3min内会固化。填充完毕,固化1h后用粗砂轮磨去表面的凸点,并清除修理部位的碎屑、灰尘等污物。

(8)将第二次调好的黏结剂填满修理部位,用刮板刮平整形。待干燥后用80号砂纸把周围修整出一个轮廓,然后再用180号和240号砂纸打磨,对表面精修。如果出现高低不平或针孔,可用填充剂填平。

(9)用320号以上的砂纸进行最后的精磨。打磨后清洁修理部位,做好喷涂面漆的准备。

课题三　塑料件面漆的喷涂

一、素色面漆的喷涂

喷涂过程最具挑战的一项工作就是单工序素色面漆喷涂。必须把过色、膜厚、流平、表面光泽度等一并考虑进去。特别是在塑料件单工序素色面漆喷涂,更需再加入柔软剂及湿对湿喷涂的考虑因素。因此要有一个完美的喷涂品质,就需熟悉喷涂过程中的每一个小细节。

主要工具、材料:喷枪、涂料、硬化剂、稀释剂、柔软剂。

主要功能:提供颜色、光泽度、膜厚、保护底层。

1.柔软剂添加量

硬塑材0%、弹性塑材30%、软塑材100%。

调合方式:

如果主剂和硬化剂的比例为2:1,(单工序素色面漆涂料+适当柔软剂):硬化剂=2:1。

2.施工方法

(1)施工者需穿戴防护衣、防护手套、防毒面具。

(2)按照正确的比例调和涂料与柔软剂,搅拌后再加入适当硬化剂,再搅拌后再加入适当的稀释剂。

(3)将调和好的色漆用滤网完全过滤。

(4)选用适合的喷枪,将涂料倒入喷枪准备喷涂,并用除尘布清洁被涂物。

(5)按喷枪规定压力做第一道喷涂,并从较难喷涂的区域先行喷涂,再湿喷其他区域。

(6)第一道和第二道喷涂中间,需静置10~15min。

(7)第二道喷涂方式和第一道大致相同,先从不易喷涂处喷涂,再湿喷其他区域

(8)喷涂后需观察所有的涂膜层的流平性、橘皮和边边角角不易喷涂处是否完善,如果表面涂膜层有不完善处,可用驳口水加以修饰。

(9)第二道喷涂后,需有10min抽风和静置时间后,再加热,以确保喷涂质量。

3.注意事项

(1)喷涂时需注意压力,抽风超过20min,可确保粉尘、棉絮都下沉,再喷涂,可确保无尘喷涂。

(2)每次的喷涂压力需固定,以免产生色差。

(3)不可过度喷涂,以免产生垂流。

(4)必须确定被涂区域完全过色。

(5)需注意静置时间的调整。

(6)喷涂时需注意工作安全。

(7)患有哮喘、过敏症或过往有呼吸系统疾病者,不能操作含氰化物的产品。

(8)单工序素色面漆喷涂于塑料件时应注意柔软剂的添加量。一般硬塑材不加柔软剂,弹性塑材加10%~30%柔软剂,软塑材加100%的柔软剂。

(9)根据温度及空气流动速度,配合硬化剂、稀释剂的选择。

二、面漆层

对于塑料件的面漆层施工方法与车体面漆层的施工方法有明显的不同。塑料件的面漆层是喷涂于塑料件上,需有弹性或较高的附着力,因而必须添加柔软剂或硬化剂来帮助面漆层,使得面漆层能达到预期的效果。

1.添加比例

(1)素色面漆。

素色+10%~30%柔软剂,弹性塑材。

素色+50%柔软剂,软性塑材。

(2)银粉漆。

直接于银粉漆中加10%柔软剂,不分硬塑材、弹性塑材及软性塑材。

主要材料工具:喷枪、涂料、柔软剂。

主要功能:提供颜色。

2.施工方法

(1)施工者需穿戴防护衣、防护手套、防毒面具。

(2)使用粘尘布清洁粉尘。

(3)按正确的比例调和色漆、柔软剂及稀释剂。

(4)将色漆用滤网完全过滤。

(5)选用适合的喷枪,再将涂料倒入,并准备喷涂。

(6)根据喷枪规定压力做第一道喷涂,并从较难喷涂处先行喷涂,再做整体的喷涂。

(7)第一道喷涂完后,需要静置时间10~15min。

(8)第二道喷涂和第一道相似,先从较难喷涂处先行喷涂,再做整体喷涂.同时需确定被涂物完全过色。

(9)第二次的静置时间为10~15min。
(10)第三道喷涂为降压薄喷,主要功用为调整色漆、银粉、珍珠漆的排列均匀。
(11)薄喷后需再一次静置时间5~10min。
(12)静置时间后需用除尘布轻轻清洁,准备喷涂清漆。

3. 注意事项

(1)注意烤炉的风速、压力,确保无尘烤漆。
(2)注意柔软剂的添加比例。
(3)喷涂时需注意银粉的排列,不能喷花掉。
(4)每次的喷涂压力需固定,以免产生色差。
(5)不可过度喷涂,以免造成色漆垂流。
(6)需确定被涂物完全过色。
(7)二次作法素色色漆层、第三次薄喷可以省略。
(8)可续涂清漆时间:最少15min,最多5h(素色)、48h(银粉色)。
(9)如为双色喷涂时,可贴纸时间为20min(20℃)。
(10)需注意道与道之间的静置时间。
(11)色漆如需研磨可选用P400~P500干研磨砂纸。
(12)喷涂时选用的稀释剂需依温度、湿度、空气流动做调整。

三、清漆层

清漆层通常为涂装的保护层,为底材、色漆层提供保护性(如抗酸、抗紫外线)、持久性、光泽性。于塑料件上必须为清漆层加上柔软性、弹性,使得清漆层在塑料件轻微弯曲时不至于龟裂、脱落而影响到塑料件喷涂品质。

清漆层为双组分油漆,含有丙烯酸聚氨基甲酸乙酸树脂,混合硬化剂时会产生异氰酸,而异氰酸为有害气体,对人体的健康会产生危害。异氰酸会透过肺部而进入血液循环系统,破坏神经系统、肝脏、肾脏、造血系统等,因而施工上除了注意品质外,对于工作安全上更是极为重要。

主要工具、材料:喷枪、清漆、硬化剂、柔软剂。
主要功能:提供色漆层保护及光泽度。

1. 添加比例

清漆+0%柔软剂　　　　　硬塑材
清漆+10%~30%柔软剂　　弹性塑材
清漆+100%柔软剂　　　　软性塑材

2. 调和方式

(清漆+适当柔软剂):硬化剂=2:1。

3. 施工方法

(1)施工者需穿戴防护衣、防护手套、护目镜、防毒面具。
(2)按正确的比例调和清漆、柔软剂后再加入硬化剂,搅拌均匀后再加入稀释剂。
(3)将清漆用滤网完全过滤。

(4)选用适合的喷枪,再将清漆倒入准备喷涂。

(5)根据喷枪规定压力做第一道喷涂,并从较难喷涂的区域先行喷涂,再做大面积的喷涂。

(6)第一道和第二道喷涂中间需有 5~10min 静置时间。

(7)第二道喷涂方式和第一道大致相同,先从不易喷涂处喷涂,再湿喷大面积区域。

(8)喷涂后需观察涂膜的流平性,及表面涂膜是否完善。

(9)第二道喷涂后需有 10min 的静置时间,再行加热烘烤,以确保喷涂品质。

4.注意事项

(1)按塑料件材质加入适量的柔软剂。

(2)不可过度喷涂,以免产生垂流。

(3)需注意静置时间的调整。

(4)需注意喷涂的完全。

(5)患有哮喘、过敏症或过往有呼吸系统疾病者,不能操作含氰化物的产品。

(6)根据温度及空气流动速度,来配合硬化剂、稀释剂的选择。

(7)清漆层有强烈亲水性,需注意作业中的干燥。

项目九 车身涂层局部损伤的修复

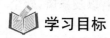学习目标

完成本项目学习后,你应能:
1. 知道汽车车身擦挂划伤的种类及修复方法;
2. 知道汽车碰撞造成防腐蚀层损伤的处理方法;
3. 知道新件更换涂装作业的处理方法;
4. 知道漆膜无损修复的工艺过程;
5. 学会漆膜刮痕、开裂的处理工艺;
6. 学会轿车局部修补涂装的工艺及操作;
7. 学会轿车全涂装的喷涂顺序和喷涂方法;
8. 知道货车、客车修补涂装工艺;
9. 知道驳口及驳口位置的选择;
10. 学会各类面漆的驳口喷涂技术。

建议课时: 36课时

由于涂层损坏的不规范性,修补涂装工艺也几乎各不相同。因此,必须根据涂层损坏状态和现场的具体条件选择不同的修补涂装工艺。车身修补涂装工艺按照修补的面积不同分为局部修补和整车重涂,其涉及范围广泛,涵盖整个汽车涂装工作,包括底材处理、原子灰施工、中涂底漆施工、面漆调色、面漆喷涂及面漆修饰等。作为汽车涂装技术人员,必须懂得并掌握汽车涂层修复的工艺和要求。

车身涂层的局部损伤修复是涂层修复的工作重点,大多数送修的车辆都属于这种情况。局部损伤修复即指对被碰撞、刮擦等损坏的局部表面涂层或经钣金修复及更换的零部件进行修补涂装。

由于车身涂层局部损伤修复中,调色人员所调配的颜色的准确度对修复的质量起到决定性的作用。对于颜色调配准确或深色面漆,在修补中可以采用整板修补的工艺进行;而在调色中存在色差或浅色金属漆而言,为获得令人满意的修补效果,必须采用"驳口喷涂技术"来弥补颜色的不足。

课题一 汽车车身擦挂划伤造成漆膜损伤程度的判断

汽车车身擦挂划伤是指漆膜表面出现的线条痕迹,是常见的漆膜损伤之一。其产生

的原因是:

(1)擦洗不当,汽车在擦洗中若清洗剂、水或擦洗工具(海绵、毛巾等)中有硬质颗粒,都会使漆面生划痕。

(2)护理不当,在给漆面抛光时,若选择的打磨盘粒度较大,打磨用力较重或打磨失手,都会在漆面表面上留下了不同程度的划痕,还有在打蜡时,如蜡的品种选择错误,误把砂蜡用在新车上,会打出一圈圈的划痕。

(3)汽车在行驶中与其他汽车产生刮擦,与路边树枝等物体产生刮擦,以及暴风、砂尘天气与"飞砂走石"产生刮擦都会造成漆面划痕。

维修人员在修复划痕时,首先要看划痕的深浅程度,从而确定维修方案。根据划痕深浅程度的不同,可将其分为微度划痕、中度划痕和深度划痕三种。

一、微度划痕

微度划痕也称发丝划痕,是指只伤及汽车最表层漆膜的轻微划痕。目前,汽车常用的面漆种类按施工工序可分为有单工序面漆和多工序面漆。对于单工序面漆而言,微度划痕即只损伤表层色漆层且未伤透色漆层,如图9-1a)所示。对于多工序面漆而言,因色漆层上还有一层罩光清漆,所以微度划痕损伤的是最外层的罩光清漆层,且未伤透罩光清漆层,对于决定车身颜色的色漆层并无妨碍,如图9-1b)所示。

a)单工序面漆表面的微度划痕图

b)多工序面漆表面的微度划痕图

图9-1 微度划痕图

因为微度划痕对车身面漆的损伤轻微,未完全破坏最表层漆面,所以可以采用研磨抛光的方法进行处理。具体操作如下:

1. 清洗

首先要将漆面表层的上光蜡薄膜层、油膜及其他异物除掉,方法是采用脱蜡清洗剂对刮伤部位进行清洗,然后吹干。

2. 打磨

根据划痕的大小和深度,选用适当的打磨材料,如1500~2500号水砂纸,9um的磨片或美容泥对刮伤的表面层进行打磨。打磨一般采用人工作业,也可以用研磨(抛光机或打磨机)进行打磨抛光。打磨时要注意不能磨穿漆面层,如漆面层被磨穿,透出中涂漆层,必须重新喷涂漆面进行补救。

3. 还原

经打磨抛光的漆面已基本清除微度划痕,对打磨抛光作业中残留的一些发丝划痕、旋印等,可通过漆面还原进行处理。其方法是:用一小块干净的无纺布将还原剂均匀涂抹于漆面,然后抛光至漆面层与原来的涂层颜色完全一致为止。

4. 上蜡

上蜡时,将汽车整个表面同时打蜡抛光一遍。方法是:用洁净的棉纱将蜡质全部擦净后,再涂上光蜡,至漆面清晰光泽显目为准。最后用绒布均匀擦拭一遍即可。

5. 质检

上述工序完成后,还需对修补表面外观质量要进行检查,检查的重点是涂层的色泽必须与原漆面完全一样,若有差异说明表面清理和打蜡抛光没有完全按照要求操作,必要时应进行返工。

二、中度划痕

中度划痕是指损伤已经完全破坏表层漆膜,且已伤及色漆层或中涂漆层的划痕,如图9-2。

此类划痕的破坏程度比微度划痕要严重得多,因其最表层漆膜完全破损,所以无法采用研磨抛光的方法恢复原有漆膜的状态,必须进行修补喷涂。其具体操作如下:

1. 打磨

(1)检查底层涂漆是否附着完好。

(2)对中涂层及面漆层的划伤部分进行打磨,使之平整、光滑。

(3)对损伤部位的边缘进行修整,使其边缘不见刮伤的涂层为止,必要时可适当扩大打磨面积。

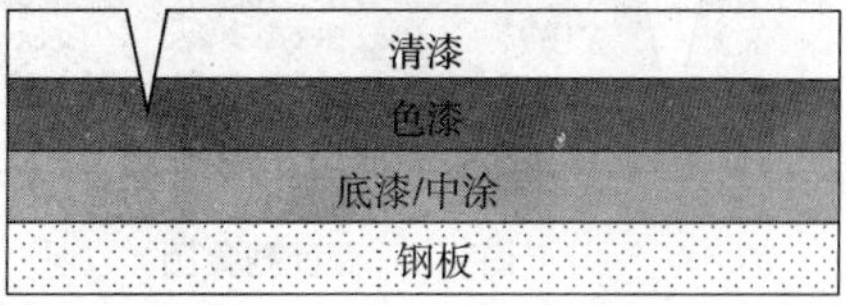

图9-2 多工序面漆表面的中度划痕图

2. 清洗、干燥

(1)清洗表面,使用烘干设备干燥。

(2)用专用清洗剂去除打磨表面的油污、石蜡及其他异物。

3. 中涂层涂装

(1)确定施工工艺参数。根据不同的涂料确定施工黏度、雾化压力、涂装距离、干燥温度、干燥时间等确定参数。

(2)中涂底漆喷涂。对不喷涂的部位进行遮盖后喷涂中涂底漆。

(3)中涂底漆干燥。若修补面积不大,可采用室温自然干燥,但时间较长;一般常用远红外线干燥灯或远红外干燥箱(反射式)进行局部干燥。

(4)中涂层漆面打磨清洁。中涂层漆面干燥后,用P400~P600号干磨砂纸对补涂的漆面进行轻轻打磨,使之光滑平整,用手触摸无粗糙感觉为准。干打磨后,用压缩空气吹净打磨部位,再用清洁的黏性抹布把浮灰等彻底擦净;也可采用湿式打磨,湿打磨时,用P800~P1000号的水磨砂纸带水对修补的中涂层进行表面打磨,同样打磨到用手触摸无粗糙感为止,并用水冲洗干净,将水擦净、晾干或压缩空气吹干,最好还是用远红外线灯箱烘干。

4. 面漆涂装(以单工序漆为例)

(1)在中涂底漆覆盖部位薄喷一道面漆,并留一定的干燥时间。

(2)等待5~10min,在第一道面漆未完全干燥之前喷下一道,直至中涂底漆完全被遮盖好。

(3)待上道涂料的闪干时间过后,喷涂第三道面漆,从外至内喷涂,需完全覆盖上一层面漆的范围,直至预定的接口位置。

(4)完成面漆喷涂,立刻换上驳口水或在原有的面漆中加入接口添加剂或稀释剂,对接口位置进行适当的喷涂。

5. 抛光上蜡

(1)先用棉布、呢绒、海绵等浸润抛光剂,进行抛光,然后擦净。

(2)再涂上光蜡,并抛光。

三、深度划痕

深度划痕对车身的破坏比较明显,一般由轻微地碰撞刮擦造成,伤痕深度大,往往划透所有涂层,严重时甚至会导致车身金属板材发生变形,如图9-3;因为深度划痕将所有涂层都破坏掉了,制造时对车身所做的防腐涂层也可能被破坏,以致金属板材暴露,所以如果不对其进行及时地维修将会导致金属板材氧化生锈,降低使用寿命。

图9-3 深度划痕图

对深度划痕首先应清除损伤板面的旧漆层,用钣金或焊装等方法,修复好已损伤车身的板面,达到与原来的形状、尺寸、轮廓相同要求,然后进行修补涂装,其具体操作如下:

1. 表面处理

(1)用带吸尘装置的打磨机清除表面旧涂层、铁锈,如有焊口则应使用砂轮打磨平整。用P60号干磨砂纸打磨,清除底层表面锈蚀和杂物。

(2)吹净灰尘,并用溶剂将划痕处洗净。

(3)涂上一层薄薄的防锈底漆。

2. 刮涂原子灰

(1)将双组分原子灰覆盖在凹陷处。

(2)原子灰完全干燥后,用P80~P240号干砂纸将原子灰打平整。

(3)原子灰磨平后,换用P320号干砂纸打磨,并扩大到周边10cm左右的部位,为喷涂中涂漆做好准备。

(4)吹尘并用除油剂将打磨处擦净。

3. 喷涂中涂层

(1)将不需喷漆的区域用专用胶纸遮盖。

(2)先用喷枪薄薄喷上一道中涂底漆,然后再喷第二层较厚的中涂底漆,并使其干燥。

(3)用P400~P600号砂纸将中涂底漆磨平。

(4)如果划痕处仍低于漆面,可再喷涂3~5层中涂底漆,并重复打磨清洁步骤。

(5)用1500~2000号砂纸将周围部分打毛,以增加新旧涂层的附着力,再用溶剂擦净。

4. 喷涂面涂(以多工序面漆喷涂为例)

(1)每一层底色漆干燥后,用粘尘布轻轻除去多余的银粉后再喷下一层,直至中涂底漆完全被遮盖好。

（2）把喷枪气压调高至150～200kPa，把握喷涂范围逐渐扩大，一层比一层稍宽以做过渡，从外至内喷涂，每一层干燥后，用粘尘布粘走多余银粉。

（3）喷涂底色漆直至接口位置已不明显，便可等待底色漆干燥，如果使用的是水性底色漆则需要用吹风枪加快底色漆干燥。

（4）完成底色漆喷涂并干燥后，用粘尘布清除工件表面多余银粉，准备喷涂清漆。

（5）喷涂第一层清漆，完全覆盖底色漆范围。

（6）第一层清漆的闪干时间过后，喷涂第二层清漆，需完全覆盖第一层清漆的范围，直至预定的接口位置。

（7）完成清漆喷涂，立刻换上驳口水或在原有的清漆中加入接口添加剂或稀释剂，对接口位置进行适当的喷涂。

上述面漆喷涂操作为"驳口喷涂技术"，我们将在本章节项目四中再做详细的介绍。

5. 抛光上蜡

（1）将喷涂完并干燥后的车身，拆除遮盖物。

（2）用极细的砂纸带水将车身表面满磨至涂膜表面光滑平整为止。

（3）用抛光蜡抛光。先用抹布将涂层表面擦净，用呢绒、海绵等浸润抛光蜡进行抛光。

（4）抛光之后再用上光蜡抛出光泽，使其表面光亮如新。

课题二　汽车碰撞造成漆膜损伤程度的判断和处理

随着人们生活水平的提高，汽车已经成为人们最熟悉的交通工具。人们在使用汽车的过程中，不可避免地会发生一些碰撞事故，从而造成汽车漆膜的损伤，影响美观。正确地判断车身漆膜的损坏程度，是确定汽车修补工艺的前提，也是保证涂装质量的关键因素之一。

一、汽车碰撞造成的漆膜损伤程度的判断

涂装人员接车后，首先要评估判断涂膜的损伤程度，确定修补涂装工艺。涂装人员应该怎样评估判断涂膜的损伤程度，进而选择合理的修补涂装工艺呢？

一般情况下，在对汽车涂膜的损伤程度进行评估前，都要对汽车的表面进行清洗。根据汽车的受损程度和施工要求，可以进行全车清洗，也可以只对受损部位进行局部清洗。

1）车身表面的清洗

（1）全车表面的清洗

虽然涂装施工可能只针对车身的某一板件或板件的某一部分，但通常需要彻底清洗整车上的灰尘、污垢或其他异物。在汽车车门、行李舱、发动机机盖和轮胎挡泥板的边缘和缝隙等处积存着大量的灰尘和污垢，如不清除干净，新喷涂膜上就可能沾上很多污点，因此必须进行全车清洗，全车表面清洗的部位如图9-4。清洗时，一般先用自来水冲洗，然后用车辆清洗剂清洗，最后再用清水冲刷干净。

车身表面的清洗一般采用专用清洗剂，汽车清洗剂具有超强的去污能力。车身表面

清洗常用的工具有洗车机、洗车刷和标准洗车海绵等。

(2)车身待修补区域的清洁

清洁车身待修补区域的目的是除去车身表面的油脂、污垢、石蜡和硅酮类抛光剂,以提高涂膜的附着力,防止涂装缺陷的产生。车身待修补区域主要采用有机溶剂清洗。清洁时,用干净抹布蘸上清洗剂擦洗待修补区域及其周围,溶解车身表面的油脂、石蜡和抛光剂,然后再用另一块干净的抹布擦干。若需清洗硅酮类化合物,在擦干后用P500或P600号砂纸打磨车身表面,再次重复上面的擦洗工作。

2)车身漆膜损坏程度的判断

只有对车身漆膜损伤程度进行了正确的评估后,才能确定修补范围,从而确定各道处理工序的范围、确定过渡区域、需遮蔽保护的部位、需拆卸的零件等,为后续工序的正确实施奠定基础。常用评估车身表面损坏程度的方法有目测评估法、触摸评估法和直尺评估法。

(1)目测评估法

目测评估法是指根据光照射钣金件的反射情况,评估损坏的程度及受影响面积的大小。不断改变人的眼睛相对于钣金件的位置,通过前、后、侧面的观察,即可看到微小的变形。目测评估时,不能在强光下进行,因为强光会影响人的观察能力。

(2)触摸评估法

使用触摸法评估损坏程度时,应戴上棉纱薄手套,从各个方向触摸受损的区域,如图9-5所示;在触摸时,注意不要用任何压力,应将注意力集中在手掌上。为了能准确地找到受影响区域的不平整部分,手的移动范围要大,要包括没有被损坏的区域,而不是只触摸损坏的部分。此外,对于有些损坏的区域,手在向某个方向移动时,可能比向另一个方向移动时更容易感觉到。

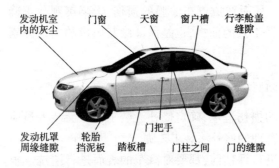

图9-4 车身表面清洗部位

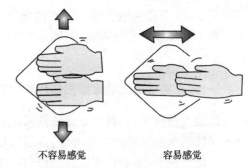

图9-5 用触摸法评估损坏程度

(3)直尺评估法

直尺评估法是指将一把直尺放在车身另一边没有被损坏的对称的区域上,检查车身和直尺间的间隙,然后将直尺放在被损坏的车身钣金件上检查间隙,通过对比,评估被损坏的车身板件变形量的大小,如图9-6所示。

在使用直尺评估法时,损坏件如果有凸出部分,将影响评估操作,此时可用冲子或鸭嘴锤子将凸起的区域敲平或使其稍稍低于正常表面,如图9-7所示。

3)车身修补涂装工艺的确定

车身修补涂装工艺的选择一般从涂膜损伤的部位、涂膜损伤的面积、车身凹陷的情况、颜色匹配的要求和车身底材的特性等几个方面去综合考虑。

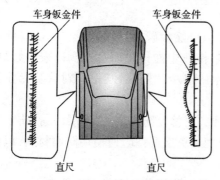

图9-6 用直尺评估法评估损坏程度

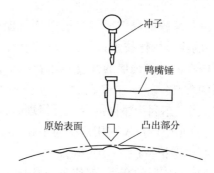

图9-7 敲平损坏的凸出部位

（1）根据视觉的鲜明程度确定修理工艺。一般将车身划分为A、B、C、D四个区域。A区域最为显眼（包括发动机罩、车顶、行李舱盖及车门和翼子板的上部），不能采用点修补工艺，通常要进行整板修补涂装；B区域显眼程度次于A区域（包括保险杠上部、车门和翼子板中部），涂膜损伤范围小于10cm^{2}的情况下可以采用点修补工艺，其他情况只能采用整板修补；C区域视觉效果不太明显，适应各种颜色的局部修补；D区通常是看不到的区域，各种修补工艺均能适应。

（2）根据涂膜损伤的面积确定修理工艺。一般情况下，涂膜损伤很小，损伤范围在10cm^{2}以内或小凹坑的直径在2.5cm范围内，采用点修补工艺；若不止一处损坏，但相互邻近，且总体覆盖面积不大，也可采用点修补工艺；若板面的中间和边缘有损坏，板面的两侧有损坏，一般采用底色漆过渡喷涂，清漆整板喷涂的修补工艺；在一块钣金件上损伤较大时，采用整板重涂工艺；若车身漆膜大面积损伤或多处损伤，在局部修补不能解决的情况下，一般都采取整车重涂工艺。

（3）根据车身凹陷的情况确定修理工艺。若车身板没有凹陷，一般采用局部修补；板件凹陷直径在2.5cm范围内，需要刮涂原子灰，可以采用点修补工艺解决；如果凹陷面积较大，底色漆局部修补完成后面积会较大，整板喷涂则是最好的解决方法。

（4）根据颜色匹配的要求确定修理工艺。所有底色漆的颜色都可以成功的进行过渡，但有些颜色需要准备较大的面积才能做到无痕修补。当修补区域在板面中间部位时，浅颜色底色漆不适于在小范围采用点修补工艺，当损坏部位位于板面的边缘时，这些颜色可以采用点修补工艺；对于半暗、较深颜色的底色漆以及双工序珍珠漆，在大部分区域都可以在小范围内采用点修补工艺。

（5）根据车身底材的特性确定修理工艺。对于不同底材，其涂装工艺也有很大差别。例如，钢铁材料的涂装一般包括表面预处理（除锈、脱脂、除旧漆膜、刮原子灰等），底涂层涂装和面涂层涂装等工艺；铝材表面附着力小，必须进行脱脂、蚀洗、酸洗和粗化处理，然后才能进行底涂层、中间涂层和面涂层涂装等工艺；镀锌板必须进行钝化和磷化处理后才能涂装；硬质塑料表面一般不用喷涂底漆，但对于聚丙烯（PP）、聚对苯二甲酸丁二醇酯（PBT）、聚甲醛（PYM）和聚碳酸酯（PC）等则需要使用专用塑料底漆，以增强面漆对被涂物表面的附着力。

二、防腐蚀层的修复

无论是漆膜的局部轻微损伤或严重损伤,都可能会破坏到车身原厂的防腐涂层。目前,许多的涂装操作技术人员,在进行修补涂装作业中往往只注意车辆外表的修复,而很少注意内在的防腐蚀层的修复。随着汽车技术的进步,"防腐蚀"一词对涂装专业人员已有了新的含义:

(1)当汽车因为碰撞需要进行修理时,需要同时修复防腐层、底涂层和隔音层。

(2)汽车生产厂家在用户手册中建议在修理和更换部件时应使用防腐材料,以恢复原有的防腐蚀保护特性。

(3)保险公司的介入,促使车身修补涂装人员加强对预防腐蚀的修理工作。

(4)由于在车身修复时替换板件用量的不断增加,要求进行更全面的防腐蚀工作。

(5)由于轿车生产采用了"整体车身"的结构,车身面板已不再是只起到装饰作用的金属板了,已成为汽车完整结构的一部分;车身的关键部位越来越多采用焊接连接,车身钢板的锈蚀不仅仅影响汽车的美观,如果关键部位锈蚀,将带来损伤,因为结构板件和杆件的锈蚀将会影响汽车的驾驶性和乘客的安全。

为提高"整体车身"耐腐蚀性,汽车生产厂已经不用普通钢板,大量选用镀锌板、锌合金、铝合金、塑料和低合金高强度钢板,在涂装方面使用多层的组合涂层,最后在车身的封闭部位和车底部喷涂或灌注防腐蚀材料,如防锈蜡,使汽车车身的防腐蚀保证期达到10年以上。正因为新车产品性能巨大的改善,使得车身修理行业不得不面临新的挑战,即修理后部件的防腐性能必须达到甚至超过原有的指标。因此那些技术未过关的车身修理厂必须努力提高自己的技术水平,才能达到原厂车身的耐久性和安全性的要求。

1. 原厂车身防腐层损坏的原因

造成原厂车身防腐蚀层损坏的主要原因

1)漆膜损坏

漆膜受到了破坏,金属板材就会开始腐蚀,石击、潮气和不正确的表面处理都会导致漆膜的破坏。

2)碰撞

碰撞通常会使保护涂层损坏。损伤不仅仅发生在直接被撞的部位,也会发生在间接受影响的地方。焊缝会开裂,铆接点会松动,而漆膜则会破裂或脱落。找到并修复所有受影响的部位仍是维修工面临的关键问题。

3)违反规定的修理过程

车辆的维修也是导致保护层损坏的主要原因之一。例如修理时经常需要用手工或等离子焊枪切割车身板件和接缝,即使是一般的局部矫正或释放应力等操作也会损坏保护涂层,导致腐蚀的发生;而普通的焊接高温会使焊接部位的镀锌层破坏;钣金修理和表面精修时的研磨操作,也会破坏保护层。因此在完成所有焊接和其他维修工作后,一定要彻底地清除干净保护层受损部位的杂质,然后必须采取措施将金属表面封闭起来,使其与空气彻底分隔开来。

保护原厂防腐蚀层的措施:

(1) 从受损部位,打磨掉的漆膜应尽可能少。
(2) 应保护好其他部位不受划伤。
(3) 钣金修理时经常需要使用夹具或固定受损部件,对这类夹紧部位造成的伤痕也必须进行修复。
(4) 对金属板件进行磨削、切割或焊接时,应使用覆盖物保护好周围相邻的漆膜,以防止火焰或金属碎屑损伤漆膜,同时遮盖住车体结构梁和类似部位,以防金属碎屑飞入。
(5) 将车身内残留的金属碎屑应彻底清理干净。注意清理时只能使用吸尘器,而不能用压缩空气吹,否则金属碎屑可能会被吹到无法清理的地方。
(6) 在修理时必须足够重视电化学腐蚀,即两种不同材料的金属相互接触,在电解质的作用下发生的腐蚀。

在车身的修理时,不仅要注意修补涂装的外观装饰性,同时要注意车身修理后的内在质量。如果防腐蚀工作做得不好,由于车身内部或钢板背面产生的腐蚀,引起外表涂层下的锈蚀,并在表面涂层下逐渐扩散开来,且不断向金属内部渗透,被破坏的面积会迅速扩大。

2. 防腐蚀涂层修补处理的工艺过程

防腐蚀涂层的修补一般按以下工艺程序进行:
(1) 查找防腐蚀涂层、隔音层和PVC涂层损伤部位,如碰撞部位的内腔、内表面;外表修补涂装表面的背面;钣金修理和焊接切割部位的直接损伤和间接损伤面。
(2) 确定修补工艺及用材。
(3) 清理干净防腐蚀涂层被破坏表面上的沉积物和松散的隔音层等,用白醇湿润的抹布擦洗或用化学手段清洗干净。
(4) 按底材材质喷涂底漆,如铝材或镀锌板,加喷转换涂层;一般钢板喷涂双组分环氧树脂底漆。
(5) 自干或烘干底漆层。
(6) 喷涂或刷涂防腐蚀涂料、隔音涂料或耐腐抗石击涂料。
(7) 按技术要求自干或烘干。

在防腐蚀涂层修补后或外表装饰涂层修补完成后,车身结构内腔、缝隙和底板下表面喷涂车身表面保护剂、密封剂或防锈剂。这些材料可以有效地防止泥水等渗入车身板件的连接处,可以使两个相互连接的表面之间和背面不易喷涂表面得到有效的防锈。

车身底部的防锈处理究竟是由车身钣金工来完成,还是由涂装工来完成,需要根据具体情况来确定。需有提升装置或地沟,才可使车身底部的防腐蚀工作更容易进行。进行车身底部防腐蚀处理时,应先从喷涂翼子板和轮罩内侧开始,对翼子板的焊缝处应特别注意。对一些车型而言,还必须先卸掉车轮,以能进行完全的喷涂。然后喷涂车身底部其他部位和挡泥板与前后保险杠的连接处。在作业中,应注意产生高温的部位,如排气管或消声器不能涂漆,在悬挂系统、牵引系统、制动毂及其他运动部件也不能喷涂。

3. 外饰附件的安装

在车身上安装铝制保险杠、不锈钢或铝质车身装饰条时应防止产生不同金属部件之间的电流腐蚀,增加一层屏障是非常重要的,使用塑料或橡胶隔板就很有效。安装时一定要正确操作,如安装饰条进需要对原有车身或修补后的车身表面钻孔,所有的钻孔操作必须在喷涂底层涂料之前进行,钻孔部位及孔的内壁应喷涂上底漆。

三、漆膜严重损伤的处理

在汽车发生严重的交通事故时,车身金属钣材甚至整个车身都会发生折皱、弯曲、拉伸等不同程度的变形。同时,处于这些变形部位的漆膜也将产生损伤,最常见的就是在碰撞部位的漆膜产生开裂、折皱,如图9-8所示;发生类似严重交通事故的汽车在钣金维修中往往采取更换新件的方法进行修理。因此,作为涂装操作人员必须掌握新部件更换涂装作业。

汽车部件涂装作业可分为金属部件涂装和塑料部件涂装两种工艺。

1. 金属部件涂装工艺

目前,维修厂家使用的新钣金件一般都是原车制造厂家所生产的,在这些部件上都已经做了很好的防腐处理,如磷化处理、电泳底漆等。在维修过程中,若金属板材表面的涂层完好无缺,可在除油后直用P320号干磨砂纸进行打磨,在打磨中注意不要磨穿原有的防腐涂层。如果板材表面的涂层有缺陷或有焊接口,则应对缺陷进行打磨处理后做好防腐处理,可先刷磷化底漆后再涂环氧底漆,面积较小的也可以直接刷涂环氧底漆。打磨磨毛后整板喷涂中涂底漆,待中涂底漆干燥后利用P400~P500号干砂纸打磨平整、光滑后即可对其喷涂面漆。

2. 塑料部件的涂装工艺

新塑料部件的涂装工艺与金属部件涂装工艺不同之处是,塑料件表面先进行粗糙处理,将蜡层磨透磨光,即可进行底漆涂装;另一点是底漆必须使用丙烯酸环氧类塑料底漆,不能涂一般防锈底漆。

四、涂膜局部损伤的处理

漆膜的局部轻微损伤往往发生在车身金属板材变形不严重,受损面积较小的情况下,这类漆膜的损伤一般有以下几种情况:

1. 涂膜无损的凹陷及修复

在车身发生轻微碰撞后,在金属板件上产生小的凹陷,而且碰撞处的涂层完好无损时,如图9-9所示,可以使用粘接的方法来修复板件及漆面,这样可以节省大量的时间和劳动量,同时还可以避免重新喷漆所带来的配色问题。

图9-8 车身严重碰撞的漆膜损伤

图9-9 涂膜无损的凹陷

1) 粘接修复

粘接法修复是使用粘接的方法把介子(衬垫)固定在变形的部位。通过衬垫粘接在变形区域进行拉伸校正,最后通过溶剂把黏合剂去掉,变形区域的变形被修复,但是表层的油漆不会受到损伤。

2) 粘接修复工艺过程

(1) 使用稀释剂清洁车身损伤表面和准备使用的衬垫,可以使用丙稀酸合成的稀释剂或磷酸稀释剂,不要使用清洁稀释剂。

(2) 清洁后不要再次污染衬垫和车身板件变形表面,保证能够很好地进行黏合。

(3) 使用一个中性的毛毡尖笔在需要拉拔的碰撞点做标记。这个标记点应位于变形最深的部位。

(4) 将胶水枪的电源接通,将胶棒插到胶水枪里,等待 4~5min 后,胶被加热变成液体状后才能使用。

(5) 选择最合适的衬垫,直径与变形区域的直径相似;衬垫要准确地粘接在变形部位的中心,把胶均匀地涂到衬垫上,涂胶的面积不能超过碰撞变形部位的直径。将衬垫放到碰撞点上,胶的厚度必须填平变形的凹陷部位,一定厚度的胶可以依靠其弹性,参与凹陷拉拔的过程。

(6) 变形部位粘接好衬垫后,不要用力向下压衬垫,要等待 2~3min 后,确保胶硬化成固体。

(7) 将衬垫拉拔装置装到拉伸枪上,面向外。根据碰撞直径和工作表面的形状调节拉伸枪上的剪刀形基座,在衬垫和基座间留出 2~3mm 的自由空间,并在衬垫周围使用衬垫拉拔装置,在拉伸枪的控制杆上施加合适的压力。如果表面允许,围绕衬垫旋转拉伸枪,以分散拉拔力的作用,拉拔力必须垂直作用于工作表面。

(8) 拉拔完成后,使用同样的稀释剂取下衬垫。在衬垫周围滴几滴稀释剂,使用塑料刮刀的边缘取下胶。使用同样的方法取下衬垫上的胶,对修复表面进行抛光处理后就得到完好的表面。

2. 涂膜刮伤的修复

一些常见的小毛病,例如轻度划痕,可以用抛光蜡清除掉,这种具有研磨作用的化合物,可以清除受损的表面漆层,使下面良好的涂层显露出光泽来。其他一些表面损伤,如刮痕,由于太深且面积较大,另外还有一些刮痕可能会伤到金属材料,所以用简单的抛光蜡抛光是消除不掉的,必须用中间涂层进行修补。以下介绍刮痕未伤及金属板材的处理方法:

1) 表层的预处理

用清除蜡和油脂的清洗液清洗干净待修理的部位,然后轻轻地打磨被刮伤区域。如果需要打磨的面积较大,可以使用打磨板,当打磨面积较小时,可用一张 240 号砂纸叠成三层来用。应把表面涂层打磨得稍微粗糙一些,以使中涂层和新喷涂的底层涂料可以牢牢地附着到旧的表面涂层上。打磨时按砂纸的力度不要太大,压力过大会使打磨表面出现小斑点或不平整,以至需要重新使用原子灰进行修补和打磨。粗磨完后,用压缩空气或软棉布将打磨部位清理干净,并用粘尘布轻轻擦拭一遍。

如果刮痕是出现在面积较大的板件上，可以先用底层填实涂料填补修补部位。使用可喷涂式聚酯底层涂料可以填补 15μm 的深度，另外还可以采用中涂层进行修补。

按照中间涂层涂料包装上的使用说明，将其涂在干净的刮板的边沿。当仅填补刮痕和凹点时，不要在刮板上挤太多。

使用合适的压力，将中间层涂料刮抹到修理的部位。必须使用橡胶刮板，而且刮板抹的动作一定要快。刮抹时只能朝一个方向，不要反复刮抹同一部位。如果反复刮抹，会把中涂层从车身表面带下来。

让中间涂层完全干燥。干燥时间随中间涂层的厚度而定，一般在 20~60min。如果中间涂层还没有完全干燥就进行打磨，就会导致表面涂层产生砂痕。

2）打磨中涂层

等中涂层干透后，使用 P240 号砂纸打磨修理区域。湿打磨可以防止中涂层砂纸导致修理表面产生更多的刮痕。使用打磨块可以防止由于手指的压力而产生的凹点。

打磨时，可以用手掌在刮过中涂层的部位感觉该表面有无凸起。打磨后，应将打下来的粉末冲洗干净并把表面擦干，等完全干燥后用粘尘布再擦一遍修理表面。

检查用中涂层修补过的刮痕有无凹点没有填上，如果刮痕还需要更多的中涂层进行再修补，可以重复上述操作。当原来有刮痕的表面不再看到任何缺陷以后，就可以准备好喷涂底层涂料和面层涂料了。

3）打磨修补

当刮痕已用中涂层涂料修补过且被打磨得与周围板件齐平之后，修理部位还必须进一步打磨平滑，以便喷涂底漆。

使用打磨板配合 P400 号水砂纸对中涂层涂料修补好的刮痕进行最后的打磨处理。湿打磨可以防止砂纸阻塞，产生过多的砂痕，而使用打磨板可避免修理表面出现凹点。打磨时用力要小，且打磨板在修理表面一次移动的距离应尽量长，不要集中在一个地方反复打磨，以免造成打磨过多，导致形成凹点。如果打磨后有凹点产生，必须使用中涂层涂料再修补。

当打磨到满意的光滑度后，冲洗干净打下来的粉末并把表面擦干。然后用黏性抹布再擦一遍修理部位。当修理表面已经干燥和没有灰尘之后，就可以在整个修理区域喷涂一层中等厚度的底层涂料了。等底层涂料闪干或表面干燥 5min 左右之后，用 P400 砂纸对底层进行湿打磨。反复进行这一过程，直到修理部位打磨光滑为止便可进行表面喷涂了。

3．涂膜裂痕的修复

1）打薄周围旧的表面涂层

将表面清洗干净和清除掉蜡之后，修理裂痕和深刮痕的第一步工作是将剥蚀了的涂层毛边打磨光滑，这通常称为打磨羽状边，也叫边缘打薄边，将涂层的边缘打磨出一定的坡度，使涂层和金属表面逐渐融合过渡。使用单作用打磨机配合 P80 号的干砂纸可以很快的将表面涂层的剥蚀和裂痕的边缘打薄。对表面较密的小点，可以使用打磨板来打磨。应将旧的边缘磨出坡度，当用手触摸打磨部位感觉比较光滑时，改用 P120~P180 号干砂纸将刚才打磨造成的砂痕打磨掉。

2）喷涂底层涂料

将涂层开裂部位的四周打磨光滑后，用磷化底漆清洗干净金属表面。磷化底漆是一种酸性化合物,可以和铁锈的小颗粒发生中和反应。这种酸性化合物还可以侵蚀金属表面,从而增强金属和底层涂料的附着力。绝不能让裸露的金属表面暴露在空气之中,否则空气中的水分会很快导致金属表面产生锈蚀。即使是最薄的一层铁锈也会影响涂料和金属表面的正常附着。锈蚀层会接着变厚和鼓成小包,最终导致涂层的彻底破坏,使得该部位不得不重新打磨,再修理一次。使用铬酸锌盐基底层涂料覆盖裸露的裸金属表层可以防止锈蚀的产生,并在其表面喷涂环氧底漆,这样能很好地保证表面涂层良好的黏合。

将打磨下来的粉尘吹净后,再用粘尘布擦干净。然后施工原子灰填平修理部位,等原子灰完全干燥之后,再用灰色底漆喷涂一层雾状涂层,接着用打磨板进行打磨,如果发现有凹点,再次使用原子灰将其填平,重复上述工作。

3)喷涂中涂底漆

要想使修理表面获得特别光滑的效果,必须进行打磨和喷涂中涂底漆。应使用P320号砂纸和打磨板进行打磨,每次打磨的距离应尽可能长和直,以免产生凹点。打磨曲面时,注意应用掌心轻轻地握住砂纸或使用柔性打磨机。

吹尘除油之后,用粘尘布将打磨过表面擦拭干净,然后喷涂中涂底漆。中涂底漆应覆盖住原子灰的全部部位和周围几厘米的旧涂层。

待中涂底漆干燥后使用P400～P500号干砂纸进行打磨,打磨至表面光滑即可喷涂面涂层。

课题三　局部损伤漆膜修补涂装工艺要求和操作方法

汽车修补涂装主要是指下列几种情况的涂层修复:汽车因交通事故或与障碍物碰撞而部分受损,对钣金修复的部位或部件进行涂层修复;因汽车车身的部分表面或部件的锈蚀或起泡等缺陷使涂层损坏,需进行的修补涂装;车身的颜色局部老化或变色,需进行的修补等。

修补涂装根据对汽车表面涂层的修复面大小,可分为局部修补涂装和整车全涂装;按涂装车型,又可分为轿车修补涂装、货车修补涂装和客车修补涂装。

一、轿车局部修补涂装工艺过程

1. 准备工作

(1)将周边影响钣金、涂装作业的部件拆除,如前照灯、尾灯、转向灯、车身装饰条等。

(2)对损坏的部位或部件进行钣金整形或更换新的部件。

2. 涂装前表面处理

(1)在钣金维修过程中,敲击等工作可能会使修复区域内的涂层存在附着不良或开裂等现象,清除钣金修复部位的旧涂层,有利于提高涂装修复的质量。

(2)羽状边打磨,打磨掉钣金修复区域的底材表面与完好旧涂层之间的厚度差,以使修补部分与原涂层平滑衔接。

(3)用吹尘枪利用高压空气除尘后,用专用除油剂擦净油污。

3. 损伤区修复

(1)为提高防腐能力,对裸露金属的部位必须喷涂防锈底漆,车身修补涂装常用的防锈底漆有环氧底涂。环氧底漆可自然干燥,也可用红外线烤灯强制干燥,以提高生产效率。

（2）防锈底漆干燥后可用三维打磨材料菜瓜布轻轻打磨,除去底漆表面的油污、氧化物等,提高原子灰附着力。

（3）在羽状边打磨区域内刮涂合金原子灰,合金原子灰也称钣金原子灰,比普通聚酯原子灰性能更好,自然干燥速度快,也可强制加温干燥,多用于涂装要求高的轿车车身。

（4）手摸检查原子灰施涂情况,确保整个刮涂原子灰的表面略高于周边完好的旧涂层表面。在原子灰层上施涂打磨指导层,手工或机械配合 P60 到 P240 号干磨砂纸打磨原子灰,消除不平整。

（5）仔细检查修复表面,若平整度未达到要求,必须重复刮涂和打磨原子灰工序,直到表面平整。用双作用偏心打磨机配合 P320 号干磨砂纸消除打磨痕迹,并扩大 10cm 左右的打磨范围。

（6）吹净打磨粉尘,用除油剂擦拭除去表面油污。

4. 喷涂中涂底漆

（1）用专用遮蔽纸遮盖周围不补漆的部位。中涂底漆施工时,应用反向贴护的方法进行遮盖。反向贴护能有效的避免中涂底漆在遮盖边缘上形成时显的边口,有利于打磨,能减轻维修人员的劳动强度。

（2）喷涂 2~3 遍中涂底漆,每一遍之间必须留有足够的闪干时间,使其达到规定的厚度。一般中涂底漆施工两道后涂层厚度可以达到 60~100μm,可进行自然干燥或低温加热强制干燥。

（3）用 P400~P500 号干磨砂纸进行面漆喷涂前打磨,以获得平整光滑的涂层表面,提高面漆的附着能力。一般采用 P400 号干磨砂纸用作单工序素色面漆前的打磨;P500 号干磨砂纸用作多工序面漆施工前的打磨。如果在打磨过程中将中涂底漆磨穿,露出原子灰必须补喷中涂底漆,并重新进行打磨。

（4）清洁、除尘。

5. 涂装面漆前的准备

（1）对不补涂面漆的部位进行遮盖。

（2）用除油剂擦拭被涂表面除去残留油污,并用粘尘布除尘。

（3）调配面漆颜色及黏度。

6. 喷涂面漆

1）单工序面漆一般采用"湿碰湿"喷涂方法喷涂 2~3 遍,即可达到满意的效果;双工序面漆施工时,则需先喷涂 2~3 遍底色漆然后再喷涂 2 道透明涂层。各道涂层之间必须确保留有充足的闪干时间,闪干时间一般为 10min 左右,也可指触涂层的边角隐蔽处或遮蔽纸上的涂料,不粘手、不拉丝即可。

2）面漆喷涂完毕后,可让其自然干燥,也可进行强制干燥。

3）湿碰湿工艺说明

湿碰湿工艺方法是,将第一道漆喷涂均匀稍薄些,待一部分溶剂挥发后,漆膜表面没有干时,再连续喷涂 2~3 道,喷到所需的厚度,使漆膜一次成形。

(1) 湿碰湿工艺的优点。

涂料连续喷涂,一次成形,减少了中间隔离层次,可缩短工序时间,提高工作效率。一次成形涂膜厚度可达 80~100μm,比隔离日期喷涂一次喷涂厚 30~50μm。涂膜可溶为一体,结合力强,表面光泽丰满,有良好的耐久性,品质可靠。

(2) 湿碰湿工艺要点。

① 调整合理的喷涂黏度,涂料由于在运输储存时间不同,其黏度有很大变化,在施工中如果黏度过大,喷涂出的涂料雾化较差,会造成涂膜表面流平性差,常出现颗粒形的凹凸不平或橘皮状,失去平滑光亮的表现。但是黏度过低,喷涂的涂膜将较薄,同时也容易流淌,涂膜保光度差。

② 在作业时应将涂料黏度调到常温时的黏度(25℃,25~40S,涂 4 号黏度计)。当室温低于 10℃时,可将涂料隔离加温,恢复涂料的常温黏度。这样可以节省一些稀料,还能保证品质。当湿度在 15℃以下时,每道涂膜厚度控制在 20μm 左右。

③ 掌握不同温度下的间隔时间,这种喷涂方法在不同的温度下需用的间隔时间是不一样的。因为在涂料中含有的一部分溶剂需要一定的时间挥发,喷涂完一道后要让一部分溶剂挥发后,才能喷涂下一道。温度越高,溶剂挥发越快,间隔时间越短;温度越低,溶剂挥发越慢,间隔时间越长。

7. 收尾工作

(1) 清除遮蔽纸,擦去残留的胶质。

(2) 检查漆面效果,用抛光蜡抛光,消除细小缺陷,提高面漆装饰性。

(3) 组装修补涂装前卸下的部件。

二、轿车车身局部修补涂装实例

本节以深色双工序金属面漆修补前轮翼子板为例,详细讲述局部损伤涂膜修补工艺过程,包括从羽状边制作开始,直到最后的面漆修饰。

1. 受损涂层的清除

钣金修复作业结束后,先要将受损伤部分的旧涂层剥离,以便修补。剥离作业所用工具,是单作用电动或气动打磨机,配合 P60~P80 号干磨砂纸。砂纸的粒度应根据被剥离的涂层的厚度而定。像有原子灰的厚涂层,可用 P60 号;新车涂层很薄,可以用粒度更细的,甚至可以用 P120 号干磨砂纸,如图 9-10 所示。

2. 羽状边的制作

羽状边制作时,先用 P80~P180 号砂纸配合 φ5 双作用打磨机,打磨车身上经过钣金及需要填补原子灰的地方,然后用 P180 打磨羽状边缘。羽状边位置应该大于 3cm,羽状边缘每层漆的宽度不少于 5cm,如图 9-11 所示。如果没有打磨羽状边或羽状边处理不规范,会造成喷面漆后出现原子灰印痕,严重时会造成原子灰开裂或脱落。

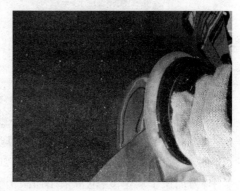

图 9-10 气动打磨机剥离作业

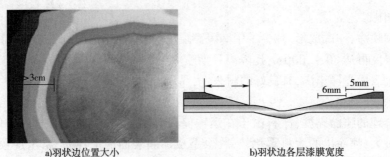

a) 羽状边位置大小　　　　　　　b) 羽状边各层漆膜宽度

图 9-11　羽状边的制作要求

3. 喷涂防锈底漆

羽状边制作好后，用压缩空气清除灰尘、碎屑，再进行除油。除油时两手各持一块干净的除油布，一块饱蘸除油剂，另一块为干布，一手用蘸有除油剂的布擦拭第一道，另一只手马上用干布将第一道擦拭的湿痕擦干，以吸附、去除油污和蜡渍等。也可用喷壶将除油剂喷于待清洁表面，用干净的布迅速擦干除油剂进行除油，如图 9-12 所示。对裸露的金属部位喷涂防锈底漆，一般在汽车修补涂装中常使用环氧底漆做打底用，但环氧底漆表面易粉化，在刮涂原子灰之前必须经过打磨。

4. 刮涂原子灰

环氧底漆干燥后用红色菜瓜布进行打磨，去除表面粉化层，进行清洁后马上施涂原子灰。

原子灰以主剂 100 份，固化剂 2 份的比例调制原子灰，调制时刮刀要稍用力挤压，排出其中渗入的空气，以免出现气泡，调制均匀后就可以刮涂。

刮涂原子灰时，首先垂直地用刮刀薄涂原子灰以令其可以紧贴于修复表面。然后，以 30°~45°角使用刮刀再涂刮一层，使原子灰略高于周边完好的表面，如图 9-13 所示。

图 9-12　对损伤处喷洒除油剂

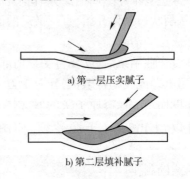

a) 第一层压实腻子

b) 第二层填补腻子

图 9-13　原子灰刮涂手法

若需填补较厚的原子灰层时，应分多次进行，不能一次刮抹过厚。为了更好地施工，先在小面积部位涂刮原子灰，然后再逐渐地扩大施涂于较大面积部位。原子灰刮涂的面积不能超出羽状边打磨的范围，刮涂时应尽量使用来回刮涂的方法。

原子灰干燥速度快，在常温下涂抹 20~30min 后就可以进行打磨。但是在气温较低的冬季，为加快干燥速度，也常采用强制干燥手段，在涂抹原子灰 5min 左右，以 50℃~60℃加热 5~10min，然后再进行打磨作业。

5. 打磨原子灰

根据原子灰面积大小使用轨道式干磨机或用吸尘式干磨手刨板配合 P60、P80、P120 砂纸打磨整平原子灰,打磨时不要超过原子灰范围,否则会在涂层表面留下过粗的打磨痕迹,如图 9-14 所示。然后使用吸尘式干磨手刨配合 P180、P240 号干磨砂纸打磨原子灰表面和涂层的结合区。

手摸检查原子灰平整度,检查时,应从多个方向仔细抚摸打磨表面,如图 9-15 所示。如果不能通过检查,必须用原子灰补刮,并重新打磨。待原子灰修补平整后,用偏心距为 φ5mm 的双作用干磨机配合 P240、P320 砂纸打磨原子灰羽状边以及周边需要喷涂中涂底漆的区域,这样做的目的是要清除较粗的砂纸打磨痕迹,形成平整的表面。再次检查平整度、针孔及砂纸痕,如果不能通过,仍需用原子灰填补并重新打磨。在打磨过程中,每次更换砂纸均需使用打磨指导层。

a)打磨的范围及方向　　b)表面留下的粗砂痕

图 9-14　原子灰打磨

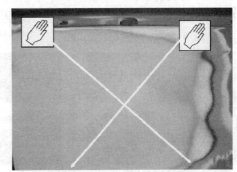

图 9-15　原子灰平整度的检查

6. 喷涂中涂底漆

打磨结束以后,用压缩空气清除粉尘、碎屑等,然后用除油剂擦拭表面,用遮蔽纸反向贴护周围不需要喷涂的部分,保证贴护区域超过原子灰边缘至少 10cm 以上,并在 P320 干磨砂纸的打磨痕迹里面,做好喷涂中涂底漆的准备,如图 9-16 所示。

喷涂第一道中涂底漆时,应先喷涂整个修补面,然后逐渐缩小喷涂面积,最后一道中涂底漆的喷涂范围应略大于原子灰与原涂层的边缘交接处,如图 9-17 所示。每次都要薄薄地喷,反复喷 2~3 次,每次间隔 3~5min,这样效果较好,可以加速溶剂挥发,加快干燥时间,对底层的影响也较小。

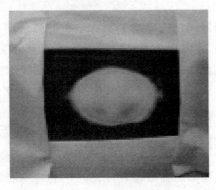
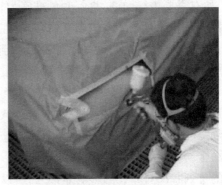

图 9-16　反向贴护法　　　　　　图 9-17　中涂底漆喷漆

图 9-18 中涂底漆干燥

中涂底漆若采用自然干燥,在 20℃条件下需过夜干燥,若使用红外线加热装置,需喷涂后间隔 10min,再加热至 50~60℃,烘烤 30min,如图 9-18 所示;中涂底漆干燥后,应仔细检查表面状况,若存在微小的斑痕、砂痕、针孔等,就要使用速干油灰仔细将其填平。

7. 中涂底漆及旧涂层表面的打磨

打磨前,在中涂底漆上涂抹打磨指示层,以便在打磨过程中检查打磨效果及漆面的平整度。使用 P400~P500 干磨砂纸配合双作用 φ3mm 或 φ5mm 打磨机打磨,如有需要可以用 P800~P1000 号水磨砂纸作小面积水磨施工,如图 9-19 所示。无论是湿研磨还是干研磨,都应注意不能有遗漏之处,研磨结束后,要将粉尘、碎屑等清除干净。

a)施涂打磨指示层

b)机械打磨涂层表面

c)边缘湿磨

图 9-19 中涂底漆的打磨

8. 喷涂面漆前的准备

遮蔽不需喷涂的车身部位,清除车身上的汗渍和油渍。在进行大面积清洁时要注意更换清洁除油布。使用吹尘枪及粘尘布清除车身上的微尘和水分,吹尘枪的压力应大于喷涂面漆时的压力,如图 9-20 所示。

9. 面漆的准备

面漆的调色可以说是局部涂膜修补作业中关键的一环,调出的颜色必须与原涂膜相吻合。为准备把握面漆颜色,应在电脑中查找车身所需配方,并喷涂小样板以检查颜色的准确性,如有需要进行微调,直到颜色准确为止。

根据各品牌涂料产品的使用手册要求,在调好颜色的涂料中加入适量的稀释剂、固化剂和催干剂等一些添加剂,这些添加剂混合到涂料中后必须经搅拌均后才能充分发挥它们的作用。例如,固化剂能与涂料中的树脂发生化学反应产生交联而使涂膜固化,如若搅拌不均匀,会造成部分涂膜由于固化剂过量而出现脆硬或变色等现象,另外一部分涂膜由于固化剂量不够而造成干燥不彻底,涂膜过软等。

10. 面漆的喷涂作业

喷涂金属底色漆时,因为金属漆中含有铝粉等金属颗粒,这些金属颗粒在喷涂到施工表面后的排列状况对颜色的影响非常大,所以在喷涂时需要格外注意颜色的均匀和正、侧光情况下的颜色变化。在调金属漆时要注意:稀释剂的用量要按照使用说明严格操作,不可随意改变;金属漆通常需要加入银粉调理剂来控制金属颗粒的排列,银粉调理剂的用量是按照所调金属漆的量按比例添加的,在调色配方中有细致的规定,不允许随意添加。金属漆在喷涂时必须经过充分的搅拌,防止金属颗粒沉淀而造成施喷表面颜色的差异。过滤金属漆的滤网细度要根据铝粉颗粒的大小来决定。喷枪中的小过滤网可拆下不用,防止阻塞造成颜色不均匀。

金属底色漆正确的操作方法为"两实一干"的三道喷涂。"两实"即先用正常的喷涂手法对施喷表面喷涂两道,不可过湿或过干,目的是获得均匀的颜色和遮盖力。两道实喷涂膜中的银粉颗粒排列是比较有序的,颜色和金属颗粒的反光效果都比较正常。为进一步提高面漆的金属效果还要对实喷表面进行一次雾喷,即"一干"。雾喷即使用较大的喷涂气压和略远的喷涂距离并以较快的喷涂速度喷涂。这样可以涂料中的溶剂成分在到达施喷表面之前就大部分挥发掉,能够喷到施喷表面的是重一些的铝粉颗粒和少量的颜料颗粒。这些铝粉颗粒均匀地喷洒在施喷件表面,由于表面干燥所以排列比较凌乱,可以大大地提高其金属闪光效果。喷涂金属底色漆时,每道喷涂所需间隔的时间以涂膜中的溶剂挥发,涂层表面全部失光为准。但要注意,要等待涂膜自行干燥,不可用吹尘枪或喷枪对涂膜进行吹干的方法加速其干燥,因为自然干燥可以给金属颗粒更多的排列时间,吹干会影响金属颗粒的排列,造成云斑,如图9-21所示。

 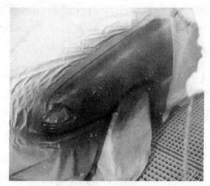

图9-20　吹尘枪除尘　　　　　　　　图9-21　金属漆喷涂

在底色漆喷涂完毕后,同样只要等到涂膜表面完全失光即可喷涂清漆,不必等底色漆完全干燥。清漆一般喷涂两道,膜厚在 $40\sim60\mu m$,喷涂手法同单工序面漆相同。第一道清漆不要喷涂得过厚,以能显示光泽为宜,第二道清漆要保证适宜的厚度、充分的光泽度和饱满度。

11. 强制干燥

喷涂作业全部结束后,间隔大约10min,再加热干燥。最初加热到 $40\sim50$℃,保持10min左右,然后加热到 $60\sim70$℃,强制干燥 $20\sim30$min。

12. 面漆修饰

强制干燥完毕后,待车身温度冷却,检查喷涂质量。如有颗粒等细小缺陷存在,可使用抛光砂纸P1500~P2500号打磨,再用抛光蜡抛光清除砂纸痕重拾光泽,如图9-22所示。

抛光结束以后,装上原来拆下的部件,仔细检查漆膜有无细小的伤痕,最后将车清洗干净,局部修补涂装作业全部结束,如图9-23所示。

图 9-22 抛光修饰　　　　　　　　图 9-23 检验交车

三、塑料件的局部损伤修补涂装工艺过程

塑料件在汽车上的普遍使用对于汽车工业的发展具有重要意义，它不仅能减轻汽车的质量、节约能源，促使汽车更安全舒适，还比金属更耐大气腐蚀、耐汽油，易于加工成型而降低生产成本等。当汽车塑料件在使用中因事故受到损伤或涂层老化时，就需对其进行修补涂装。由于塑料件与金属部件相比，在涂装上有一定的区别，因此涂装操作人员必须要掌握对大多数车用塑料件修补涂装方法。

1. 汽车塑料件的损伤修理

1) 塑料件的损伤与黏结剂

（1）塑料件的损伤　一般来说，塑料件表面的漆面受到损伤总要波及到零件本体，使之产生相应的损伤，如划痕、裂纹、擦伤、撕裂、刺穿等。要修复损伤的漆面，首先要将塑料件修复，使之达到可供喷涂面漆的要求，对于上述损伤的修理，通常采用化学黏结剂黏结法。

（2）黏结剂　常用的黏结剂有两种：一种是以环氧树脂或氨基甲酸乙酰为基体与硬化剂混合调匀使用的黏结剂；另一种是以聚酯为基体与硬化剂混合调匀使用的黏结剂。近年来，有"超级胶"声誉之称的氰基丙烯酸酯以其新颖的特性，被逐步运用于塑料的黏结之中。

2) 塑料件的损伤修理

（1）塑料件划痕和裂纹的修理通常采用黏结剂修理，其修理工艺如下：

① 用水和塑料清洁剂清洗待修理部位，对结合表面进行除蜡、脱脂处理。

② 使用黏结剂之前，应将塑料件加热至 20℃ 左右。

③ 将催化剂喷至裂纹一侧，然后在该侧敷好黏结剂。

④ 将划痕或裂纹两侧按原来位置对好，迅速压紧，约 1min 后即可获得良好的黏结效果。最后，黏结部位应有 3~12h 的硬化时间，以达到最大的黏结强度。

（2）塑料件擦伤、撕裂和刺穿修理的工艺大致如下：

① 用有去除石蜡、油脂和硅树脂功能的溶剂浸湿在干净的抹布上彻底清除损伤部位的污物，然后擦拭干净。

② 将擦伤孔边 6~10mm 宽处磨削成粗糙斜面，有利于黏结。

③ 用打磨机除去修理部位边缘的油漆，使孔边附近 3cm 左右表面的油漆全部被清除

掉,然后进行必要的清洁处理。

④对孔边进行火焰处理,改进黏结性能。使用喷灯火焰在斜面处不断移动,使斜面处略呈棕色为止。

⑤用去硅树脂和去蜡剂清洗修理部位的背面,然后贴上带有黏结剂的铝箔和能防潮的胶带,把孔完全覆盖住。

⑥按照说明准备黏结材料,大多数黏结剂都分别装在两根管中。在一块金属板面或木板上分别挤出等量的黏结材料,将它们充分搅拌,混合均匀,待用。

⑦用刮板把混合好的黏结剂分两步填充到孔洞中,第一步填充孔底,第二步将孔洞填平,动作要快,因为这种黏结剂在 2~3min 内会固化。填充完毕,硬化 1h 后用粗细砂轮磨去表面的凸点,并清除修理部位的碎屑、灰尘等污物。

⑧第二次调好的黏结剂填满修理部位,用刮板刮平整形。待干固后用 80 号砂纸把周围修整出一个粗轮廓,然后再用 P180 和 P240 砂纸打磨,对表面精修。如出现高低不平或针孔,可用填充剂填平。

⑨用 P320 砂纸进行最后的精磨,打磨后清洁修理部位,做好喷漆的准备。

2. 汽车塑料件的表面处理

按照塑料件的质地软硬程度,我们一般将塑件分为硬质塑料和软质塑料。大多数塑料件在修补涂装中都须要用专用的塑料底漆进行覆盖,以提高其表面的附着能力。有些硬质塑料件,如玻璃钢等,与涂层有良好的黏结力,可不用喷涂塑料底漆,而一般软质塑料都需要这道工序。

1) 软质塑料部件的预处理

(1) 使用专用塑料清洁剂对整个须修补的表面进行清洁。

(2) 用 P120 号干磨砂纸将需要修补的区域进行打磨,制作羽状边,然后刮涂塑料原子灰。

(3) 待塑料原子灰干燥后用 P240 或 P320 号干磨砂纸打磨修补区域,将原子灰磨平整,吹净粉尘并用粘尘布擦干净,用塑料清洁剂进行二次清洁。

(4) 使用专用的塑料底漆对整个需要修补的区域薄喷一层均匀的涂膜,稍稍静置,然后即可以湿碰湿喷涂中涂底漆。

在喷涂中涂底漆时要注意:底漆须在塑料底漆未干时喷涂,这样才可以获得良好的黏结力;因为裸露的柔性塑料和塑料原子灰会吸收稀释剂而膨胀,使修补区域在喷涂完面漆后显现出来,所以在喷涂中涂底漆时应优先选择快干型稀释剂并尽量少加,且每道喷涂要薄一些,不要过湿,为获得较厚的涂膜可以多喷几道;由于软质塑料比其他材料更容易膨胀、收缩、弯曲等,因此中涂底漆中可加入一定量的柔软添加剂。柔软添加剂可以使涂膜变得柔软并具有伸缩性,顺应底材的变形以避免产生开裂等现象。柔软添加剂的加入量须根据产品的使用说明书严格操作,并在加入后的活性期内尽快使用,使用完毕后应将喷枪彻底清洗干净。

(5) 等中涂底漆彻底干燥后,用 P400~P500 号干磨砂纸进行打磨,为喷涂面漆做好准备。

2) 硬质塑料部件的预处理

硬质塑料部件通常都与普通的涂装材料有较好的附着力,一般可不用塑料底漆进行处理,但使用其进行处理之后效果会有一定的提高。

当搞不清须修补的硬质塑料究竟是什么材质时,可按照玻璃钢制品来进行处理。玻璃钢车身部件在汽车上已经广泛应用,在喷涂预处理方面与车身钢材的处理方式基本相同。

处理玻璃钢等硬质塑料制品时要注意以下几点:

(1)玻璃钢等硬质塑料制品不需要额外进行防腐处理,更不必喷涂磷化底漆。

(2)用塑料清洁剂对喷涂表面进行除油清洁处理,处理方法与清洁裸金属和良好的旧涂层相同。

(3)用P180号干磨砂纸打磨需要修补的部位,吹干净后进行二次清洁。注意,只要打磨平即可,对于玻璃钢制件尤其不能磨穿树脂层。

(4)使用原子灰对需要填补的部位进行填补,待干燥后打磨平整。将喷涂表面清洁干净,喷涂中涂底漆封闭。对于磨穿的玻璃钢件,也可用原子灰在磨出玻璃纤维的地方进行刮涂覆盖,然后打磨平整。

(5)对喷涂完中涂底漆的部件进行打磨,用P400号干磨纱纸将中涂底漆打磨平整光滑,如有微小的孔、眼,可用填眼灰进行填补并磨平,为喷涂面漆做好准备。

3.汽车塑料件的面漆喷涂

汽车的塑料零部件进行完表面处理后即可进行面涂的喷涂。大多数车用面漆都可以用于塑料件的喷涂,包括多工序的金属面漆和珍珠面漆。但在喷涂之前,最好先确定所选用的面漆是否适合特定的塑料底材,是否需要使用柔软添加剂等。各品牌涂料的使用手册中都列出了各种涂料的使用方法及用于塑料制品时的注意事项。

对于车身板的塑料部件多为硬质塑料,例如玻璃钢、硬质ABS等,一般都喷涂成与车身一致的颜色,使用的涂料也相同,并且不必添加其他的添加剂。对于一些特殊的塑料制品,如车内塑料件、车的软顶等往往需要特殊的喷涂处理和使用专用涂料。

四、轿车全涂装工艺过程及要求

所谓全车涂装,就是汽车涂膜整体的翻新涂装,又叫做整车修补涂装。全涂装作业一般是在汽车使用多年,车身涂层产生老化(漆膜开裂、变色、失光等)后进行;也有的是根据用户的某种使用目的,而改涂其他指定颜色。

根据涂层老化和破坏的程度,这种作业又可以分为"除白"后全涂装和面层翻新全涂装。除白全涂装,是在涂层老化严重(底涂层开裂、起泡脱落、钣件生锈等)情况下,用机械方法将旧涂层完全去除,露出金属表面后进行的涂装作业。面层翻新涂装是在底涂层完好,仅面漆层老化的情况下进行,只除去已损坏的面漆层。

随着汽车生产制造技术的进步,目前车身底层涂装质量已接近或达到与汽车同寿命的水平,全涂装作业也以面漆层翻新涂装为主发展。

1.准备工作

(1)将车身清洗干净,检查被修补车身的涂层状况,拟定修补工艺。

(2)卸下影响钣金和涂装作业的全部部件。

(3)进行钣金修复。

2. 涂装前表面处理

除去旧涂层,用打磨机或铲刀剥离已损坏的旧涂层。旧涂层的剥离取决于涂层的损坏程度,如果整车涂层开裂,则全部剥离,即车身"除白"后进行全涂装;

(1)打磨钣金修整后的表面,去除损坏的旧漆并制作羽状边。
(2)吹净或擦净,去除灰尘和油污。
(3)喷涂一层磷化底漆或刷涂金属表面处理剂。

3. 涂装底涂层

(1)刷涂或喷涂自干型合成树脂底漆。
(2)自然干燥或在60℃下强制干燥。
(3)对钣金修复部位或有凹坑的表面刮涂原子灰。
(4)采用机械或手工干打磨方法磨平原子灰表面。
(5)当刮涂一次原子灰填平不了凹坑时,重复刮涂和打磨原子灰,直到平整为止。
(6)对整个车身的漆面进行一次磨伤打磨。
(7)吹净或擦净,去除灰尘和油污。
(8)用保护罩或遮蔽纸遮盖门窗玻璃等不需涂装的部位。

4. 涂装中涂底漆

(1)喷涂2～3道中涂底漆。
(2)自然干燥或在60℃下强制干燥。
(3)局部补刮幼滑原子灰,消除砂眼、砂纸痕等。
(4)幼滑原子灰干燥后,用P400～P500号干磨砂纸对整个表面进行干打磨。
(5)吹净表面灰尘。

5. 喷涂面漆前的准备

(1)对不需要涂装的表面进行遮蔽保护。
(2)用除油剂擦净涂装表面,去除油污。
(3)调配涂料,并过滤。

6. 喷涂面漆

(1)单工序面漆喷涂2～3遍,双工序面漆先喷涂3～4遍底色漆后再喷涂2遍罩光清漆。
(2)自然干燥或在60℃下强制干燥。

7. 收尾工作

(1)检查涂层表面,如有微小的颗粒、流挂等缺陷用抛光蜡抛光处理。
(2)装上卸下的部件,检查涂装质量。
(3)清洁车辆内、外表面及轮胎。

五、轿车全涂装的喷涂顺序

在全车涂装中,对于喷涂的路线没有一个硬性的规定或规则。有许多不同的喷涂程序方案,每一个操作人员也有自己的操作思路,但有一点是一致的,即如何防止喷涂时产生的漆雾飞溅到已喷涂的表面上,避免造成邻近已涂面的粗粒。由此可见,喷涂路线的正确运用对喷涂获得最佳效果是极为重要的。

1. 全车涂装顺序

目前,汽车修理厂使用下降式(空气由房顶进入,由地沟排出)通风喷漆房较为普遍,以下推荐的全车涂装顺序是在一般的施工条件下,对涂装质量比较有保障的方法。同时可以最大程度地避免边缘干燥过快或者在已经表干的区域重枪,如图9-24所示。

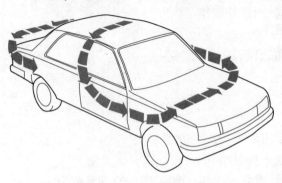

图9-24　全车涂装顺序

全车喷涂顺序具体操作步骤如下:

(1)喷涂车顶。在车顶从风窗玻璃到后窗之间,首先从车身左侧的车顶边缘开始,喷枪与车顶表面距离为15~20cm,从左到右,再从右到左逐步向车顶中心线移动,每层喷幅重叠1/2~2/3。喷雾流尽可能与被涂面垂直,直到喷涂面超过车顶中心线后,操作人员移向车身右侧,自车顶中心线(接前喷涂面边缘)从左到右,再从右到左逐步向车顶边缘靠近操作人员车身的一侧移动。

(2)喷涂右侧前门及右前翼子板。从左到右,再从右到左喷涂,垂直由上逐步向下移动,直至全部覆盖。接着喷涂相邻的前翼子板,从左到右,再从右到左喷涂,垂直由上逐步向下移动,直至全部覆盖。

(3)喷涂发动机罩盖。首先操作人员站在车的前部喷涂机盖的前部折口面,然后操作人员站在右侧前翼子板一边,从靠近翼子板的发动机罩边缘开始,喷枪从右(发动机罩)到左(靠近风窗玻璃处)移动,再从左到右采用带状喷涂法逐步向发动机罩中心线移动,直到喷涂面超过发动机罩中心线后,操作人员移向另一边,喷枪沿发动机罩中心线(接前喷涂面边缘)从左到右移动,再从右到左逐步向另一侧翼子板处移动,直至发动机罩平面被全部覆盖。

(4)喷涂左侧车身。沿发动机发动机罩边缘,从左向右,由上而下移动喷枪,直至全部覆盖。接着以同样的方法喷涂相邻的左前门、左后门。

(5)喷涂行李舱盖。沿后窗玻璃的底边喷一道,由于行李舱盖长度较发动机机盖短,操作人员可站在车后部,沿后窗玻璃的底边从左向右,再从右向左,由后窗玻璃一端逐步向后(操作人员身边)移动,每层喷幅重叠1/2~2/3,直至覆盖整个行李舱盖。

(6)喷涂右侧后翼子板和右后门。在喷涂右后门时应把前门打开,防止漆雾飞溅到涂层已略干的前门上,避免产生粗粒现象。

2. 全车涂装的喷涂方法

在全车涂装施工中,应该用中涂底漆封闭全车,以防止产生新旧漆膜间的不配套问题,并可提供良好的耐久性。若在全车涂装中采用局部喷涂封闭底漆于修补面上,则要准确判定旧漆膜的性质,保证全车旧漆膜与新喷涂的涂料不会发生咬底、吸光、起皱等问题。若表面是局部喷涂中涂底漆的情况,应在第一层面漆喷涂前,首先对喷中涂底漆的表面先薄喷一层,减少中涂底漆与旧漆膜之间的差色,为之后的全车喷涂打下基础。

第一层喷涂时,以中等湿度薄薄地喷涂一层,检查涂装表面情况,以确认有无缩孔。一般被涂面如有油、蜡会导致第一层喷涂后立即出现缩孔,若旧漆膜与新喷涂的涂料不配套也会马上产生咬底、起皱等现象,这时应立即停止施工,采取相应的补救措施或返工。

第一层喷涂后,若无任何不良情况,静置片刻后才可喷涂第二层,静置时间视环境温度、涂料品种而略有长短。一般第二层喷涂后涂装工作即结束,此层喷涂要求漆膜光滑、光亮,无流痕、橘皮。

六、其他车辆的修补涂装工艺

1. 货车车身修补涂装工艺

汽车进入车间拆散解体之前要进行整车清洗。清洗方法是用高压水枪将车箱底、车架、挡泥板、驾驶室、翼子板、前后桥等表面泥沙、脏物清洗干净。高压水枪冲洗不掉的油泥较厚的地方,可用铲刀将其铲掉,车身外表也要用水清洗干净,待车晾干后进入车间拆散。

1)喷涂底漆

驾驶室、翼子板、铁车箱、车架和一些覆盖件拆散后最好进行喷砂处理。喷砂时将上述单件分别用铁砂或河沙从里到外将旧涂层除净,多余砂子收回清扫干净,待组装后进行喷装。

铁车箱和其他覆盖件内、外喷涂 C06-1 铁红醇酸底漆一道,要求喷涂均匀无流淌,无露底现象。车架可以喷涂 F06-8 铁红、灰酚醛底漆,自然干燥 24h,喷涂 F04-1 黑色酚醛磁漆或 C03-3 黑色醇酸调合漆等。

木车箱表面旧涂层经打磨清扫后,与铁车箱一样喷涂 C04-42、C04-2 各色醇酸磁漆或 C04-6 各色半光磁漆,底部要根据要求喷涂各色酚醛磁漆或醇酸磁漆等。

驾驶室、翼子板、发动机罩等一些外露覆盖件,先用风管将里外尘砂吹扫干净,用棉纱蘸点汽油擦净表面油污,用 1 号砂布打磨表面清除残余旧漆层后,再喷涂一道 C06-1 铁红醇酸底漆。喷涂均匀、无流挂、无露底现象,自然干燥 2h 小时后或 60~80℃烘烤 30min 后刮涂原子灰。

2)刮涂原子灰

第一道原子灰用 F07-5 醇酸原子灰。先将较大坑凹处刮一下,也叫填原子灰。由于汽车覆盖件破损、刮碰或其他原因造成车况不佳,虽然修复也达不到新车标准,所以涂刮原子灰可能局部较厚。第一道醇酸原子灰需加入少量石膏和一些漆料调整,这样使原子灰厚度可达到 5mm,头道原子灰刮填后自然干燥或 60~80℃烘干。

原子灰干后,用铲刀铲平表面干结的原子灰块粒,再刮第二道 C07-5 醇酸原子灰,这次可以满刮找平,最大厚度以 0.5mm 为宜。经自然干燥或 60~80℃烘干后,用 150~180 号水砂纸衬木块打磨。打磨时应以高为准,局部面积找平,磨完后擦净晾干或烘干。

彻底干燥后再刮 C07-5 醇酸原子灰,也称第三道醇酸原子灰,这道原子灰要刮得薄一些。如果原子灰过稠,可用 X-6 醇酸稀料调整。原子灰刮完后干燥或烘干,干后用 220~240 号水砂纸打磨,擦净多余浆沫,晾干或烘干。

再找补第四道原子灰,将 C07-5 醇酸原子灰用 X-6 醇酸稀料调稀,将上道原子灰表面处的针眼与砂纸打磨留下的痕迹、细小缺陷找平找细,自然干燥或烘干。用240~280号水砂纸将驾驶室的后部、前部、内部砂磨后,晾干或烘干后,喷涂一道指定颜色的C04-2或C04-42醇酸磁漆,自然干燥后,移到下道工序,全车覆盖件组装。

3) 全车喷涂

经组装调试好的车辆进行全车喷涂面漆,首先将组装时由于刮碰处用Q07-5或Q07-6各色硝基原子灰找补,自干后用240~280号水砂纸全车水磨,一定要磨光磨细,自干或低温烘干。

全车喷涂面漆前,应用将塑料布、废报纸等将驾驶室门窗、玻璃彻底遮盖,按指定颜色将C04-18(或C04-2、C04-42、C04-48)醇酸磁漆用X-6醇酸稀释剂调到常温25~40S(涂4黏度计),采取湿喷涂方法进行面漆的涂装。

2. 客车车身修补涂装工艺

客车车身喷涂的顺序应本着"先内后外皮、先上后下"的原则来进行。当车身内部也需要喷漆时,应先完成内部的喷漆而后再进行车身外表面的喷涂。

1) 普通客车氨基烘漆的喷涂

客车车身的修补涂装,可供使用的面漆品种较多。常用的有各色醇酸磁漆、各色外用硝基漆、过氯乙烯漆、丙烯酸漆和氨基烘漆等。

客车喷涂氨基漆比较适用于客车制造行业,但对于因车检或其他需要整车涂装时,则一般不采用氨基烘漆。这是因为有很多塑料、橡胶制品,不能经受较高温度的烘烤。

客车骨架经修复除锈后(指黑色金属),喷涂一道F53-3红丹酚醛防锈漆或F53-39硼钡酚醛防锈漆;铝制品骨架可喷涂F53-34锌黄酚醛防锈漆。其他覆盖件内部经除油、经除锈后,根据不同金属也可喷涂以上两种防锈漆。

客车车身整体涂装工艺,主要指客车车身外皮和客车内部的涂装。

(1) 底层处理。底层处理主要包括用汽油去除经钣金工焊修或更换新铁板后工件上面的油污;接口的焊渣毛刺应用砂轮磨平;然后用1号或1.5号砂布将表面的锈迹打磨干净吹净尘土、杂物,涂一层X06-1磷化底漆。

经修复的旧铁板上还留有旧涂层的地方,可用T-2或T-3脱漆剂脱掉,或用喷灯烤软,用铲刀除净;然后用1.5或2号砂布打磨,清除杂物再涂X06-1磷化底漆,待干。

车内顶部的三合板或纤维板,可单件喷涂,用1号或1.5号砂布打磨,然后喷涂C06-1磷化底漆。

仪表台、发动机舱罩一般用人造革黏贴,不用涂装。车身内侧下部裙板用保丽板安装不用涂漆。

椅架经焊修后用1.5号砂布打磨、铲净焊渣,喷涂C06-1铁红醇酸底漆,干后经打磨喷涂各色醇酸漆或氨基烘漆。

(2) 喷涂底漆和刮磨原子灰。外部车身在干燥的磷化底漆表面喷涂H06-2铁红醇酸底漆,静置10min后,在60~80℃烘干60min。

刮第一道H07-34或H07-5环氧原子灰,最大厚度不超过1mm。原子灰过稠时可用二甲苯与丁醇按1:1混合稀料调整,在80~100℃烘烤90min。干后用150~180号水砂纸垫木块打磨或用1.5~2号砂布干磨,磨完后擦净或吹净粉尘,80℃烘干30min;喷涂H06-2

环氧底漆60～80℃烘干60min。

干后刮第二道原子灰，最大厚度0.5mm，在80～100℃烘烤45min。干后用240～280号水砂纸全车磨光，然后用水冲净原子灰浆迹，在60～80℃烘干30min。

(3)面漆喷涂。根据设计要求的颜色，A04-9氨基烘漆用湿碰湿方法连续喷涂2～3道，最后一道可加入适量A01-10清漆混合喷涂。喷完后需要在室温下静置15～20min，让漆膜充分流平并使一部分溶剂挥发后，方能进行烘烤。烘烤时，先低温60～80℃烘干30min，逐渐升温到100℃（浅色漆）烘烤120～180min。

(4)色带喷涂。浅色漆干后，按指定图案要求，用胶带纸标出色线并用报纸遮蔽，使色带图案、颜色线分明、笔直流畅。如几种颜色色带连接过密，应在每道漆烘干后多次粘贴，喷涂后在100～105℃烘烤120～180min。

(5)全车修补喷涂标记车号。当全车覆盖件组装后，进行修补和喷涂标记符号、擦净玻璃、装饰条除污并将车身内外清扫干净，交竣工检验员验收。

2)旅行（面包）车的喷涂

旅行（面包）车属于中型客车一类，它的涂层品质要求比大货车和普通客车要高一些，不仅要有美丽外观，还应有良好的机械强度，其底涂层和面层应具有很强的附着力，要求具有良好的防腐、防锈作用和耐久性。

中型面包车采用的面漆种类较多，如Q04-31、Q04-34、Q04-2各色硝基外用磁漆、Q04-9各色过氯乙烯酸磁漆、A04-15、A04-9各色氨烘漆、B04-9、B04-11各色热塑性丙烯酸磁漆、B04-54各色热固型丙烯烘漆和以上各种类型清漆等。

目前，我国汽车制造行业中大多数采用氨基烘漆和丙烯酸漆作面漆。车身维修行业可根据本地区和本单位的作业条件选择使用。

(1)脱漆除锈。用喷砂方法或用T-3脱漆剂脱漆方法将旧涂层除掉，再用1.5～2.5号砂布打磨干净，清除表面油污、锈迹、焊渣等。

(2)喷涂底漆刮磨原子灰。在干净表面用喷涂或刷涂方法涂装一道X06-1磷化底漆，底漆涂层较薄，厚度为8～15μm左右，可用乙醇、丁醇按3:1比例配制稀释剂调节黏度。

磷化底漆在常温下干燥2h后，喷涂H06-2铁红环氧底漆1～2道常温干燥24h或60℃烘烤2h。

填刮原子灰时，用H07-5环氧原子灰将全车表面大的坑凹处和焊缝处填刮一次，最大厚度1.5mm，自然干燥或60～80℃烘烤2h，待原子灰干燥后用刮刀铲掉原子灰表面硬漆。

刮涂第二道H07-5环氧原子灰时，要求将全车大小坑凹焊缝棱角等满刮一遍，厚度控制在1mm左右，自然干燥24h，60～80℃烘烤2h，干燥后用150～180号水砂纸垫硬胶块打磨，或用2～2.5号砂布借助机械打磨。

打磨时以平整为准，磨完后用水洗净原子灰。如果原子灰过稠可用二甲苯调节稠度，要求刮到、刮平、刮细，厚度在0.5～1mm，原子灰刮完后自然干燥24h，烘烤60～80℃干燥1h。

喷涂H06-2环氧底漆一道，要求喷涂均匀，自然干燥24h或烘烤60～80℃干燥1h。

刮涂第四道原子灰时应满刮一次，厚度0.5mm左右，自然干燥24h或烘烤60～80℃干燥1h。用260～280号水砂纸打磨光滑，边角处注意磨平整光滑，用水洗净晾干。

找补细原子灰,用 Q07-5 硝基原子灰或 Q07-3 过氯乙烯原子灰,将砂眼细小缺陷填平,常温干燥 1~2h。

喷 G06-4 铁红过氯乙烯底漆一道作为中间层,以增加面漆和底层的配套性,自干 12h 或 60℃环境温度下烘干 0.5h。如发现细小砂眼或轻微缺陷,应局部填刮填眼灰予以修平。

用 320~400 号水砂纸将全车打磨,凡应喷漆的地方均应打磨一遍,然后用水冲洗干净,自然干燥 4h 或 60℃环境温度下烘干 0.5h。

(3)喷涂面漆。选择指定颜色,将 B04-11 丙烯酸磁漆用 X-5 丙烯酸稀释剂,调至喷涂黏度并用 120 目滤网过滤,然后开始进行喷涂。一般每道间隔 30min 左右(常温),需喷涂 4~6 道。喷涂时如出现"拉丝"现象,可用 X-5 丙烯酸稀释或用 X-3 过氯乙烯予以调整。喷涂完毕后常温干燥 24h。

如果需喷色带,先将色带地方用 320~360 号水砂纸磨光,按需要量好尺寸并用胶带纸、报纸粘贴整齐,用规定的颜色 B04-11 丙烯酸漆喷完后,去掉胶带报纸,自然干燥 24h。

最后对涂膜表面进行抛光、打蜡。如涂膜表面有橘皮流挂现象,可先用 500~800 号水砂纸涂肥皂湿磨一遍,使表面十分光滑后,用软布沾上光蜡,全车涂敷一遍。要求涂薄而均匀,待十几分钟后用干净软布或绒布抛光即可。

课题四 驳口区域的喷涂操作工艺

在汽车局部修补涂装时,对调色时要求的准确程度非常高,但要达到完全相同是不可能的。而且在银粉漆、珍珠漆的修补中,除了所调配涂料的颜色对修补的影响外,喷涂过程中很多人为因素和环境因素也会导致颜色的差异,所以在维修厂因这类颜色问题而产生返工的几率最高。因此,某些时候操作人员必须使用一些喷涂方面的技巧来进行修补,使修补部位与其周围的未修补部位达到视觉上颜色无差异,在喷涂修补时需要使颜色有一个逐渐过渡的区域,让颜色逐渐变化,我们将这种做法称之为"驳口喷涂技术"。

一、驳口及其位置的选择

1.驳口喷涂的优势

(1)采用驳口喷涂可减小色差,提高颜色的吻合度,从而减小因色差造成的返工风险。

(2)因为驳口喷涂的修补面积相对较小,可减小打磨的范围,缩短打磨的时间,降低操作人员的劳动强度。

(3)驳口修补时常常采用一些快干型涂料,从而提高维修效率,能够缩短修补的时间。

(4)驳口喷涂技术有利于提高新旧清漆面附着力。

2.驳口操作方法

喷涂颜色的过渡区域一般要采用"挑枪"的方法,即在喷涂时以肘部为轴,或摆动腕部,使喷枪对喷涂表面的喷涂距离发生圆弧形的变化,对需要修补的区域距离近一些,喷涂比较厚,而对驳口区域距离逐渐变远,漆雾逐渐变淡,这样驳口区域将形成一个逐渐过渡的颜色变化区,最终与周围未修补的区域相融合,如图 9-25 所示。

驳口部位的过渡也可以采用其他方法来实现,如采用许多短的行程,从中心部位向外喷涂。采用这种方法喷涂时,需要逐步扩大每一次的喷涂范围,以便能和上一次喷涂的漆膜稍有重叠。每一次喷涂时都要适当调整喷枪的气压和喷幅,使之逐渐变小,以达到喷雾渐渐变淡的目的,有时还要根据情况适当改变出漆量。

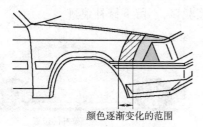
a)用颜色过渡的方法达到颜色的协调

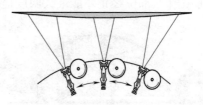
b)运用挑枪喷涂驳口

图9-25 驳口操作方法

3. 驳口位置的选择

驳口区域的大小没有具体的规定,以颜色逐渐变化到视觉上感觉不到明显的差别为好。通常颜色调的越准确,所需的驳口区域越小,反之则需要比较大的驳口区域才能弥补。

在喷涂以前需要对估计的驳口区域进行打磨以增强涂膜的附着能力,打磨要采用很细的砂纸或用研磨颗粒较粗的研磨蜡进行,驳口区域要打磨得大一些,为可能加大的驳口区域做准备,即使驳口没有扩大,由于打磨痕迹很细小也很容易在抛光时抛掉。

驳口区域位置的选择必须根据修补的位置而定,要确保颜色和纹理的一致性,并保证不出现明显色差、附着力不良等缺陷。

驳口修补根据损伤修复的部位可分为点驳口、块驳口和复合驳口三种。

1)点驳口

主要针对处于车身边角处或面积较大区域,损伤面积在 $10cm^2$ 以内的操作(如前后翼子板、保险杠边缘),如图9-26所示。这类驳口只对损伤的部位及其周围做小范围的修补即可,驳口尽量控制得小一些。在颜色能够充分融合的情况下尽量使驳口区域不超过冲压线,并以冲压线或面积较小的部位作为驳口的终止位置,这样可以避免在颜色和涂膜纹理等方面出现明显的变化。

a)需要修补的位置

b)底色漆喷涂区域

c)清漆喷涂区域

图9-26 点驳口修补

2)块驳口

主要针对位于车身板块中间区域损伤的修复(如前后车门、翼子板中间部位),如图9-27所示。块驳口即指对整板进行喷涂修补,驳口区域应该控制在本板件范围之内,以冲压线及板件边缘作为驳口终止位置,这种操作可最大限度的隐藏修补痕迹。

3）复合驳口

采用复合驳口方法进行修补的损伤往往处于两板或两板以上的接缝处，如图9-28所示。为防止在车身接缝处产生明显的颜色差异，通常要将驳口区域扩大到相邻的板件以求得颜色的统一。在这种情况下，驳口终止的位置首先需要考虑的因素并不是颜色的一致性，而是在什么部位终止才能最大限度地隐藏驳口，不留下修补痕迹。

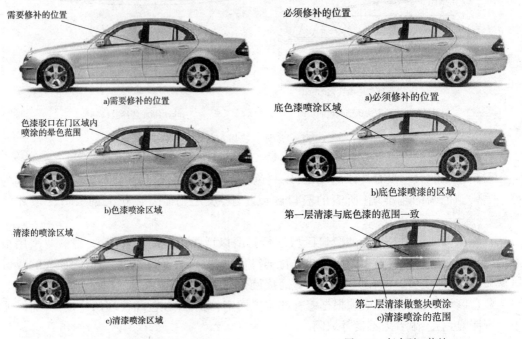

图9-27 块驳口修补　　　　　　　图9-28 复合驳口修补

整板的面积越大，驳口颜色过渡的空间也越大，效果越好，但如果在较大的平面上做驳口，会影响整个平面的整体流平效果，驳口区域毕竟是用雾喷的方法来完成的，流平效果要差一些，所以诸如发动机机盖、车顶等板材不适宜采用"驳口喷涂技术"进行修补。

4. 驳口喷涂操作步骤

驳口喷涂操作的一般工艺流程如图9-29所示。

二、单工序素色面漆的驳口操作工艺

单工序素色面漆的驳口操作相对比较简单，其操作工艺一般如下：

1. 底材的处理

在底材处理时要根据车身损伤的情况对底材进行必要的处理。如果需要修理的地方为车辆撞击所留下的凹陷、褶皱等，则需要进行钣金处理或用原子灰进行填平。在刮涂原子灰之前要对底材进行打磨来清除表面杂质和提高附着能力，对于经过大面积的钣金操作的裸金属板，还要首先喷涂磷化底漆和环氧底漆等防腐处理，等干燥后再打磨。原子灰的刮涂区域以能够填平表面为准，尽量控制在最小的范围，防止扩大最终的修补面。

2. 中涂底漆施工

原子灰的上层应该喷涂一层中涂底漆对其进行封闭，防止原子灰对面漆的吸收而出现地图纹等缺陷。如果需要修补的部位仅仅是轻微划伤,没有伤到金属板材且没有引起板材的变形,此时一般不需要用原子灰,只要对修补区域进行必要的打磨后喷涂中层底漆即可。待中涂底漆干燥后打磨,对驳口区域进行处理并清洁除尘。

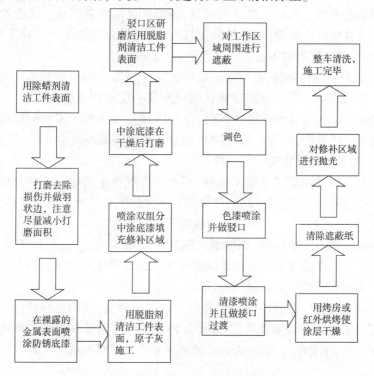

图9-29 驳口喷涂修补的一般工艺流程

3. 面漆施工前的准备

在进行面漆的喷涂前应采用反向贴护的方法来对不需喷涂的表面进行贴护,以圆弧面对着需要喷涂的方向,而且圆弧尽量要大些,这样进行贴护可以保证喷涂的区域与未喷涂的区域的良好过渡,不会出现台阶。贴护完毕后按要求进行除尘除油。

4. 面漆喷涂

在进行单工序素色面漆喷涂时,主要以"挑枪"的方法进行,使驳口区域形成一个逐渐过渡的颜色变化区域。

用这种方法对驳口部位进行必要的修饰后,通常要用驳口水对整个驳口区域均匀地喷涂一遍。

驳口水也称接口水,其实也是一类和稀料相同的有机溶剂,不过溶解力比普通的稀料更强,挥发速度也较慢,主要用于新旧漆膜接口处的晕色处理,可以使新旧漆膜相融合,以便消除色差。使用时,一般是直接加入已经用稀释剂稀释好的的色漆和金属漆里面,分量大约为漆料的1~3份,对于单工序的纯色漆也可在接口区域喷纯的驳口水。

三、多工序面漆的驳口操作工艺

多工序面漆的驳口喷涂如果是纯色底,则与单工序面漆的修补喷涂方法一样,纯色底的颜色过渡到与未修补部位融合即可,驳口部位可以控制得比较小。如果是金属漆色底的修补,一般需要比较大的驳口区域才能将颜色过渡到视觉上没有差异的程度,驳口区往往要比纯色底或单工序面漆扩大一倍以上。

喷涂银粉色底时需要特别注意的一个问题是会产生"黑圈"现象,即在修补部位与未修补部位的结合处出现一圈颜色较深的痕迹,使修补区域非常明显。黑圈的产生主要是由于修补部位通常喷得比较湿,银粉排列比较有序,而结合部位由于比较干燥,银粉颗粒不能很好地排列,在光线折射下会显得颜色有明显的变化。

"黑圈"现象是可以消除的,在喷涂银粉色底以前,先取少量调配好的清漆加入9倍的清漆稀释剂搅拌均匀后薄喷一遍需要修补区域形成一层湿润无色的底,然后再进行银粉色底的喷涂修补。因为清漆干燥得比较慢,修补区域边缘飞溅的银粉颗粒可以在比较湿的环境下得到充分的排列,即可消除"黑圈"现象。消除黑圈有时也可以用"挑枪"的方法来实现,但效果通常不好且需要一定的技巧。

珍珠漆色底在修补喷涂时是最困难的,很难达到颜色上的统一。所以对珍珠漆色底的喷涂除严格按照喷涂说明操作以外,往往需要更大的颜色过渡区域才能达到视觉一致,有时甚至需要对车身的整个一面来进行过渡喷涂。

双工序面漆在喷涂清漆层时,因为清漆的光泽度很高,面层稍有瑕疵都会显露出来,所以一般对所修补的部位整板喷涂清漆以求得统一的流平效果,不做驳口,如果必须要做驳口则应选择不易察觉的地方来做,而且驳口尽量小。

有些原厂双工序涂层的清漆层中也含有少量的金属漆,目的是在清漆中也能产生闪光效果以提高面层的立体装饰效果,在修补这样的清漆层时要按照配方中所要求的金属色漆添加量来操作,不要随意添加,否则会造成色差而且很难补救。

四、金属底色漆驳口操作工艺实例

本节主要介绍点驳口的操作工艺,以采用金属底色漆修补车后翼子板为例,详细讲述"驳口喷涂技术"的修补工艺过程。

1. 修补前的准备

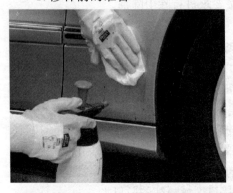

图9-30　清洁待修补区域

(1)清洗车辆,用除油剂处理待修补区域,去除表面油污、残余蜡渍,如图9-30所示。

(2)遮蔽和保护不需要修补的区域,检查损坏情况,并制定修补工艺。如损坏区域未穿及清漆时,是否可使用P1500~P2000砂纸打磨后,进行抛光处理;若未伤及色漆层时,则只做清漆层驳口修补即可;如损伤位置较严重时,则需按正常打磨或湿对湿工艺进行修补,如图9-31所示。

(3)使用双作用打磨机配合P240~P400号干磨砂纸打磨需修补的区域。打磨时尽量在只需要修补的区域内进行打磨,控制最小的打磨范围,如图9-32所示。

(4)使用吹尘枪和除硅清洁剂,清除车身的灰尘和油渍。小位置时可使用遮蔽挡板进行遮蔽。

项目九　车身涂层局部损伤的修复

(5) 混合中涂底漆,添加固化剂和稀释剂,喷涂 2 层,每层相隔 5~10min。裸露金属表面必须先用浸蚀底漆喷涂,做好防腐处理,如图 9-33 所示。

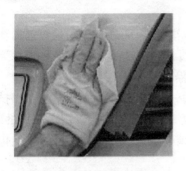

图 9-31　遮蔽并检查损坏情况

图 9-32　打磨修补区域

(6) 待漆面哑光后可使用强制干燥的方法干燥中涂底漆,可利用红外线烘灯加热或喷烤漆房加温到 60℃,并保持 20~30min,如图 9-34 所示。

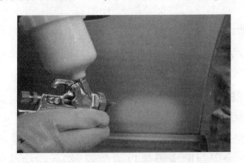

图 9-33　中涂底漆喷涂

图 9-34　中涂底漆强制干燥

(7) 待漆面冷却后,使用 P400~P600 号干磨砂纸或 P800~P1200 水磨砂纸打磨中涂漆位置。再用 P1500~P2000 水磨砂纸或 3M 灰色打磨布配合磨砂剂打磨需喷涂的驳口位置,如图 9-35 所示。

(8) 使用吹尘枪清除车身的灰尘,并除油、粘尘,如图 9-36 所示。重新整理遮蔽纸,必要时更换已经损坏的部分。

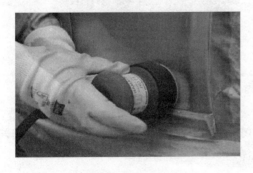

图 9-35　面漆前的打磨

图 9-36　用粘尘布除尘

2. 金属底色漆的喷涂

(1) 首先用除油剂对需要修补的中涂漆层进行整体除油,待干燥后用粘尘布整体除尘。

（2）取少量调配好的清漆加入9倍的清漆稀释剂搅拌均匀后薄喷一遍需要修补区域形成一层湿润无色的底。

（3）喷涂第一遍金属底色漆。根据喷涂面积的大小，将金属底色漆用稀释剂稀释一定的量，然后在喷涂表面整体薄喷一遍，喷涂的涂层厚度应以能透过金属漆层看到中涂底漆为准。喷涂压力为290～390kPa，喷涂过程中无须间隔时间，如图9-37所示。

（4）第二遍喷涂金属色漆。在第一遍薄喷完比后，间隔3min左右，用粘尘布擦拭周边除尘，清除工件表面多余银粉，然后喷涂第二遍。第二遍喷涂的漆层决定了漆面的颜色，此时不必介意金属色斑，漆层应稍厚一些，喷涂面应稍有扩大。如果喷涂了第二遍仍然不能确定漆面的颜色，应间隔3min后再重复喷涂一遍。

（5）第三遍喷涂。在第二遍喷涂后间隔3min，用粘尘布除尘，将喷枪出漆量调小，喷涂扇幅调大，进行第三遍喷涂。第三遍喷涂的作用是消除金属色斑，可以再稍添加一些溶剂来降低涂料的黏度，喷涂面积应比上道喷涂的面积要大，以减轻新旧漆面的色差对比。

3. 罩光清漆层的喷涂

（1）第三遍金属底色漆喷涂完后，不能立即喷涂罩光清漆，否则金属漆层中的稀释剂难以挥发出来，应有5～10min的时间间隔。这段时间间隔一定不能省略，否则最后的漆面会出现气孔或色斑等缺陷。

（2）第一遍喷涂罩光清漆不要喷涂过厚，以能显示光泽为好，喷涂压力应比喷涂金属漆时稍有降低。喷涂第一道清漆时，应将金属漆层完全覆盖。

（3）间隔10min左右，喷涂第二遍清漆，喷涂面积应稍有扩大，喷枪移动速度应稍慢。

（4）在剩余的清漆中按1:1添加驳口水，喷涂于新旧漆膜接口的位置，然后喷涂纯驳口水于最外层区域，如图9-38所示，所有喷涂工作必须在打磨区域内完成。

图9-37 第一遍金属底色漆的喷涂

图9-38 驳口位置的处理

（5）清漆干燥，静置10～15min后可使用强制干燥的方法干燥清漆。

4. 驳口区域的修饰处理

（1）抛光打蜡，如有需要可使用抛光砂纸P1500～P2500号打磨小流挂、尘点和新旧新膜的接口处，再用抛光剂清除砂纸痕及重拾光泽。

（2）使用柔软的清洁布清洁车身，交车。

遵照上面所讲的步骤进行练习，在进行几次实际操作后，就能掌握"驳口喷涂"的喷涂要领，并能很好的完成喷涂工作。

项目十 汽车涂装质量的检验与涂膜的缺陷防治

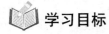 学习目标

完成本项目学习后,你应当能:
1. 知道汽车涂装质量检验的基本内容,初步学会涂装质量检验方法;
2. 知道汽车涂装质量检验常用的工具和设备的使用方法;
3. 分析涂膜缺陷的产生原因;
4. 掌握各类涂膜缺陷防治方法。

 建议课时:10 课时

汽车涂装质量检验是汽车车身涂装工作中不可缺少的环节之一,是取得汽车涂装优异效果的重要保证。良好的涂装效果不仅是给用户的汽车涂层要具有满意的外观装饰效果,优异的抗腐蚀性和耐久性,同时也是对企业负责,推动企业发展的有力保证。因此,在涂装工作之中一定要做好各项准备工作,以确保涂装质量,节约时间和成本。

涂膜缺陷产生的原因复杂,影响因素多,在涂装施工过程中及涂装结束后,都可能产生涂膜缺陷,这些涂膜缺陷不但响影到涂装的质量,也对车身外表面的装饰性造成严重的影响。知道各种涂装缺陷产生的原因,掌握各类缺陷防治的方法,是获得理想的涂膜前提。

课题一 涂膜质量的综合

汽车车身涂装质量检验主要内容:首先是涂料原始状态的性能,其次是涂料成膜后的性能和涂层质量。通过这两方面的检测结果,将各项指标数据综合分析,才能真正评定车身涂装的质量。

一、涂料的性能检验

汽车涂料产品的质量,是关系到汽车涂装质量的重要因素,因此涂料生产厂在涂料产品生产过程中和生产完毕后,要对其进行严格的检验,保证产品的质量满足各项规定的技术指标的要求。

涂料的性能检验是对涂料产品的一个或多个特性进行诸如测量、检查、试验或度量并

将结果与规定的要求进行比较,以确定每项特性合格情况所进行的活动。对涂料性能的检测,一是为了检验涂料的产品质量,防止变质或不合格的涂料投入使用;二是为了得到高质量的涂装效果,防止出现涂装质量问题。

1. 细度

涂料的细度主要是涂料中的颜料的颗粒大小或分散度。涂料的细度直接影响涂膜的平整性、保护性、透水性及涂料储存的稳定性。涂料的用途不同,涂料的细度要求也不同。如面漆要求涂料要细,而底漆则要求涂料不应太细,以免影响涂膜的附着力。

涂料细度测定法采用刮板细度计进行检测,以"μm"为单位。其一般规定和测定方法如下:

(1)材料和仪器设备:小调漆刀、刮板细度计如图10-1所示。

图10-1 刮板细度计及刮刀

刮板细度计是用合金工具钢制成的磨光平板,在板面上有一条长沟槽(长$155\pm5mm$,宽$12\pm0.2mm$),在150mm长度内刻有$0\sim150\mu m$(最小分度为$5\mu m$,沟槽倾斜度为1:1000)、$0\sim100\mu m$(最小分度$5\mu m$,沟槽倾斜度1:1500)、$0\sim50\mu m$(最小分度$2.5\mu m$,沟槽倾斜度为1:3000)的表示沟槽的等分线。

刮板细度计的正面槽底与背面平直度误差为0.003/全长,正面粗糙度Ra为$0.8\mu m$。

刮刀是用优质碳素工具钢制成的,两刃磨光,长$60\pm0.5mm$、宽$42\pm0.5mm$,刀刃平直度误差为0.002mm/全长,表面粗糙度$Ra0.32\mu m$,刀刃表面粗糙度$Ra0.08\mu m$。

(2)测量方法

刮板细度计按量程分为三种。细度大于或等于$30\mu m$时,应采用$0\sim50\mu m$量程的刮板细度计;细度在$31\sim70\mu m$,采用$0\sim100\mu m$量程刮板细度计;细度大于$70\mu m$,采用$0\sim150\mu m$量程的细度计,如图10-2所示。

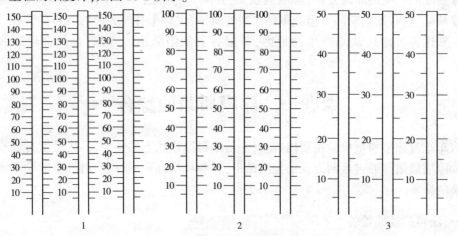

图10-2 细度计量程

1-细度大于$70\mu m$;2-细度在$31\sim70\mu m$;3-细度大于或等于$30\mu m$

刮板细度计在使用前必须用溶剂仔细洗净擦干,在擦洗时应用细软揩布。将符合产品标准黏度指标的试样,用小调漆刀充分搅匀,然后在刮板细度计的沟槽最深部分,滴入试样数滴,以能充满沟槽而略有多余为宜。以双手持刮刀,横置在磨光平板上端(在试样边缘处),使刮刀与磨光平板表面垂直接触。在3s内,将刮刀由沟槽深的部位向浅的部位拉过,使漆样充满沟槽而平板上不留有余漆。刮刀拉过后,立即(不超过5s)使视线与沟槽平面成15°~30°角,对光观察沟槽中颗粒均匀显露处,记下读数(精确到最小分度值)。如有个别颗粒显露于其他分度线时,则读数与相邻分度线范围内,不得超过三个颗粒。试验三次,取两次结果相近读数的平均值。两次读数的误差应不大于最小分度值。测试完后,清洗、擦净刮板细度计表面及沟槽。具体操作如图10-3所示。

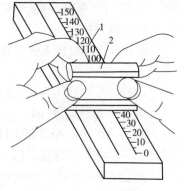

图10-3 刮板细度计刮涂方法
1—磨光平板;2—刮刀

2. 固体分含量

在涂料的组成中,有不挥发成分和挥发成分,如树脂、油料、颜料等为不挥发成分,也是涂料形成涂层的主要成分;溶剂、稀释剂等为挥发成分,为涂料的制造、施工服务。

涂料的固体分是固体分含量的简称,指是所含不挥发成分与涂料总体积的百分比,即把一定量的涂料试样在一定温度下加热,使溶剂蒸发,经焙烘后的剩余物与溶剂蒸发前的涂料试样的质量比,用百分比表示。

固体分含量的高低对涂料的用量、施工次数、涂层厚度、遮盖力等都有很大的影响。如果涂料的固体分含量低,单位面积涂料消耗量大,一次形成的涂膜太薄,遮盖力不足。而且涂料中的挥发物对人体和环境的危害大,目前粉末涂料、高固体分涂料应用越来越广泛。固体分含量的测量可采用两种测定方法:培养器皿法、表面器皿法。其一般规定和测量方法如下:

1)材料和仪器设备

玻璃培养器皿,直径75~80mm,边高8~10mm。

玻璃表面器皿,直径80~100mm。

磨口滴瓶,50mL。

玻璃干燥器,内放变色硅胶或无水氯化钙。

温度计,0~200℃,0~300℃。

天平,感量为0.01g。

恒温烘箱。

2)测定方法

(1)培养器皿法,适合测量一般黏度的涂料固体分含量。先将干燥洁净的培养器皿在130±2℃烘烤箱内焙烘30min,取出后放入干燥器中干燥冷却至室温,称重。用磨口滴瓶称取1.5~2g(固体含量低的涂料,如硝基漆、丙烯酸漆等取4~5g),置于已称好的器皿内,使涂料试样均匀地流布于器皿底部,然后放入已调节到规定温度的烘烤箱内,焙烘到一定时间后,取出放入干燥器中冷却至室温,称重。直至两次称重质量差小于0.01g。试验时平行测试两个试样。

(2)表面器皿法,适合于测试高黏度涂料,如原子灰、厚漆等。先将两块干燥洁净可以相互吻合(凹凸吻合)的表面器皿,在105±2℃烘烤箱内焙烘30min,取出后放入干燥器中干燥冷却至室温,称重。在天平上称取 1.5～2g 涂料试样放在一块器皿上,然后盖上另一块器皿,使两块表面器皿相吻合,轻轻压下,再将其分开,使涂料表面朝上,放入已调节到规定温度的烘烤箱内,焙烤一定时间后,取出放入干燥器中冷却至室温,称重。再放入烘烤箱焙烤,再取出冷却,称重。直至两次的质量差小于 0.01g。要平行测定两个涂料试样。

各种漆类烘烤温度如下:

硝基漆类、丙烯酸漆类、虫胶漆,80±2℃。

沥青漆类、醇酸漆类、环氧漆类、乳胶漆,120±2℃。

3) 计算方法

固体分含量可按下式计算:

$$X = (W_1 - W)/G \times 100\%$$

式中:X——涂料固体含量(%);

W——容器质量(g);

W_1——烘烤后容器和涂料试样的总质量(g);

G——涂料试样质量(g)。

测定结果取两次平行试验的平均值,两次的差值应不大于 3%。

3. 涂料的遮盖力

涂料的遮盖力指色漆试样均匀地涂覆在物体表面上,使物体的原有底色不再呈现的能力,称为涂料的遮盖力。一般深色漆的遮盖力比浅色漆强。涂料的遮盖力在修补涂装中直接影响修补质量和涂料用量。如果遮盖力差,就需要对被涂物表面的底色进行封盖,增加了施工的工作量;在同样的施工条件下,遮盖力差的涂料涂布的面积小,用量大。

影响涂料遮盖力的因素有颜料颜色、颜料颗粒的大小形状、颜料在涂料中的分散度等。测定遮盖力的常用方法是单位面积重量法,即把涂料均匀地涂布在物体表面上,使其原有底色不再呈现的最小用漆量,以 g/m² 表示。具体规定如下:

1) 材料和仪器设备

毛刷,宽 25～38mm。

黑白格玻璃板,100×200×(1.2～2)mm,黑白格 25×25mm。

黑白格木板,100×100×(1.5～2.5)mm,黑白格 25×25mm,如图 10-4 所示。

a)刷涂法黑白格玻璃板　　　　b)喷涂法黑白格木板

图 10-4　黑白格样板

a)刷涂法黑白格玻璃板;b)喷涂法黑白格木板

玻璃板,100×100×(1.2～2)mm。

天平,感量为 0.01g,0.001g。

木制暗箱,600mm×500mm×400mm。

项目十 汽车涂装质量的检验与涂膜的缺陷防治

2)测定方法

(1)刷涂法:根据产品规格的黏度,在感量为 0.01g 天平上称出盛有涂料的杯子和毛刷的总重量。用毛刷将涂料快速均匀地刷涂于黑白格玻璃板上(不得刷在玻璃的边沿),将试样放入暗箱内,距离磨砂玻璃 15~20cm 并使有黑白格的一面与水平面成 30~45°角。在两只日光灯下观察,均以刚好看不见黑白格为止。然后将剩余的涂料、杯子及毛刷一起称重,求出玻璃格板上涂料的质量。如果被测涂料的黏度大而不易刷涂时,则应将涂料试样调整到能刷涂施工的黏度,但在计算时应扣除稀释剂的质量。

计算方法:遮盖力可按以下公式计算求出(以湿膜计)

$$X = (W_1 - W_2)/S \times 10^4 = 50(W_1 - W_2)$$

式中:X——涂料遮盖力(g/m^2);

X_1——未刷涂前的涂料、杯子及毛刷的总质量;

X_2——刷涂后剩余的涂料、杯子及毛刷的总质量;

S——黑白格玻璃板的面积($200cm^2$)。

两次测试的结果之差不大于平均值的 5%,取其平均值。如果两次测试结果相差大,则应重新试验。

(2)喷涂法:先在感量为 0.001g 的天平上分别称出两块 100×100mm 的玻璃板,将涂料调至适合喷涂的黏度,用喷枪薄薄地分层喷涂,每次喷涂后放在黑白格木板上,置于暗箱内并与磨砂玻璃保持 15~20cm,黑白格的一面与水平面成 30~50°角,在日光灯下观察,以刚看不见黑白格为止。然后把玻璃背面和边缘的涂料擦净,按固体分含量中规定的各类涂料的焙烤温度烘至恒重。

计算方法:从以上试验步骤中可知,喷涂法测量是以干燥后的涂层的实际质量计算的。

$$X = (W_1 - W_2)/S \times 10^4 = 100(W_2 - W_1)$$

式中:X——涂料遮盖力(g/m^2);

X_1——未喷涂前玻璃板的质量;

X_2——喷涂漆膜恒重后的玻璃板的总质量;

S——玻璃板的喷涂面积($100cm^2$)。

两次测试结果之差不大于平均值的 5%,则取平均值,否则需重新试验。

4. 流平性

流平性是指涂料施涂在物体表面后,经过一定的时间,湿漆膜能够流动而消除涂痕,形成均匀、平滑表面的性能。流平性是涂料施工性能中的一项重要指标,它直接影响涂膜的形成质量。流平性太差,涂膜表面的痕迹不易消失,产生涂装缺陷;流平性太好,涂膜容易产生流挂、流痕等缺陷。

影响涂料流平性的因素有很多。在涂料调配时选用溶剂的溶解力和挥发速度;在施工过程中喷涂气压的大小、喷涂距离的远近、重叠度的宽窄、喷枪的出漆量、一次成膜的厚度、施工温度、喷烤漆房的空气流速等都会影响涂料的流平性。

流平性的测定分为刷涂法和喷涂分,就是将涂料刷涂或喷涂于平整的底板表面,以痕迹消失和形成平滑表面所需要的时间,以分钟(min)计。其一般规定和测定方法如下:

1)材料和仪器设备

喷枪及秒表。

毛刷,宽25~35mm。

马口铁,表面平整,50×120×(0.2~0.3)mm。

2)测定方法:

(1)刷涂法:在恒温恒湿的条件下,用毛刷在马口铁板上制备漆膜。刷涂时,应迅速先纵后横地刷涂,刷涂的时间不大于2~3min。然后在样板的中部纵向地由一边到另一边刷涂一道。在毛刷离开样板的同时,按下秒表计时,测定刷痕消失和形成平滑表面所需的时间。

(2)喷涂法:在马口铁板上喷涂漆膜,然后快速将样板置于恒温恒湿的条件下,观察从涂膜置备完毕到涂膜形成完全光滑(无橘皮)状态所需的时间。

一般要求,涂料的流平时间与干燥的时间相适应。流平时间大于干燥时间,涂料没有完全流平就已干燥;流平时间小于干燥时间,涂膜则容易产生流挂、橘纹等缺陷。

5. 储存稳定性

储存稳定性是指涂料在正常的包装状态和储存条件下,通过一定的储存期限后,涂料的物理性能和化学性能所能达到原规定的使用要求的程度。

1)储存保管中的注意事项

(1)涂料必须储存在干燥、阴凉、通风、隔热、无阳光直射、邻近无直接火源的仓库内。原则上涂料应和其他物品分库储存,但可根据具体情况,允许和不燃性物质并存一个仓库内,绝不允许和可燃物质、氧化剂和金属粉末等混合存放。挥发性涂料如硝基涂料是易燃易爆品,过氯乙烯涂料本身虽不易燃,但含闪点较低的溶剂,管理不当也会引起燃烧爆炸。喷涂用稀释剂、胶黏剂等一级易燃液体也有类似情况。仓库的照明和电器设备必须有防爆装置,严禁管理人员携带火柴入内。仓库内应有消防器材,并有"严禁烟火"的警示牌。

(2)仓库内的温度一般在5~32℃为宜,温度过低,水溶性涂料会冻结无法使用,其他涂料也会暂时性地变质;温度过高,会加速涂料在储存中稠化凝胶变质,严重的就会报废。特别是储存一级易燃液体涂料,温度过高会使桶内溶剂蒸气压力过大,导致容器破裂,溶剂喷出,如遇明火会酿成火灾,因此仓库要有降温设备。对于储存水溶性涂料的仓库,冬季要有加温设施。

(3)仓库内不准调漆,调漆场所应与仓库有一定距离,以免易燃、有毒蒸气扩散至仓库。仓库内不得存完未用完敞开口的涂料桶,用完的涂料空桶应另放在通风的场所,定期处理,仓库内严禁随地抛弃垃圾。

(4)涂料在储存期间,缓慢地进行着化学反应,慢慢稠化变质,这是正常现象,因此对各种涂料都规定了储存期限。涂料入库应建立记录,以货时"先进先出",避免积压过久。

(5)对库存涂料必须定期检查,发现漏桶必须移到安全地点换桶或堵塞,严禁用明火补焊。对于易产生颜料沉淀的色漆,在储存过程中要定期翻堆。

2)对储存性能的检测

(1)结皮性。测定涂料受氧化作用而结皮和涂料在包装桶中储存时的结皮情况。

(2)储存稳定性。色漆和清漆在密闭容器中放置,自然环境或加速条件下储存后,测定所产生的黏度变化、色漆中颜料沉降、色漆重新混合以致于使用的难易程度以及其他按产品规定所需检测的性能变化。也就是涂料自包装之日起到开始使用这段时间，在正常储存、运输条件下，要求质量稳定，不产生严重结皮、变色、变稠、沉淀、浑浊等现象，更不能出现胶化等重大质量变化，能达到不发生以上变化的时间，称为储存期或质量保证期，用年月日表示，储存稳定性越好，储存期越长。

由于涂料的品种不同，生产控制水平不同或储存保管不良等原因，造成涂料在储存过程中发生质量变化而严重影响使用性能。所以，在开桶后对液体涂料检查时，如果涂料出现橘皮、分层、浮色、增稠、变粗、絮凝、沉淀、结块等现象，必须对产品复检。经彻底搅拌，呈均匀状态后，取样检测各种性能，若仍能达到原标准要求，可视为合格涂料，否则属于不合格。由于涂料在储存过程中有发生变质的倾向，所以涂料均规定了保质期限，目前涂料的储存期限根据厂家和品种的不同，分别规定了保质期。

为了保证施工质量，使用前要检查涂料包装桶上的生产时间是否过期，如果超出了规定储存时间，要按照涂料技术条件所规定的项目重新检测，其检测结果能符合要求时可继续使用。

3) 储存性能的检测方法

测定储存稳定性，一种是自然条件下储存 6~12 个月；另一种是在 (50±2℃) 恒温干燥箱内储存 30 天。取 3 份试样分别装入带盖的密封罐中，一缺罐为原始试样，在储存前检查；一罐做常温储存试验，另一罐做加速储存试验。

按照规定的储存时间，将样品开罐检查并按以下要求评级：

结皮、腐蚀和腐败味的检测分为 6 个等级，即 0 级为严重，2 级为较严重，4 级为中等，6 级为轻微，8 级为很轻微，10 级为无。

漆膜颗粒、胶块及刷痕的检测分为 6 个等级，即 0 级为严重，2 级为较严重，4 级为中等，6 级为轻微，8 级为很轻微，10 级为无。

沉降程度的检测分为 6 个等级，即 0 级为沉淀严重，不能搅起；2 级为有硬块，能搅起；4 级为有软沉淀，能被搅起；6 级为有明显沉淀，容易搅起；8 级为有很轻微沉淀，容易搅拌；10 级为无变化。

黏度变化的检查用储存后的黏度与原始黏的比值百分数表示，共分为 6 个等级，即 0 级黏度为大于 45%，2 级黏度为不大于 45%，4 级黏度为大于 35%，6 级黏度为大于 25%，8 级黏度为大于 15%，10 级黏度为大于 5%。

综上检查结果，以"通过"或"不通过"进行评定。

二、涂膜性能的检验

涂膜性能检测是涂料检测中最重要的部分。涂膜性能的检测结果，基本反映了产品内在质量水平和它的功能水平。涂膜性能的检测的内容包括涂膜附着力的测定、光泽度的测定、硬度测定及厚度测定等项目。

1. 附着力的检测

涂膜的附着力是指涂膜与被涂物件表面结合在一起的牢固程度，这种性能对涂膜的保护性和装饰性能起着决定性的作用。要真正测得涂膜的附着力是比较困难的，目前只能以间接手段来测定。

1)材料和仪器设备

马口铁,50×100×(0.2~0.3)mm。

四倍放大镜。

毛刷,宽25~35mm。

划格器(图10-5):有两种规格的多刃切割刀(1mm,2mm),按不同试验条件可选择。1mm间距的多刃切割刀适用于涂膜厚度<60μm试片,2mm间距的多刃切割刀适用于涂膜厚度60~100μm的试片。

附着力测定仪(图10-6):实验台丝杆螺距为1.5mm,其转动与转针同步;荷重盘上可放置砝码,砝码质量为100g、200g、500g、1000g;转针采用三五牌唱针,空载压力为200g,转针回转半径可调整,标准回转半径为5.25mm。

图10-5　漆膜划格仪

图10-6　附着力测定仪

2)划圈法测定

按国标规定在马口铁板上制备3块样板,待漆膜彻底干燥后,在恒温恒湿的条件下测定。测定时应先检查针头是否锐利,如不锐利则应更换,提起半截螺帽,抽出试验台即可换针。当发现划痕与标准回转半径不符时,应调整回转半径,其方法是松开卡针盘后面的螺栓、回转半径调节螺栓,适当移动卡针盘后,依次紧固上述螺栓,划痕与标准圆滚线对比,如仍不符合应重新调整回转半径,直至与标准回转半径相同为止。

测定时,将样板放在试验台上,拧紧固定样板调节螺栓,和调节螺栓,向后移动升降棒,使转针的针尖接触到漆膜,如划痕未露底材,应酌加法码。按顺时针方向均匀摇动摇柄,转速以80~100r/min为宜,圆滚线划痕标准图长为7.5±0.5cm。向前移动升降棒,使卡针盘提起,松开固定螺栓,取出样板,用毛刷去除划痕上的漆屑,以四倍放大镜观察划痕并做出评定。

评定方法以样板上划痕的上侧为检查的目标,依次标出七个部位,相应地将其附着能力分为七个等级,按顺序检查涂膜的完好程度。例如,部位1涂膜完好,附着力评为1级,部位2、3、4、5、6、7均有不同程度的脱落,依次评为2、3、4、5、6、7级,部位7脱落最多,评为7级,如图10-7所示。

测试的结果以至少两块测试样板的结果一致为准。

3)十字划格法测定

按规定备制试样,将所测试样水平放置工作台上,根据所测定涂层的厚度选择划格器规格。手持划格器手柄,使划格器的多刃切割刀垂直于试样平面,以均匀的压力,平稳地以 20~50mm/s 的速度切割涂层,并使之穿透至底材。然后转过 90°进行切割,使切割划痕形成垂直交叉的直角网格图形。用棉布将切割后的漆渣清除干净,用透明粘带贴粘在划割过的地方压实后静置 3~5min 以垂直方向均匀地撕掉胶带,检查切割涂层破坏情况,判断涂膜附着力的等级,按标准评定等级,如图 10-8 所示。

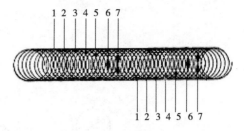

图 10-7 划圈法测定附着力

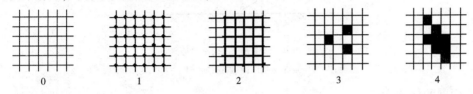

图 10-8 十字划格法(0 级最好,4 级最差)

2. 光泽度的检测

涂膜的光泽度是指涂膜表面受光照射时光线向一定方向反射的能力,也称镜面光泽度。光泽度不仅关系到涂膜的光亮程度,同时,光泽度好的涂膜能提高对底材的封闭保护能力和抗腐蚀能力。涂膜的光泽度是涂料装饰性能的重要指标,涂膜表面反射光的强弱不但取决于涂膜表面的平滑或粗糙程度,还取决于涂膜表面对投射光的反射量和透过量的多少。

1) 材料和仪器设备

光泽仪。

2) 光泽仪测定

光泽仪,也叫光泽度仪,是用来测量物体表面的光泽程度的仪器。光泽仪按照角度分为高光泽,中光泽和低光泽三种类型。其角度可分为以下几种:20°、45°、60°、75°、85°等。不同厂家,会制造出双角度或者三角的度光泽仪。85°为低光泽仪,20°为高光泽仪,依次类推。60°法是最常用的光泽度测定方法,它适用于所有色漆漆膜;20°法对高光泽色漆可提高鉴别能力适用于 60°光泽高于 70 单位的色漆;85°法对低光泽色漆可提高鉴别能力,适用于 60°光泽低于 30 单位的色漆。光泽仪操作简便,一般在测量之前需要在随机的标准板校准仪器,然后进行测量。

光泽仪由光源部分和接收部分组成。光源经透镜使成平行或稍微会聚的光束射向试板涂膜表面,反射光经接收部分透镜会聚,经视场光栏被光电池所吸收,如图 10-9 所示。

几何条件为入射光束的中心线应分别地与受试表面的垂直线成 20°±0.5°、60°±0.2°、85°±0.1°角,接收器的中心线应与入射光束中心线的镜面影像重合。试板上光斑的宽度不小于 10mm。接收器光束和垂直线间的夹角应等于相应的具有相同公差的入射光束的角度,接收器视场光栏的大小应根据接收器透镜计算。

进行光泽度检测时需要同时测量不同的几个点(不少于三个点)以进行综合评定。每测定 5 块试板后,应进行校对一次,标准板要用专用的镜头纸或柔软绒布擦拭,以避免损伤镜面。

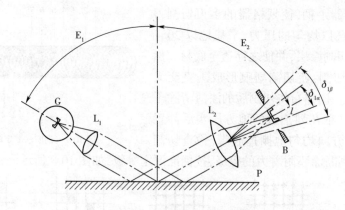

图 10-9　镜像光泽度仪测量原理

G-光源；L_1、L_2-透镜；B-接收器视场光栏；P-涂膜；$E_1 = E_2 = 60°$；I-灯丝的影像

3. 硬度的检测

涂膜的硬度是表示涂膜机械强度的重要指标之一，指涂膜彻底干燥后具有的坚实性，即涂膜面对作用于其上面的另一个硬度较大的物体所表现的阻力。涂膜保护被涂物的表面，要求涂膜必须具有一定的硬度等机械强度。涂膜硬度的高低直接关系到涂料的质量，可以通过测定涂膜在较小的接触面上承受一定质量负荷时所表现出来的抵抗变形的能力加以确定，包括由于碰撞、压陷或擦划等而造成的变形能力。硬度检测的方法有很多种，最常用的是利用铅笔来测试涂膜的硬度，这种测试方法简便易行。

1) 材料和仪器设备

削笔刀；涂膜铅笔划痕硬度计（图 10-10）；400 号砂纸。

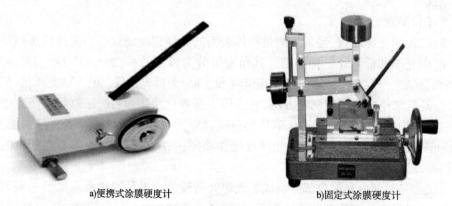

a) 便携式涂膜硬度计　　　　　　　b) 固定式涂膜硬度计

图 10-10　涂膜铅笔划痕硬度计

一组高级绘图铅笔（推荐使用中华牌高级绘图铅笔），铅笔标号为 9H、8H、7H、6H、5H、4H、3H、2H、H、F、HB、B、2B、3B、4B、5B、6B，其中 9H 最硬，6B 最软。

2) 铅笔硬度计测定

用削笔刀将铅笔削至露出 4-6mm 柱型笔芯（不可松动或削伤笔芯），握住铅笔使其与 400 号砂纸面垂直，在砂纸上磨划，直至获得端面平整、边缘锐利的笔端为止（边缘不得有破碎或缺口），铅笔使用一次后要旋转 180°再用或重磨后使用。

将削磨好的铅笔装入仪器夹具内,使其与涂层成45°角。将试样待测面朝上固定在仪器的试样台上。调节水平砝码使铅笔对试样表面负荷为零,然后加上1±0.05kg的砝码。让试样与铅笔反向移动3mm,移动速度约为0.5mm/s。转动铅笔使无损伤的铅芯边缘接触涂层,并变换试验位置,依次犁划5次,从最硬的铅笔开始试验,5次中若有两次能犁破涂层则换用较软的铅笔一支,直至找出5次中至少有4次不能犁破涂层的铅笔为止,此铅笔的硬度即为被测涂层的铅笔硬度。

4. 厚度的检测

对于被涂车身表面涂膜的厚度,常常采用涂层测厚仪进行测试。目前,有很多同时具备电涡流感应和电磁场感应的双制式涂层测厚仪,功能强大而操作非常简便。

使用测厚仪时,首先要在厂家所提供Fe片或Al片上测量几次进行零位校正。零位校正完成,仪器返回测量状态。测量时,仪器会自动选择测量方法:使用电涡流感应方法时屏幕上将显示NFe;使用电磁场感应方法时屏幕上将显示Fe。测量时要始终保持仪器处于垂直状态,对被涂车身上任取5个点进行测量,取测量各点厚度的平均厚度值。

课题二 常见涂膜缺陷的种类

汽车车身涂装的缺陷有上百种,一般可分为涂膜缺陷和涂膜破损两种状态。所谓涂膜缺陷是指涂膜的质量与规定的技术指标相比所存在的缺陷,一般产生于涂装过程。涂膜的破损是由于涂膜在外物的作用下或在某种特定的使用条件下产生的综合性能变化的外观表现,一般产生于使用过程中。

一、涂装过程中产生的涂膜缺陷

涂装过程(含涂装后不久)中产生的涂膜缺陷,主要与被涂车身表面的状态、涂料选用、涂装方法及操作、涂装工艺、设备和涂装环境等因素有关。

1. 被涂车身表面的状态不良引起的涂膜缺陷

被涂车身表面的状态,是指面漆涂装前的处理及施工的好坏程度和被涂表面本身的状态,包括车身损伤部位的钣金修复、原子灰的刮涂及打磨、中涂底漆的喷涂及打磨、被涂表面的温度、光滑度等,以及其表面的清洁程度。由被涂车身表面状态引发的涂膜缺陷很多,如原子灰打磨施工不正确容易引起原子灰残痕、砂痕缺陷。施工表面温度低于环境温度则易引起流挂;表面留有油污易引起鱼眼等缺陷。

2. 涂料调配、使用不正确引起的涂膜缺陷

汽车修补用涂料为适应涂装修复的条件,多为低温涂料,且绝大部分为双组分型涂料,须配合固化剂使用,在常温或低温烘烤条件下即可干燥并能达到相当高的品质。目前,许多汽车涂料生产厂家都按照涂装施工的环境温度为指标,一般将固化剂、稀释剂分为快干型(15℃以下使用)、标准型(15~25℃使用)、慢干型(25~35℃使用)和超慢干型(35℃以上使用)等几种。在调配工作中应合理选用,如果漆料黏度调配不当、固化剂和稀释剂选用不正确,则容易出现流挂、橘皮、颗粒等涂膜缺陷。不同品牌、不同品种的涂料决不允许混合使用。

3. 涂装方法及操作不当引起的涂膜缺陷

在汽车修补涂装工作中，高压空气喷涂是最常用的方法。高压空气喷涂指喷枪利用压缩空气将喷壶内的涂料吸出并雾化后涂覆于车身表面。在喷涂操作中，要想获得平整光滑、厚薄均匀、光照如镜的涂膜，操作人员要注意掌握喷涂气压、喷涂距离、喷涂移动速度、喷涂角度、喷涂重叠及喷涂路线等基本技术要领。这些基本技术要领在施工时，若稍有不当便会产生多种涂装缺陷，如喷涂时距离过近，易产生流挂；喷涂速度过快，涂膜过薄，会产生橘皮等，提高操作人员的喷涂技术水平是防治涂膜缺陷产生的关键。

4. 涂装工艺不规范引起的涂膜缺陷

由涂装工艺不规范引起的涂膜缺陷种类很多，比如汽车涂装常采用"湿碰湿"施工工艺，"湿碰湿"即在上道漆未完全干燥的情况下接道进行下道漆的施工，下道漆的施工以上道漆指触干为准，即手指按上不黏手，且涂膜表面有指纹就可进行。"湿碰湿"施工，在涂膜未完全干燥时，上下道漆的漆膜可相互渗透咬紧，其分子排列更紧密，分子间缩小，易于成膜反应的进行。但在施工过程中，操作人员急于完成作业，往往在上道漆闪干不充足的情况下就喷涂下道漆，至使流挂产生。除此之外，砂痕、云斑、咬起等缺陷也都是由涂装工艺操作不规范所造成的。因此，建立合理的涂装工艺能有效防治涂膜缺陷的产生。

5. 涂装设备状况不良引起的涂膜缺陷

对于汽车修补涂装而言，在喷涂工作中所用的工具设备有喷烤漆房、喷枪、压缩空气供给系统等，这些工具设备的完好程度及其使用状态将对涂膜质量产生直接的影响。因此，对这些工具设备必须做定期的维护和保养，以确保性能的完好性，对于压缩空气供给系统还需经常清除储气罐中的水分。

6. 涂装环境不良引起的涂膜缺陷

涂装作业环境差，会引起颗粒、鱼眼、起泡等诸多缺陷。对施工环境的基本要求包括：喷涂环境的温度、空气的湿度、喷烤漆房的清洁程度及通风情况等。喷烤漆房应经常清洁打扫，去除残留的灰尘污物；保证喷烤漆房正常的空气流通速度；在喷涂时环境温度尽量控制在 20~25℃。

二、车辆使用过程中产生的涂膜破损

汽车是人们常熟悉的交通工具，它的使用环境非常复杂。在使用过程中，会接触许多对涂膜有害的物质，如鸟粪、酸雨、水和空气中含有的盐份及其他一些电解质等。同时，车辆在行驶或停放中也难免会受到外界硬物的伤害，碰撞、挂擦、石击都对涂膜产生不同程度的破坏。经常清洗车辆和小心行车是避免此类破损的最有效的方法。

课题三　常见各种涂膜缺陷的原因分析和防治

一、涂装过程中及涂装刚结束时出现的缺陷

涂装过程中及涂装刚结束时出现的涂膜缺陷种类很多，现将汽车涂装工作中最常见的几种涂膜缺陷及其防治方法介绍如下：

1. 颗粒、尘点

涂膜中的凸起物呈颗粒状分布在整个或局部表面上的现象称为颗粒。由混入涂料中的异物或涂料变质而引起的凸起称为涂料颗粒。金属闪光涂料中铝粉引起的凸起称为金属颗粒。在涂装时或刚涂装完的湿漆膜上附着的灰尘或异物称为尘点如图10-11所示。

1）产生原因

(1) 涂装环境的空气清洁度差，喷漆室、烘干室的空气未经过滤或过滤不当。

(2) 被涂物表面不清洁，在喷涂前未用黏尘布擦净。

(3) 喷漆室内环境差，有灰尘积存或在喷涂区进行打磨作业等。

(4) 车辆缝隙、沟槽处的灰尘未除净或使用品质不佳的遮护纸。

图10-11 颗粒

(5) 压缩空气未过滤或过滤不当。

(6) 涂料中混异物，在使用前未经过滤。

(7) 涂料变质，如漆基析出或反粗，颜料分散不佳或产生凝聚，有机颜料析出，闪光色漆中铝粉分散不良等。

(8) 施工人员带来的灰尘，如工作服上的灰尘及纤维等。

2）预防措施

(1) 建立良好的防尘、清洁管理制度，对喷漆室、涂装设备及供风系统进行定期的彻底清理维护，确保涂装环境洁净。

(2) 保证被涂物表面的清洁，在喷涂前应用黏尘布擦净。

(3) 供气管路上必须要安装过滤系统。

(4) 不使用变质或分散不良的涂料。

(5) 喷漆施工时，施工人员应穿戴不掉纤维的专用喷漆服。

(6) 车辆要清洗干净，贴护用遮护纸质量要好，不得掉纤维。

(7) 涂料存放、调配时要尽量避免异物混入，使用前必须要用滤网过滤。

3）补救方法

(1) 缺陷轻微的应待漆膜完全干固后，再以极细的砂纸作湿打磨，之后抛光研磨使光泽重现。

(2) 颗粒多、影响面积大的应待漆膜干固后打磨平整，并重新喷涂。

2. 流挂

流挂是指在喷涂和干燥过程中垂直或斜曲表面上，涂膜局部喷涂过厚，因重力影响而出现的水滴似向下流动，使涂膜产生不均一的条纹和流痕的现象如图10-12所示。

1）产生原因

(1) 喷涂操作不当，一次喷涂过厚、重叠枪幅过多、喷涂距离过近、移动速度过慢及喷涂角度不正确等。

(2) 涂料调配不当，施工黏度偏低或选用稀释剂、固化剂不正确。

(3) 被涂物表面过于光滑或表面温度过低。

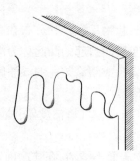

图 10-12　流挂

(4)采用"湿碰湿"喷涂时,各涂层之间的相隔时间过短。

(5)喷枪的选择和调试不正确,所选用喷枪口径过大,出漆量调节过大。

(6)喷涂环境不佳,缺乏适当的空气流动和温度。环境温度过低或周围空气中溶剂蒸汽含量过高。

2)预防措施

(1)提高喷涂操作人员的熟练度。

(2)严格控制涂料的施工黏度和温度,根据喷涂环境温度正确选择稀释剂、固化剂。

(3)被涂物表面必须经过相应的打磨处理,以提高涂层附着力。

(4)冬天喷漆时,应待被涂物表面温度与喷漆室温度一致时再施工。

(5)根据所喷涂料的种类正确选择喷枪口径,调节合适的出漆量、气压等。

(6)确保喷烤漆房正常的风速,尽量提高喷涂环境温度,一般应保持在20℃左右。

(7)"湿碰湿"喷涂必须要留有适当的闪干时间,待前一道涂层表干后再喷涂第二道。

3)补救方法

(1)缺陷轻微的应待漆膜完全干固后,再以极细的砂纸作湿打磨,打磨平整之后抛光研磨使光泽重现。

(2)流挂严重,影响面积大的,则应待漆膜干固后打磨平整,并重新喷涂。

3. 收缩、鱼眼

收缩是指涂料受被涂物表面存在的(或混入涂料中的)异物(如蜡、油或硅酮等)的影响,涂料不能均匀附着在其表面,出现无涂料的斑点状凹坑而露出被涂物表面的现象如图 10-13 所示。

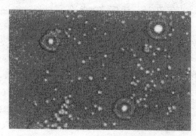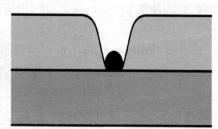

图 10-13　收缩、鱼眼

1)产生原因

(1)所用涂料的表面张力偏高,流平性差,释放气泡性差,本身对缩孔的敏感性差。

(2)调漆工具及设备不洁净,使有害异物(有些是肉眼看不见的)混入涂料中。

(3)被涂物表面不干净,有脂肪、油、蜡、肥皂、硅酮等异物附着。

(4)涂装车间中空气不清洁,有油雾、漆雾、蜡雾等。

(5)涂装工具、工作服、手套不干净。

2)预防措施

(1)选用涂料时,要注意涂料对缩孔的敏感性。

(2)喷漆间,无论是设备、工具还是生产用辅助材料等,绝对不能带有对涂料有害的物质,尤其是硅酮。使用前要进行试验检查。

(3)确保压缩空气清洁,无油无水。

(4)确保涂装环境清洁,空气中应无灰尘、油雾和漆雾等漂浮。

(5)严禁用手、脏擦布和脏手套接触被涂物表面,确保被涂物表面的清洁。

(6)在旧涂层上喷漆时,应用砂纸充分打磨,并擦拭干净。

3)补救方法

(1)缺陷轻微、数量较少时,可在涂膜未干燥之前,可用小毛笔蘸取相同涂料仔细填补。

(2)缺陷在明显部位或比较严重时,则应待漆膜干固后打磨平整,并重新喷涂。

4.云斑(金属斑纹)

云斑是指在喷涂金属银粉漆面时,因喷涂的厚度不均匀,施工方法不当和所用溶剂与涂料不配套而引起的银粉分布不匀,定向不匀,导致漆膜外观颜色有深浅不均匀的现象如图10-14所示。这种缺陷常常发生在喷涂大面积的金属银粉漆面时。

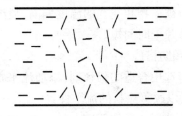

图10-14 云斑

1)产生原因

(1)涂料配方不当(如铝粉含量偏低、溶剂的密度大、树脂的分子量低等)。

(2)喷涂时涂料黏度过低或过高。

(3)涂层过厚或涂膜不均匀,雾化差,喷涂操作不熟练。

(4)喷涂银粉漆与清漆采用"湿碰湿"工艺时,中间间隔时间过短。

(5)喷涂环境温度偏低。

(6)涂层受湿空气或潮湿天气影响。

2)预防措施

(1)改进涂料配方,使用油漆厂指定的溶剂。

(2)选用合适的喷涂黏度。

(3)提高喷涂操作者的熟练程度,采用专业喷涂工具。
(4)采用"湿碰湿"工艺时,中间相隔时间要足够。
(5)将喷涂时的环境温度调节到合适的范围内。

3)补救方法

(1)若未喷涂罩光清漆,可让涂层表面稍干后,再使用正确的喷涂技术薄喷一道面漆。
(2)若已经喷涂罩光清漆,则需要待涂膜干燥后打磨并重新喷涂。

5. 橘皮

橘皮是指在喷涂时涂料不能形成平滑的表面,而出现类似橘子皮、柚子皮状的凹凸现象。皱纹的凹凸度约 3μm 左右,如图 10-15 所示。

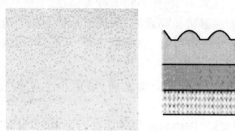

图 10-15　橘皮

1)产生原因

(1)涂料黏度大,流平性差,稀释剂选择不当。
(2)喷涂气压力低,出漆量过大或喷涂工具不佳,导致涂料雾化不良。
(3)喷涂技术不良,喷涂距离太远,涂层过薄。
(4)被涂物和空气的温度偏高,喷漆室内风速过大,稀释剂挥发过快。
(5)晾干时间短。

2)预防措施

(1)选用合适的稀释剂,添加流平剂或挥发较慢的高沸点有机溶剂,确保涂料施工黏度正确,以改善涂料的流平性。
(2)选择合适的压缩空气压力,调整喷涂气压和出漆量,选用雾化性能好的喷涂工具,使涂料达到良好的雾化。
(3)提高喷涂技术,保证适当的喷涂距离、喷涂速度及重叠幅度,一次喷涂达到规定厚度。
(4)被涂物温度应冷却到 50℃ 以下,喷漆室内的温度应保持在 20℃ 左右。
(5)适当延长晾干时间,不宜过早进入烤房烘干。

3)补救方法

(1)轻微的橘皮缺陷可待漆膜完全干固后,再以极细的砂纸作湿打磨,打磨平整之后抛光研磨使光泽重现。
(2)橘皮严重且面积大的,则应等漆膜干固后打磨平滑,并重新喷涂。

6. 针孔

针孔是指在涂膜上产生针状小孔或像皮革的毛孔那样的孔状现象。一般孔的直径为

10μm 左右如图 10-16 所示。

1)产生原因

(1)涂料的流动性不良,流平性差,释放气泡性差。

(2)被涂物表面上有小孔,表面的温度过高或有污物(如焊药等)。

(3)涂料中混入其他物质,如溶剂性涂料中混入水分等。

(4)涂装后晾干不充分,烘干时升温过急,表面干燥过快。

(5)环境湿度过高。

2)预防措施

(1)选用合适的涂料,避免使用不合格的涂料。

(2)改善涂装环境,防止混入其他有害物质。

(3)喷涂后应按规定晾干,烘干时升温不可过急,可添加挥发性慢的溶剂使湿漆膜的烘干减慢。

(4)注意被涂物的温度和表面的洁净度,彻底消除被涂物表面的小孔。

3)补救方法

涂层表面出现针孔时,应将针孔彻底打磨清除掉后重新喷涂。

7. 咬起

喷涂面漆后底漆(或旧漆层)被咬起脱离,产生皱纹、胀起、起泡等现象称为咬起。喷涂含强溶剂涂料(如硝基漆)时易产生这种现象,如图 10-17 所示。

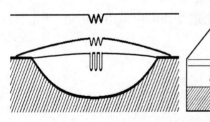

图 10-16 针孔

图 10-17 咬起

1)产生原因

(1)底漆层未干透就涂下一层。

(2)涂料不配套,底漆层的耐溶剂性差或面漆中含有能溶胀底涂层的强溶剂。

(3)单次喷涂得过厚。

2)预防措施

(1)底漆层干透后再涂面漆。

(2)改变涂料体系,另选用合适的底漆。

(3)在易产生咬起的涂层上,应先在底涂层上薄薄喷涂一层面漆,待稍干后再喷涂。

3)补救方法

(1)若缺陷轻微,可待涂膜干燥后彻底打磨,去除所有咬起痕迹后重新喷涂。

(2)若咬起严重或因咬起导致涂膜干燥变慢,则应将缺陷部位涂膜全部铲除至底材,重新涂装。

8. 砂痕

喷涂面漆或面漆干燥后仍能清楚地看到大量呈凹槽状印记的现象称为砂痕如,图10-18所示。这是由于涂面漆遮盖不住之前的砂纸打磨痕迹而产生的缺陷,这类缺陷严重影响涂层的光泽、平滑度、丰满度和鲜映性。

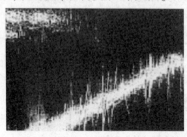
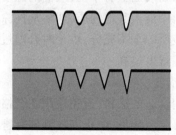

图10-18　砂痕

1) 产生原因

(1) 所选用的打磨砂纸太粗或质量差。

(2) 打磨工具的状况不良或操作不认真。

(3) 打磨平面时未采用打磨垫,局部用力过猛。

(4) 底漆层未干透(或未冷却)就进行打磨。

2) 预防措施

(1) 选用优质砂纸和合适级号的砂纸。

(2) 喷涂面漆前的涂层不宜过厚,应允分干透冷却后再打磨。

(3) 确保打磨工具的技术状态良好,操作认真,在打磨平面时应采用打磨垫,并注意打磨方向。

(4) 打磨后应进行打磨质量检查。

3) 补救方法

(1) 缺陷轻微,可待涂膜干燥后进行抛光作业去除砂痕。

(2) 若砂痕严重,则应等面漆完全干固后,重新打磨涂装。

二、修补涂装后不久或使用过程中产生的缺陷

车辆刚修补涂装后不久和使用过程产生的涂膜缺陷与修补工艺、所用涂料、使用环境及维护等有关,常见的几种涂膜缺陷如下。

1. 起泡、起痱子

漆膜的一部分从被涂面或底涂层上鼓起,且其内部含有空气或水分的现象称为起泡,一般直径为1mm~5mm,还有直径更小的,呈"痱子状",称为起痱子,如图10-19所示。

1) 产生原因

(1) 被涂物表面有油、汗液、盐碱、打磨灰等亲水物质残存。

(2) 清洗被涂物面的最后一道用水的纯度差,含有杂质离子。

(3) 所用涂料的涂膜耐水性或耐潮湿性差。

(4) 涂膜固化不充分,在完全干燥前就暴露在潮湿、高温环境中。

(5) 涂层厚度不足,稀释剂使用不正确。

 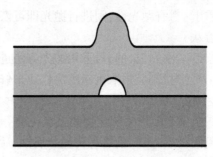

图 10-19　起泡、起痱子

2）预防措施

(1) 被涂物表面应清洁，绝不允许有亲水物质，尤其是水溶的盐碱残存。

(2) 漆前最后一道最好选用去离子水水洗，如果使用自来水冲洗，则一定要用干布擦干、吹干、烘干。

(3) 裸手不得接触被涂物表面。

(4) 喷涂底漆及面漆均应达到规定的厚度。

(5) 压缩空气应清洁。

(6) 各层涂层之间应留有足够的干燥时间。

(7) 必须让涂层完全干燥后才可暴露于潮湿、高温环境中。

3）补救方法

出现起泡、起痱子缺陷时，应等面漆完全干固后，重新打磨涂装。

2. 失光

涂料在使用过程中出现光泽减小，清晰度变差的现象称为失光，如图 10-20 所示。失光缺陷是涂层耐候性不好的前期表现。

图 10-20　失光

1）产生原因

(1) 涂装不良，未按工艺执行，如涂得过薄、过烘干和被涂面粗糙等。

(2) 所选用涂料的耐候性差。

(3) 漆膜（尤其是挥发干燥型涂料）干燥收缩造成。

(4) 阳光照射、水气（高温高湿）作用和腐蚀气体的沾污。

2）预防措施

(1) 严格工艺要求或漆厂推荐的涂料施工条件进行涂装。

(2) 按被涂物的使用条件，选用耐候性优良的涂料。

(3) 如所用涂料有抛光性,则进行抛光即可恢复光泽。

3) 补救方法

(1) 失光缺陷比较轻微的,可采用抛光方法进行处理。

(2) 缺陷严重时,则应采取重新喷涂作业来修复。

3. 锈蚀、生锈

锈蚀是指金属表面产生氧化物和氢氧化物。作为涂膜弊病的生锈系指漆膜下出现红丝和透过漆膜的锈点(斑),前者称为丝状腐蚀,后者称为疤形腐蚀,如图10-21所示。

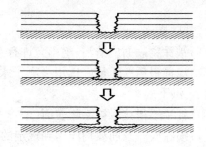

图10-21 锈蚀、生锈

1) 产生原因

(1) 被涂面的表面质量差,如有锈未除净就涂漆。

(2) 漆前表面处理质量差,如磷化处理不完全或磷化膜与涂层配套不佳。

(3) 涂层不完整,有针孔、漏涂等缺陷,如点焊缝中未涂到漆易淌黄锈。

(4) 所用涂料的耐腐蚀性差。

(5) 使用环境差,如高温高湿、有腐蚀介质(酸、碱、盐等)的侵蚀。

2) 预防措施

(1) 漆前被涂面一定要清洁,绝不允许带锈涂漆。

(2) 黑色金属件在涂底漆前应进行磷化处理,并应与所用涂层有良好的配套性。

(3) 确保涂层的完整性,被涂物的所有表面(包括焊缝)都应涂到漆。焊缝和搭接缝应涂密封胶。

(4) 根据被涂物的使用环境选用耐腐蚀性、耐潮湿优良的涂料,如阴极电泳涂料、环氧粉末涂料等。

3) 补救方法

清除锈蚀缺陷裸露出金属,打磨至闪亮的表面后重新涂装。

4. 水印

水印是由于下雨或清洗车辆时,在漆面上残留的水滴蒸发后,水滴的外沿仍然可见,使涂膜表面产生白色痕迹的现象,如图10-22所示;水印是无法用抹布擦拭清除的。

1) 产生原因

(1) 不正常的气候状况,如大雨之后出现强烈太阳暴晒。

(2) 涂膜未完全固化前就暴露在雨水中。

(3) 所用涂料的耐水、耐潮湿性差。

(4) 涂膜表面未经保护或蜡涂得过多。

项目十 汽车涂装质量的检验与涂膜的缺陷防治

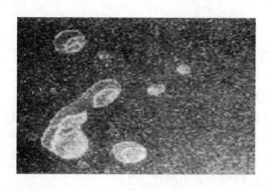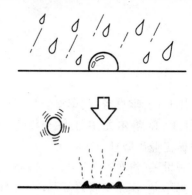

图 10-22 水印

2）预防措施

（1）选用耐水、耐潮湿性优良的涂料。

（2）涂膜未完全干燥前不应交给客户或存放在室外。

（3）加强漆面保护，涂一些憎水性的保护剂。

3）补救方法

（1）清除涂膜表面的旧蜡，随后进行抛光作业去除水印。

（2）如果抛光、打蜡无效，则应打磨后重新喷涂面漆。

5. 变色、褪色

车辆在使用过程中，涂膜的颜色发生变化，其色相、明度、彩度明显偏离标准色样的现象称为变色。如果涂膜的颜色变浅的现象称为褪色，如图 10-23 所示。

1）产生原因

（1）受日光、化学药品、大气污染等的作用，使颜色减退。

（2）受热、紫外线的作用使树脂变质。

（3）所选用涂料的耐候性差或不适用于户外。

（4）未按照规定的配方进行调色。

图 10-23 变色、褪色

2）预防措施

（1）经常而定期的清洗车辆，保养涂膜。

（2）选用耐候性良好的汽车修补面漆和固化剂。

（3）调色时，应使用正确的调色配方。

3）补救方法

（1）使用抛光蜡在一部位试做打磨抛光，如色泽能恢复，则打磨抛光整个受影响区域。

（2）如果抛光、打蜡无效，则应打磨去除旧涂膜后重新喷涂。

参 考 文 献

[1] 周长庚,李贞芳.汽车涂装技术[M].北京:科学出版社,2007.
[2] [美]R.舒尔夫,R.J.帕奎特.汽车车身表面修复[M].冯桑,关燕明,杨霄,译.北京:机械工业出版社,1998.
[3] 张世荣.汽车涂装工艺与技能训练[M].北京:中国劳动社会保障出版社,2006.
[4] 彭小龙.汽车车身修复与涂装[M].北京:机械工业出版社,2011.
[5] 沈沉,吴兴敏.汽车涂装与修复技术[M].北京:中国人民大学出版社,2009.
[6] 李远军.汽车涂装技术[M].北京:北京理工大学出版社,2008.
[7] 中国汽车维修行业协会.车身涂装[M].北京:人民交通出版社,2008.
[8] 蒋志伟.汽车涂装技术[M].南京:南京大学出版社,2012.
[9] 张时才,靳福.汽车维修漆工业精通[M].北京:电子工业出版社,2003.
[10] 王锡春.汽车涂装工艺技术[M].北京:化学工业出版社,2005.
[11] 瞿云才.涂装工技师培训教材[M].北京:机械工业出版社,2004.
[12] 胡小牛.汽车涂装技术[M].北京:中国劳动社会保障出版社,2010.
[13] 姚时俊.汽车美容经验谈[M].北京:机械工业出版社,2007.
[14] 张时才,李忠光.汽车维修漆工[M].北京:国防工业出版社,2010.
[15] 李庆军,王凤军.汽车车身修复及涂装技术[M].北京:机械工业出版社,2008.
[16] 魏庆曜.现代轿车修补涂装实用技术[M].北京:人民交通出版社,2003.